SLEIGHTHOLME

DAS IST KÜSTENSEGELN

SLEIGHTHOLME

ZEICHNUNGEN PETER A.G. MILNE

DAS IST KÜSTEN SEGELN

VERLAG DELIUS, KLASING+CO BIELEFELD

2. Auflage

ISBN 3-7688-0216-7

Depósito legal: Na - 1517 - 1977

© 1976 by
United Nautical Publishers, Basel
Deutsche Übersetzung:
Dr. Ulrich Mohr
Druck: Gráficas Estella, S. A.
Printed in Spain 1977
Die Rechte für die deutsche
Ausgabe liegen beim Verlag
Delius, Klasing & Co, Bielefeld

Das ist
Küstensegeln

Überall in der Welt geht der Trend zum Segeln in leichten Seekreuzern mit Hilfsmotor, meist aus GFK (glasfaserverstärkter Kunststoff), immer hochgetakelt, vorwiegend unter zehn Meter und mit Platz für die ganze Familie, also mit vier bis fünf Schlafkojen. Solche Boote eröffnen dem Skipper ganz neue Reviere, aber sie bringen ihn auch in zahllose Situationen, in denen er nicht nur sein Boot genau kennen, sondern auch wissen muß, welche besonderen navigatorischen Probleme das Fahrtensegeln mit sich bringt.

Dieses Buch zeigt, wie man mit einem solchen Boot segeln lernt, wie man mit ihm in schwierigen und ungewohnten Situationen, beim Ein- und Auslaufen, beim Ansteuern von Häfen bei schlechter Sicht und bei Nacht, kurz wie man durch gute Seemannschaft mehr Sicherheit und mehr Freude an der Freizeit finden kann.

Behandelte Themen sind zum Beispiel die Vorbereitung einer dreiwöchigen Sommerreise oder das Festmachen in einer Marina, die Tücken beim Ausmachen eines Feuers in der Kimm oder an einer fremden Küste, das Einteilen der Wachen bei einer Nachtfahrt, Notausrüstung, Pumpen und Beschläge, aber auch das Essen und Schlafen an Bord.

Die durchweg farbigen Illustrationen erleichtern die Aufgabe, die sich einige der besten Segellehrer Europas gestellt haben. Sie sprechen für sich: Worte sind oft nur eine Ergänzung. Sie sind auch viel besser als Fotos, denn sie können komplizierte und nicht alltägliche Situationen auf See widergeben — Situationen, denen ein Fahrtensegler im Laufe der Zeit bestimmt einmal begegnen wird.

In gewisser Weise ist dies Buch eine Fortsetzung des Grundlehrbuches „Das ist Segeln", das inzwischen in mehr als 250 000 Exemplaren und in neun Sprachen über die ganze Welt verbreitet ist. So wie dieses Buch ein Gefühl für das Segeln mit offenen Jollen vermittelt und dem Anfänger zeigt, wie die wichtigsten Segelmanöver vor sich gehen, so ist das vorliegende Buch ein Lehrbuch für den fortgeschrittenen Segler, der sein enges heimisches Revier im Binnenland gegen die Weite der See an den Küsten vertauschen möchte.

Inhaltsverzeichnis

Lerne dein Boot kennen

Ein Boot, das im Wasser schwimmt, ist ständig in Bewegung, selbst dann, wenn es verankert ist. Ohne Verbindung zum Grund treibt es mit dem Strom (A) oder wird vom Wind abgetrieben (B). Es dreht sich im Kreis herum, tanzt auf den Wellen, rollt und stampft. Es hängt von der Rumpfform ab, vom Widerstand, den es dem Wind bietet, vom Rigg, von der Manövrierfähigkeit, von seiner Art und Größe, wie sich ein Boot auf dem Wasser verhält. Der erste Schritt zum richtigen Umgang mit einem Boot besteht darin, seine Eigenschaften kennenzulernen.

(1) Ein Boot kann einen langen Kiel oder einen kurzen Kiel und Skeg haben, es kann ein kleines Großsegel mit kurzem Unterliek und ein großes Vorsegel führen oder umgekehrt.

(2) Der Rumpf kann als Kanuheck, als rundes oder als Spiegelheck auslaufen; jeweils wird das Ruder unterschiedlich sein.

(3) Es kann ein Leichtbau mit kleiner benetzter Oberfläche oder ein konventionell gebautes Boot mit langem Kiel und großer Oberfläche sein.

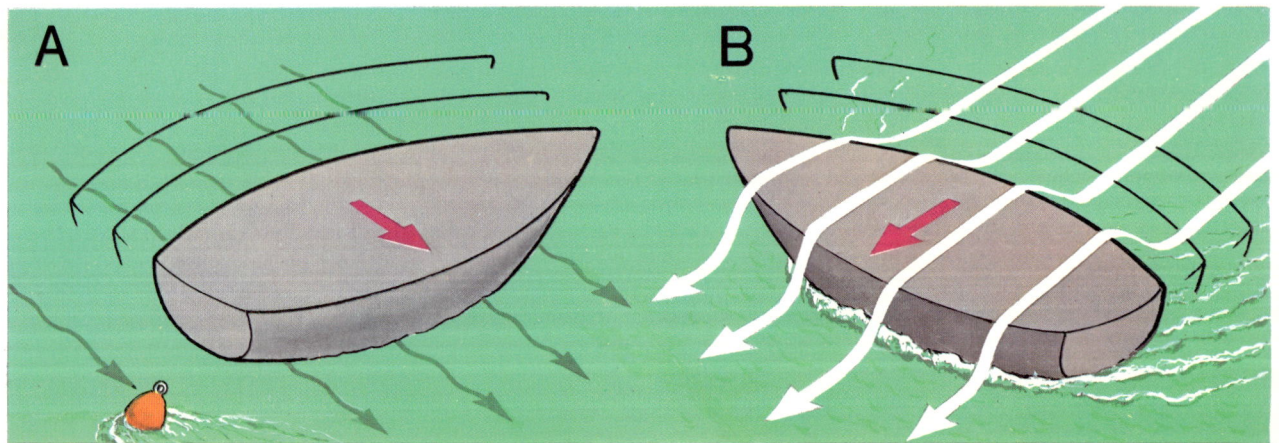

(4) Die Form, insbesonders in der Wasserlinie, kann völlig sein mit wenig Überhang an Bug und Heck (a) oder scharf geschnitten (b). Das Boot kann viel Heckauftrieb besitzen (c) oder in der Mitte ausladend, aber an Bug und Heck schmal sein (d). In jedem Fall besitzt es andere Eigenschaften, die sich je nach Windstärke und dem Winkel, in dem das Boot krängt, auch noch ständig ändern.

Auch durch die Anordnung des Ballastes im Boot ändern sich seine Schwimmeigenschaften. Hängt das Gewicht tief am Kiel, hat das Boot wenig Neigung, sich aus der Vertikalen zu neigen; es ist steif. Trägt das Boot wenig Ballast, gibt es jeder Gewichtsverlagerung und jedem Druck auf den Mast sofort nach; es ist rank. Mit langem geraden Kiel weicht es kaum aus der Fahrtrichtung ab; es ist kursstabil. Ein Boot mit kurzem Kiel, wie ihn Regattaboote besitzen, liegt federleicht auf dem Ruder, ist aber so lebendig, daß man das Ruder keine Sekunde loslassen darf.

Das Verhalten beim Treiben

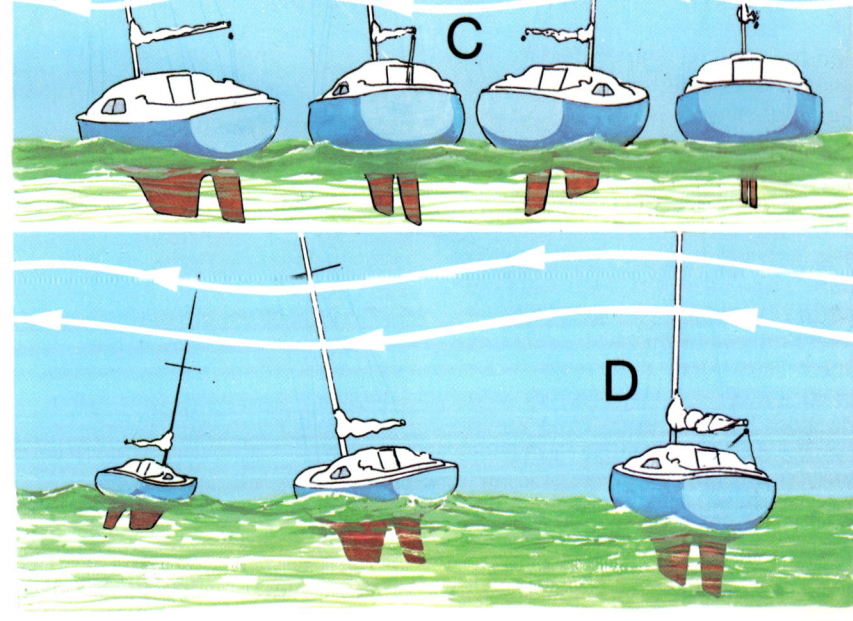

Wenn ein Segelkreuzer ohne Segel mit losgelassenem Ruder treibt, wird er im allgemeinen das Heck in einem spitzen Winkel zum Wind drehen (A). Das Boot dümpelt dabei oder macht sogar Fahrt. Manche Schiffe bleiben unter nacktem Rigg nach Lee steuerfähig (B), andere nicht oder kaum. Es ist gut zu wissen, was man zu erwarten hat, wenn man eines Tages in eine heikle Situation gerät. Ist das Ruder frei beweglich, bleibt der Kreuzer entweder richtungsbeständig oder er giert mehr oder minder stark (C). Er treibt dabei mehr oder weniger schnell, je nach Rumpf und Windwiderstand, nach Lee ab. Rümpfe mit langem Kiel (D) neigen meistens dazu, ruhiger und gleichmäßiger zu treiben als Kurzkieler. Man muß das ausprobieren. Man muß auch probieren, wie das Boot liegt, wenn die Pinne entweder mitschiffs oder in Lee festgebunden wird.

Die Geschwindigkeit, mit der ein Boot treibt, kann sehr wichtig sein, wenn man bei Sturm vor einer Leeküste beigedreht treibt. Von ihr hängt ab, wie weit man von einer Leeküste entfernt bleiben muß.

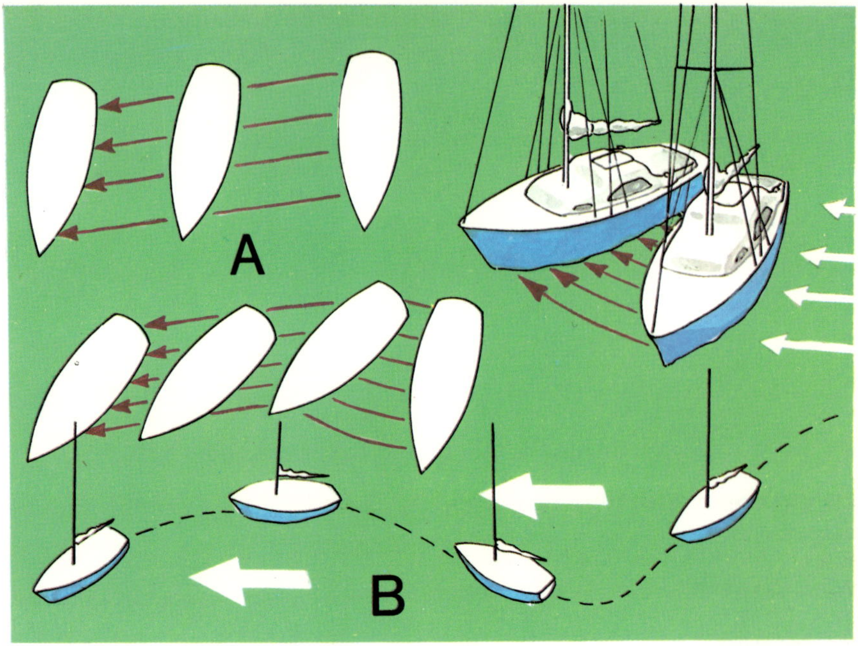

Das Verhalten
ohne Ruderhilfe

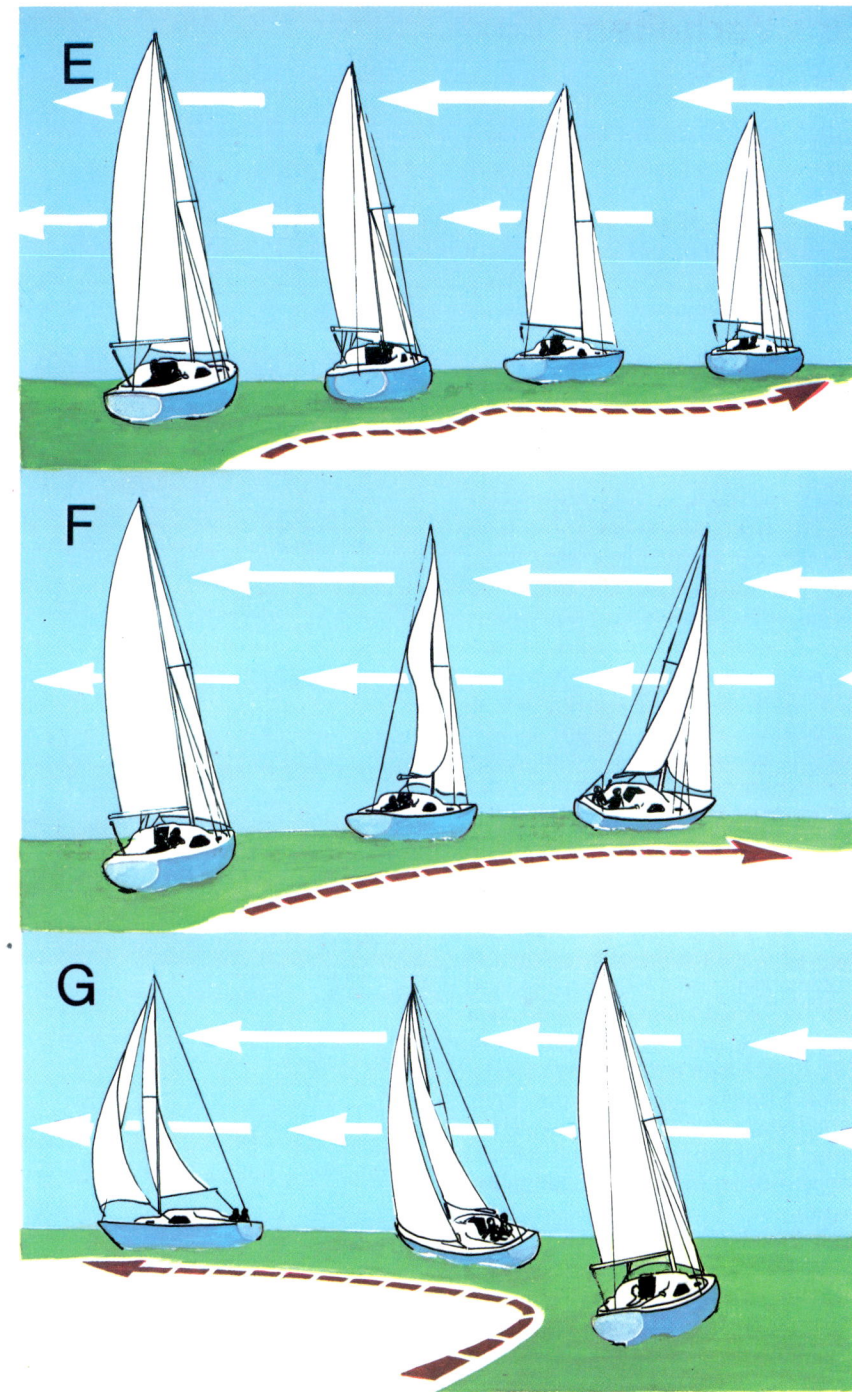

Unter Segel hat ein Boot ganz andere Eigenschaften. Läßt man das Ruder los, während man hart am Wind segelt, bleibt das Boot entweder auf dem bisherigen Kurs und luvt in leichten Böen an (E), oder es dreht in und durch den Wind und liegt dann beigedreht mit backstehender Fock (F). Ein Boot kann auch leegierig sein, abfallen und sogar halsen (G).

Windstärke und Segelfläche verändern das Verhalten eines Bootes. Der Eigner wird immer wieder Unterschiede im Segelgleichgewicht feststellen, bei Leichtwind oder bei Starkwind, mit der Sturmfock oder der großen Genua — und wird lernen, sich darauf einzustellen.
Beim Abreiten eines Sturmes ist es oft am besten, das Ruder freizugeben und das Boot sich selbst zu überlassen. Das Boot sucht sich dann selbst die Lage mit der geringsten Beanspruchung des Rumpfes, da das Boot sich frei zwischen Wind und Wellen einpendeln kann. Natürlich hängt das Verhalten sehr von der Größe der Segelfläche ab. Schon das nackte Rigg wirkt durch seinen Windwiderstand als Segel.

Verhalten ohne Ruderhilfe (Forts.)

Läßt man das Ruder los, während man mit einem Schrick in der Groß- schot bei raumem Wind segelt (A), luvt das Boot an und die Segel fan- gen an zu schlagen, oder es geht über Stag und liegt mit backstehen- der Fock beigedreht. Ist die Genua sehr groß, fällt das Boot ab.

Auch beim Schmetterlingsegeln (Groß- und Vorsegel auf verschiede- nen Seiten) (C) wird es wahrschein- lich anluven (B), es kann aber auch halsen.

Steht nur das Vor- oder Großsegel, ändert sich das Verhalten des Boo- tes vollständig (D). Das gleiche ist der Fall unter stark gerefftem Groß- segel und Arbeitsfock. Man sollte wissen, wie stark es sich ändert. E zeigt ein Beispiel, wie wichtig das Wissen um das Verhalten in einer Notlage sein kann. In 1 ist der Motor ausgefallen. Mit der blitz- schnell vorgeheißten Fock wird ver- sucht, in den Wind zu drehen, um dort auch das Großsegel setzen zu können (2). F zeigt einen Kardinal- fehler: Das Ausbrechen des An- kers, bevor die Segel gesetzt wor- den sind. Das Boot wird sofort un- kontrolliert ins Treiben geraten und die Segel sind nicht mehr hochzu- bringen.

Ein Beidrehen mit back stehender Fock und leicht geschricktem Großsegel gehört für viele erfah- rene Fahrtensegler zu den mit am häufigsten ausgeführten Segelma- növern; sie drehen bei, wenn sie in aller Ruhe zu Mittag essen wollen oder wenn irgend etwas repariert werden muß, aber auch, wenn eine Beobachtung mit dem Sextanten gemacht oder eine Peilung in der Seekarte ausgewertet wird.

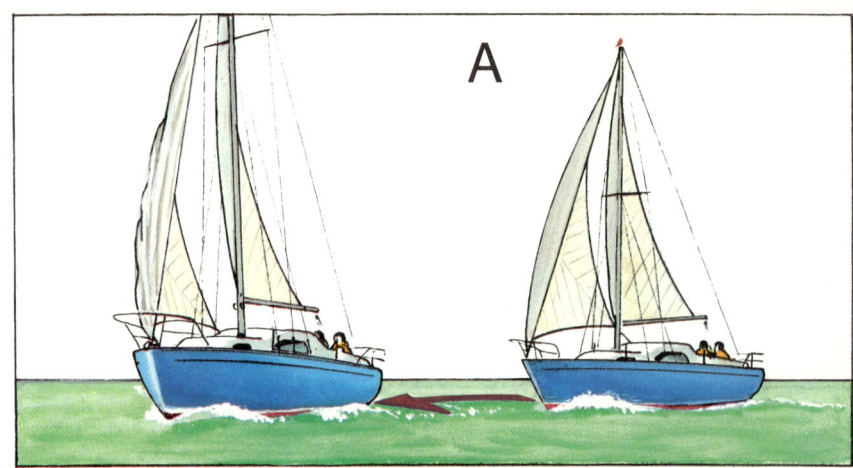

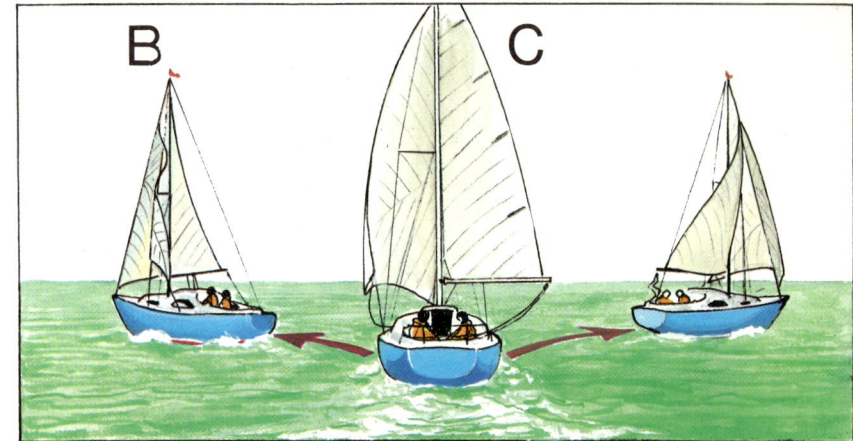

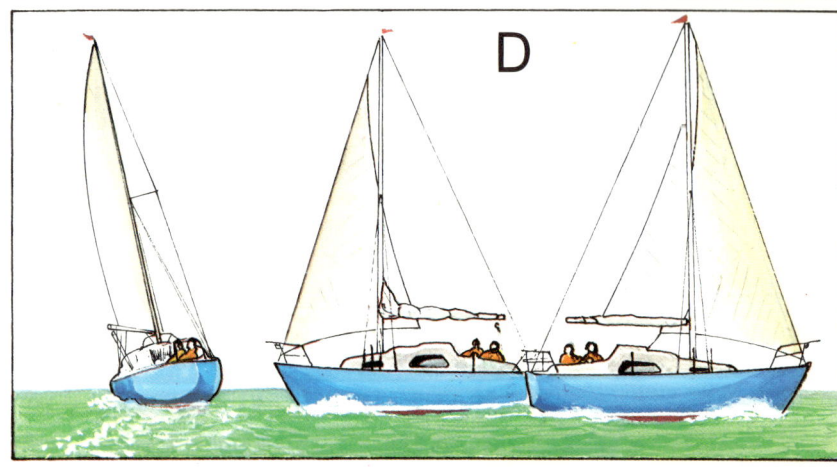

E

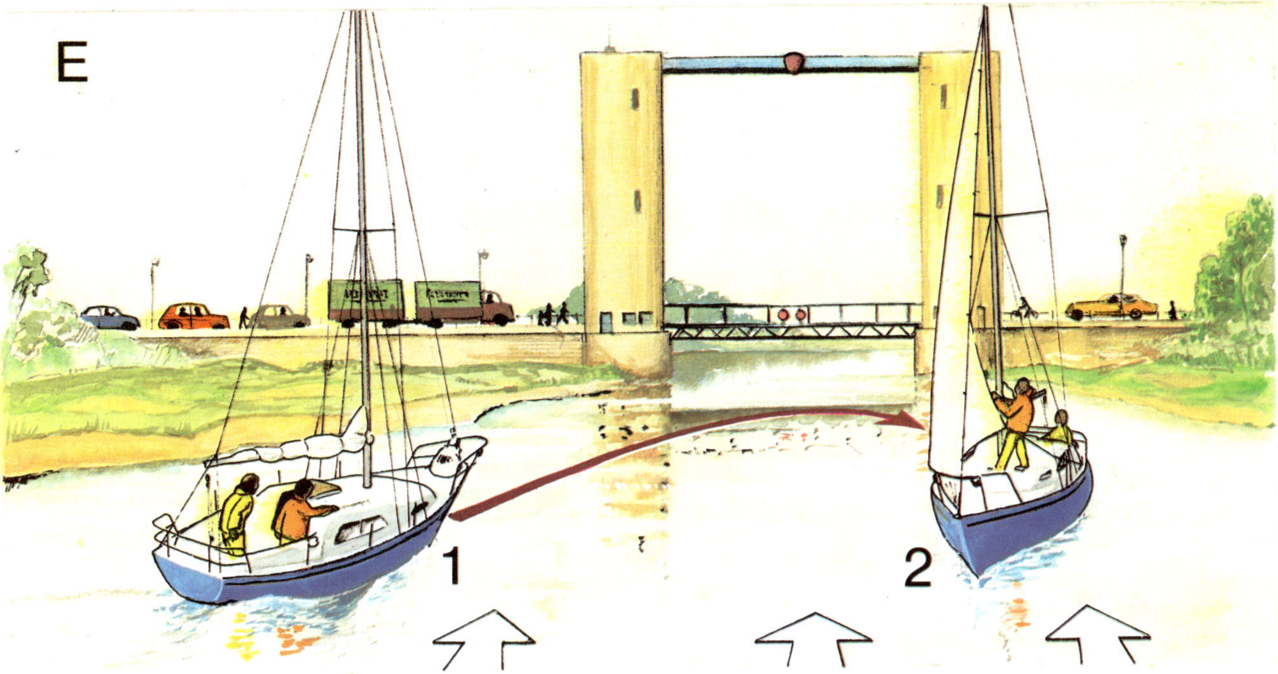

1

2

F

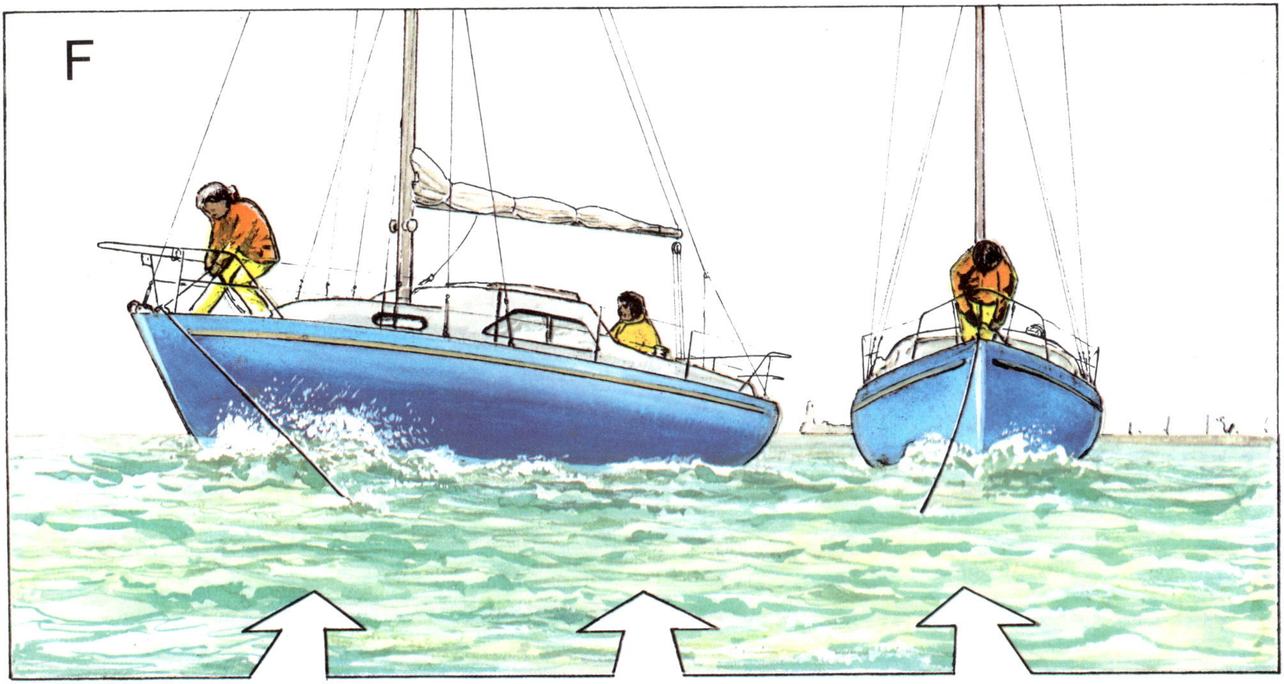

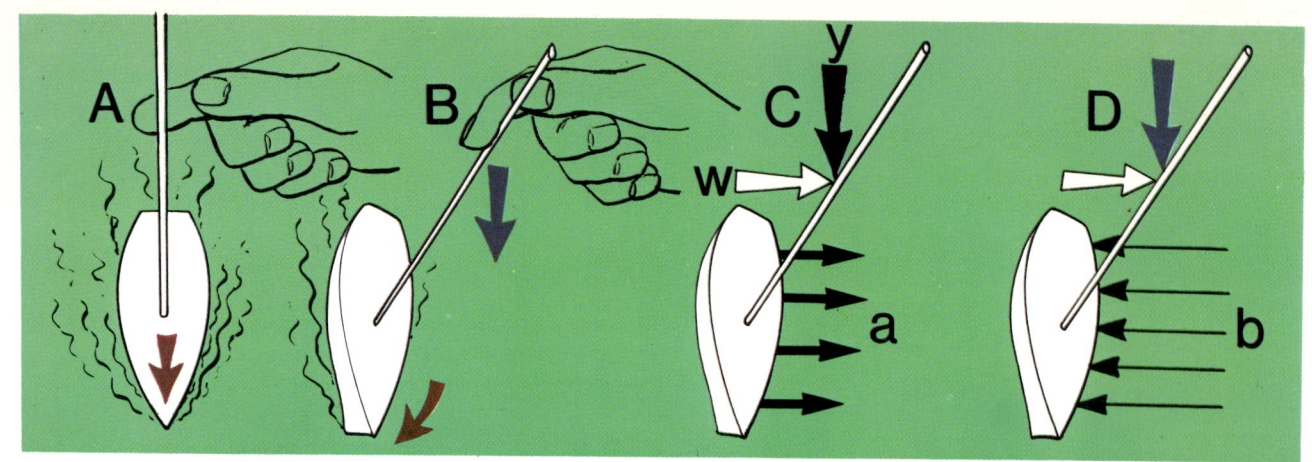

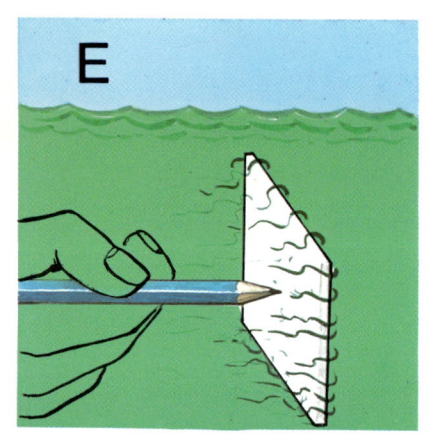

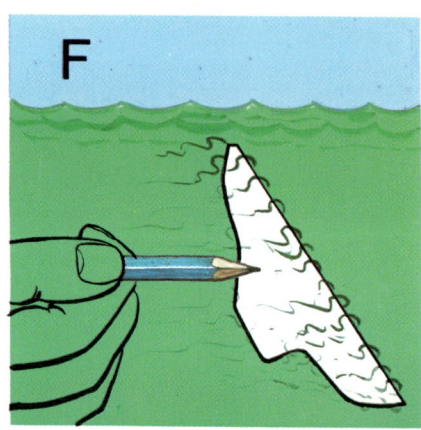

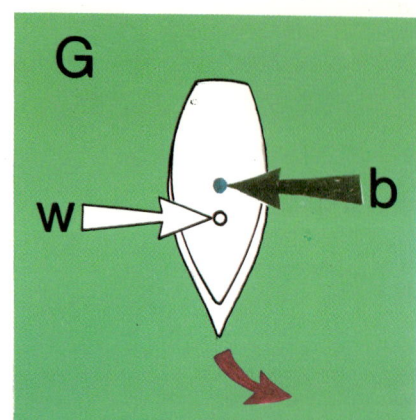

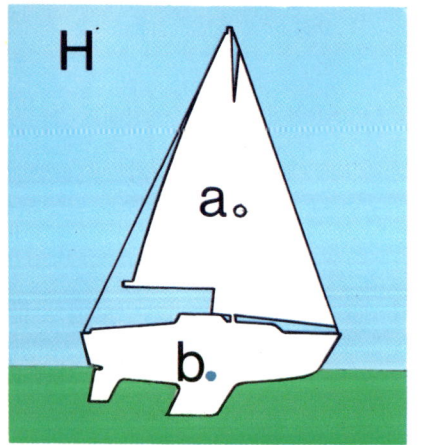

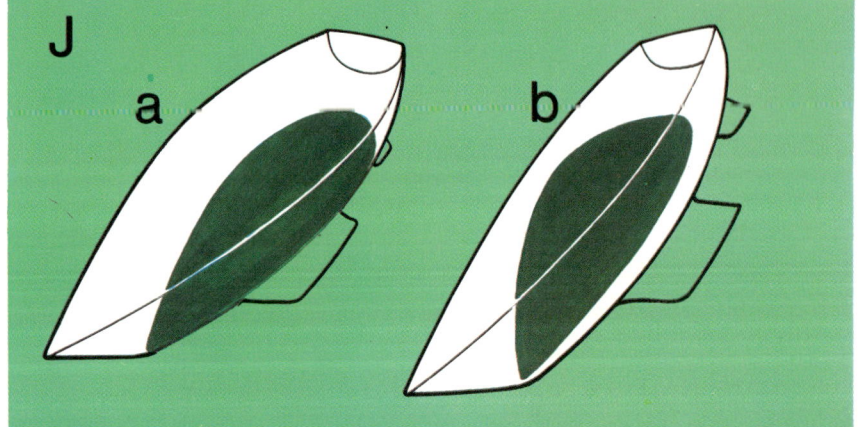

Das Gleichgewicht zwischen Rumpf und Segeln

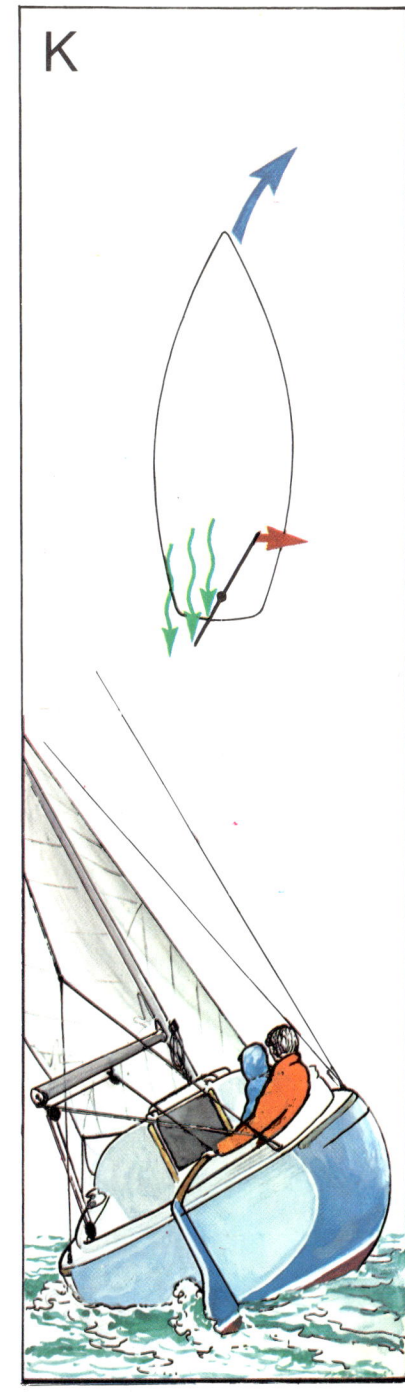

Liegt das Boot über, ist das Manövrieren nicht so einfach, als wenn man aufrecht segelt.

Die Segel üben einen nach vorne gerichteten Druck auf den Mast aus (A). Beim Krängen verlagert sich der Druck von der Mittschiffslinie nach außen (B) und versucht, das Boot in den Wind zu drehen. In C sehen wir den Vortrieb y, den Druck nach der Seite w und die Abtrift a. In D arbeitet der Wasserdruck gegen die Abtrift.

Man stelle sich eine Platte vor (E), auf die genau im Lateraldruckpunkt Kraft ausgeübt wird, oder dementsprechend den Lateralplan eines Bootes (F). Errechnet man den genauen Segeldruckpunkt und konstruiert danach ein Rigg, bei dem er nur knapp vor dem Druckpunkt des Lateralplans liegt, wird das Boot ausgeglichen segeln. In G ist w der Segeldruckpunkt und b der Lateraldruckpunkt. In H ist die Lage von Segel- (a) und Lateraldruckpunkt (b) zueinander gezeigt. Sobald sich der Rumpf über legt, ändert sich die Form der benetzten Fläche (J). Ein kurzer, völliger Rumpf (a) zeigt dann eine weniger symmetrische Form als ein langes, schmales Boot (b). Dies ist typisch für das Ungleichgewicht, wenn man einen kleinen, luvgierigen Seekreuzer segelt (K).

Der Druckmittelpunkt des Lateralwiderstandes — der nicht identisch ist mit dem Lateralschwerpunkt — verändert beim Segeln seine Lage. Er wandert ähnlich wie beim Segel nach vorn, wenn die Geschwindigkeit zunimmt und der Winkel der Abtrift kleiner wird. Ein Boot wird ohne Ruderwirkung nur dann geradeaus laufen, wenn die im Segeldruckpunkt auftretende Kraft und die im Lateraldruckpunkt wirkende Kraft gleich sind. Wandert der Druckmittelpunkt im Segel nach vorn, muß der Druckmittelpunkt der Lateralfläche nach achtern verlagert werden. Bei Schwertbooten erreicht man das durch teilweises Aufholen des Schwertes. Wandert der Druckmittelpunkt im Segel nach außen, bildet sich ein Giermoment aus, das sich nur durch das Ruder ausgleichen läßt.

Der Lateralschwerpunkt ist der Schwerpunkt der Fläche des Mittellängsschnittes durch das Unterwasserschiff, des Lateralplans; der Lateraldruckpunkt dagegen ändert sich ständig.

Verringern von Luvgierigkeit

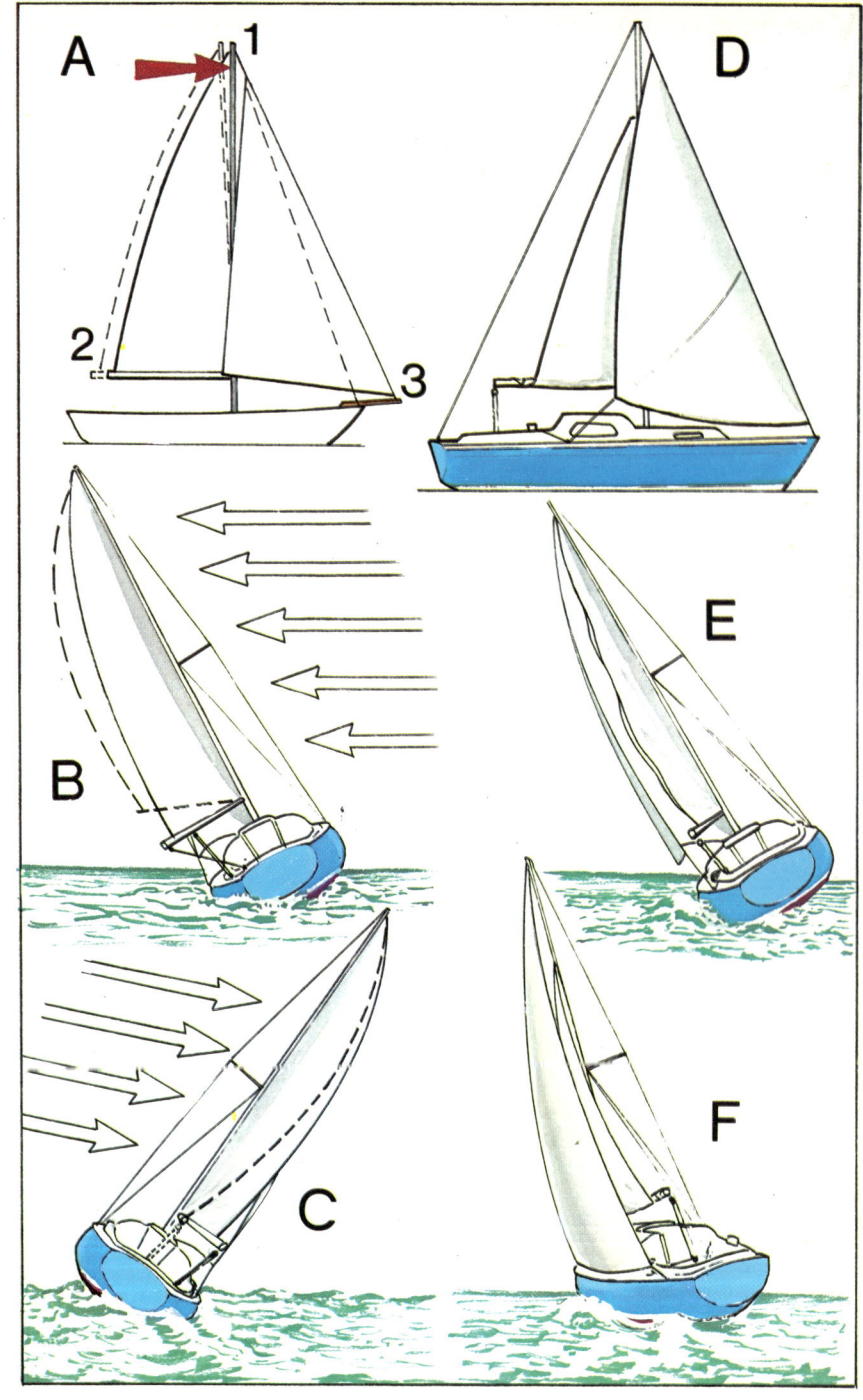

Am Wind sind einige Boote besonders luvgierig, und es muß ständig mit dem Ruder dagegengehalten werden (A). Gibt man dem Mast mehr Neigung nach vorn (1), verkürzt man den Baum (2) und verlängert man das Vorsegeldreieck (3), wird der Segeldruckpunkt weiter vor den Lateraldruckpunkt geschoben und die Luvgierigkeit geringer.

Auch Trimmen der Segel hilft. Ein Baumniederholer macht das Segel flacher (B), und der Baum kann weiter aufgefiert werden — es geht kein Vortrieb durch Verwindung des Segels verloren. Die gestrichelte Linie (C) zeigt den Baum mittschiffs beim Segeln hart am Wind; so erzeugt er Luvgierigkeit. Ein Schottraveller ermöglicht richtigen Trimm, ohne daß der Baum angehoben wird. Gegen Luvgierigkeit hilft auch, das Großsegel frühzeitig zu reffen (D, F), bevor man die Genua auswechselt, oder das Großsegel ganz leicht killen zu lassen, während die Genua stehen bleibt (E).

Der Luvgierigkeit wirkt entgegen eine Vergrößerung der Vorsegel, das Dichtholen der Vorsegel, das Verkleinern des Großsegels.

Verringern von Leegierigkeit

Einige Boote, die bei stärkeren Winden sogar zur Luvgierigkeit neigen, sind bei wenig Wind leegierig, so daß man den Kurs ständig korrigieren muß.

Starke Leegierigkeit kann man verringern, indem man den Mast nach achtern trimmt und das Vorsegel kleiner macht (G). Es hilft auch mit, wenn man die Krängung durch das Gewicht der Besatzung vergrößert (H) oder Gewicht zum Bug trimmt (J). Ob ein Boot luv- oder leegierig ist, hängt von der Konstruktion, dem Trimm, dem Kurs zum Wind, von der Windstärke und der Krängung ab. Man kann ein Boot immer nur für eine ganz bestimmte Windstärke ins Gleichgewicht bringen. Dieses Trimmen erfolgt durch Veränderung der Maststellung und des Mastfalls, durch Vergrößern oder Verkleinern des Großsegels, durch Änderung des Lateralplans, z. B. durch Vergrößern des Skeg, durch Gewichtsverlagerung des beweglichen Ballastes, durch Veränderung der Spannung der Unter- und Oberwanten. Es gibt noch andere Trimmmöglichkeiten; ihre Anwendung erfordert viel Erfahrung und Beschäftigung mit den theoretischen Grundlagen des Segelns.

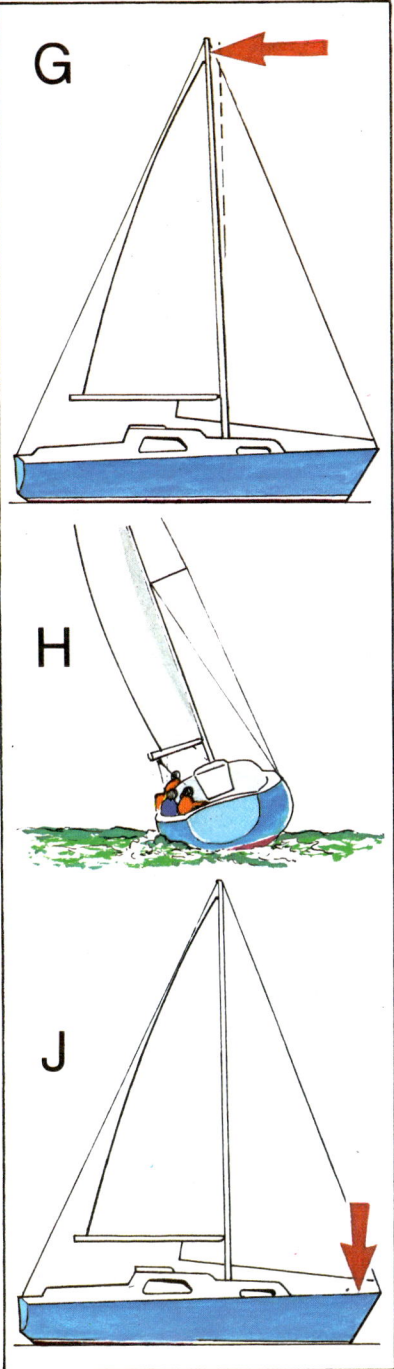

Die Stabilität

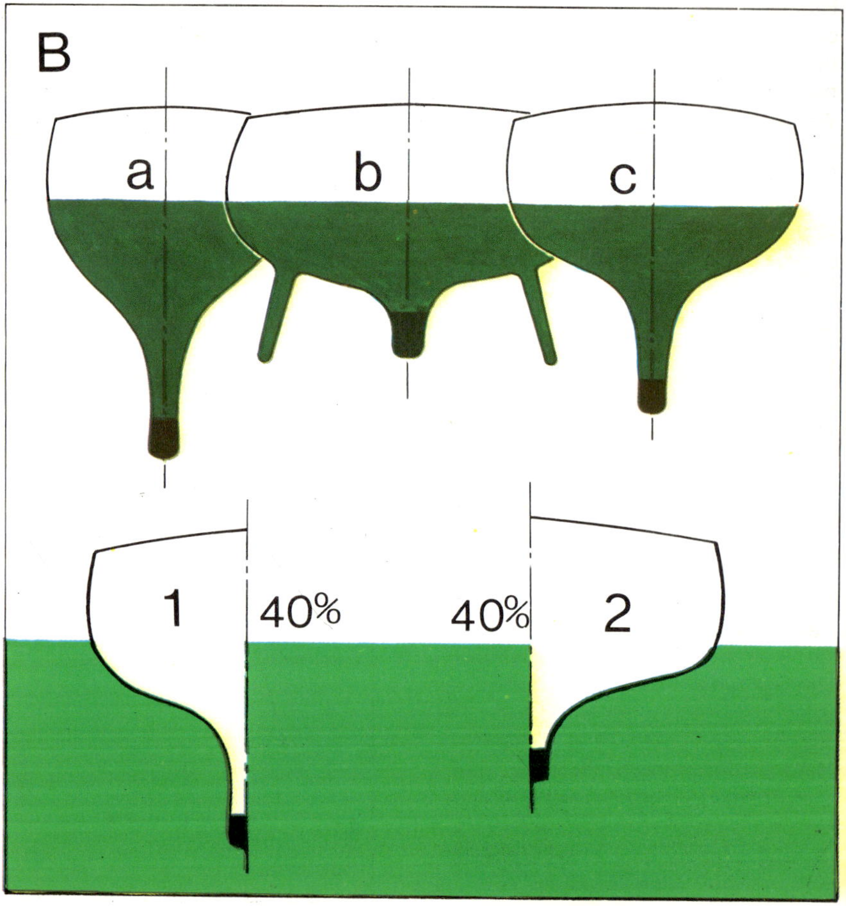

Segelei, bei der die Reling durch das Wasser schleift (A links), macht vieleicht Spaß, aber das Boot wird dadurch langsamer. Die Segel fassen den Wind nicht richtig (man vergleiche mit A rechts), man hat mehr Abtrift, das Steuern wird schwieriger, wenn das Ruder in Grenzlage ist. Einige Boote sind weniger steif, sie legen sich schneller über als andere. Ausreichende Breite und ein Ballastkiel gehören zu einem Rumpf, der viel Segelfläche tragen soll. Ein voller Rumpf braucht weniger Ballast, um das Boot steif zu machen, aber ein solches Boot muß ziemlich aufrecht gesegelt werden, sonst wird die vom Wasser umspülte Rumpffläche unsymmetrisch.

Das aufrichtende Moment bei einem Boot, der Widerstand, den es den krängenden Kräften entgegensetzt, ist weitgehend eine Funktion von Auftrieb und Gewicht (B). Die Boote a, b, c sind Beispiele für mögliche Formen des Unterwasserschiffes. Die Boote b und c sind breiter und haben beim Überliegen mehr Auftrieb als a. Die Boote 1 und 2 haben das gleiche Verhältnis von Kielballast zum Gesamtgewicht, nämlich 40 %. Obwohl Boot 1 seinen

Ballast tiefer trägt als Boot 2, ist dessen Steifigkeit und damit Tragfähigkeit für Segelfläche dank seiner volleren Form ungefähr gleich. Wenn der Ballast bei Boot 2 tiefer angebracht wäre, wäre es steifer.

Die Steifigkeit wird erhöht, wenn die Wasserlinie länger wird (C). Die Wasserlinie x wird bei Krängung durch das Eintauchen der Überhänge an Bug und Heck zur Wasserlinie y verlängert. Weniger Überhang bringt weniger zusätzlichen Auftrieb (w).

Die Konstrukteure von Rennyachten streben ein Minimum an benetzter Fläche oder Unterwasserfläche an (1), wobei auf Kosten von Steifigkeit und Wohnraum Opfer gebracht werden. Seekreuzer (2), die mehr Bequemlichkeit und Wohnraum bieten und doch schnell sein sollen, sind ein Kompromiß.

Die Stabilität oder Steifigkeit ist ein wichtiger Gesichtspunkt bei der Frage, wie sicher ein Schiff ist. Hier stellt sie sich als Widerstand gegen ein Kentern dar. Erreichbar ist in jedem Fall nur, daß ein Rumpf in gekenterter Lage instabil ist, sich also wieder aufrichtet.

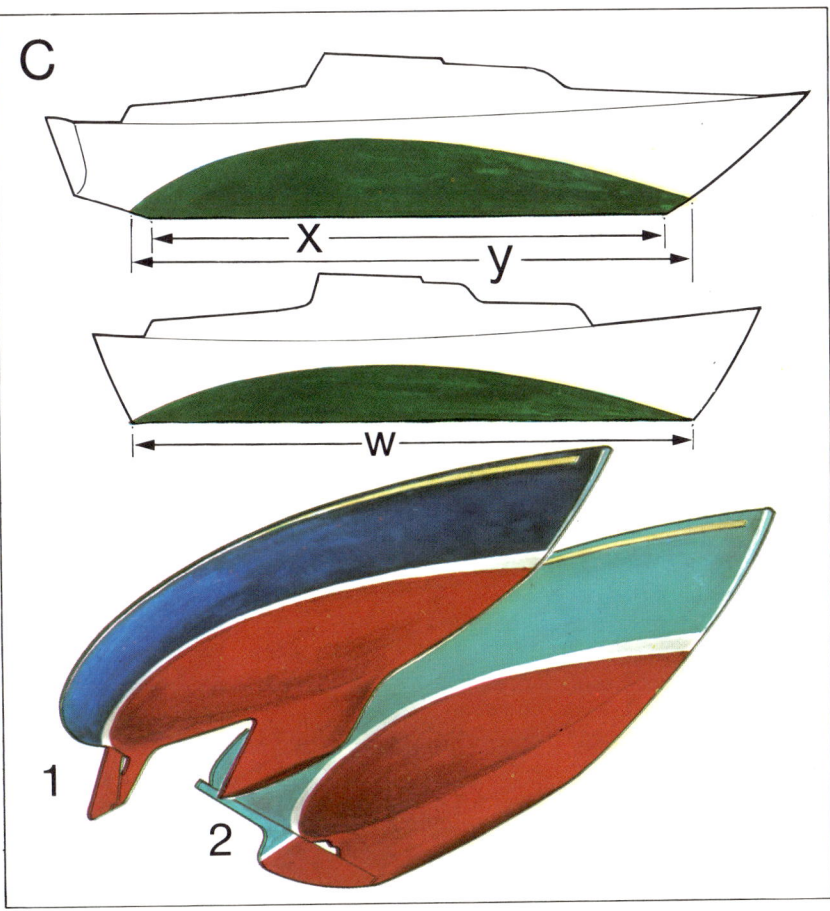

Windwiderstand

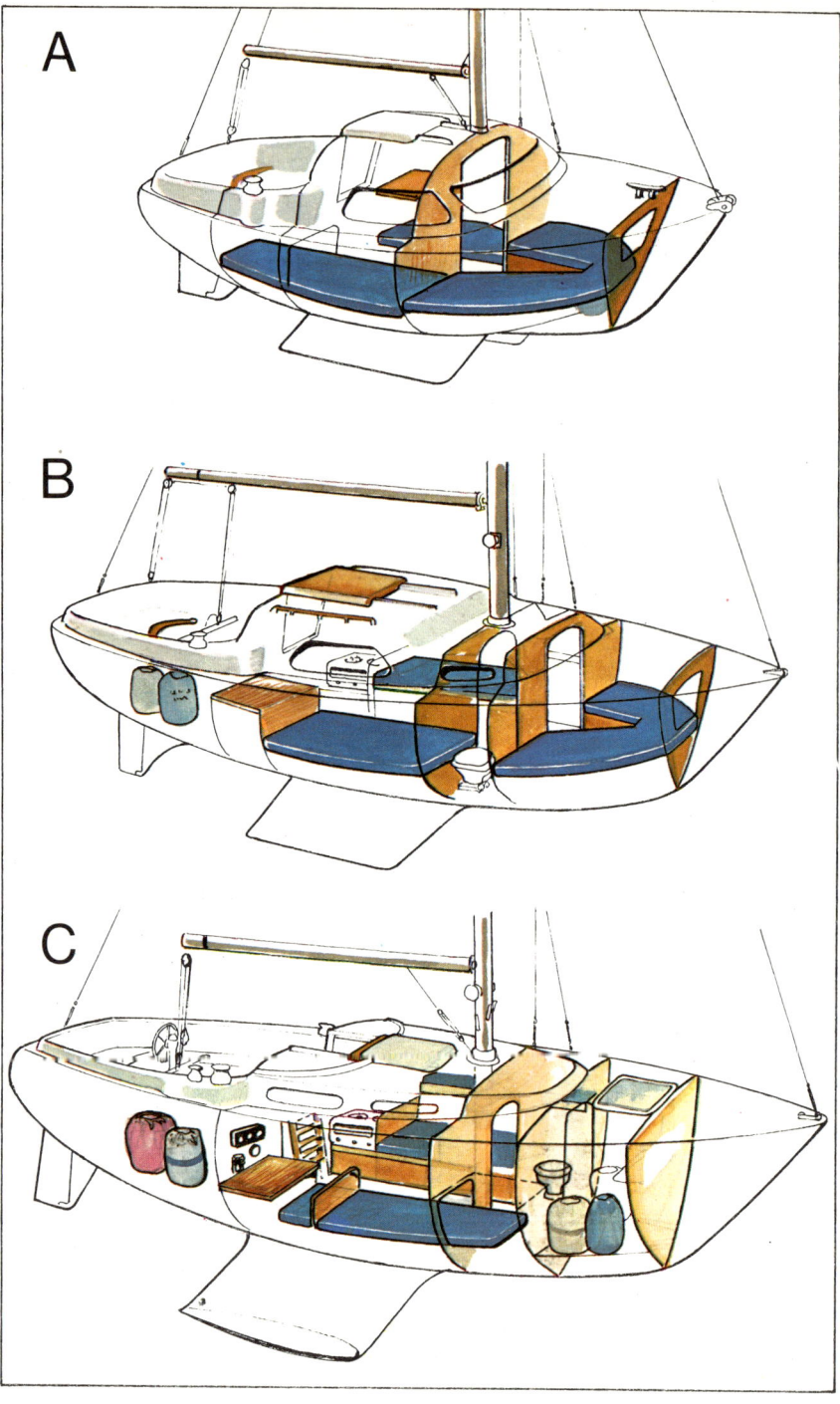

Wenn bei einem sehr kleinen Seekreuzer Wohnräume, Stehhöhe und
so weiter für wichtiger gehalten
werden als die Segelleistung, sieht
das Ergebnis wie A aus: ein kurzer,
gedrungener Rumpf mit viel Windwiderstand und übermäßig großer
Breite, der am Wind schlecht segelt.

Kreuzer B hat ebenfalls vier Kojen,
ist aber etwas größer als A und
weist im Verhältnis zur Länge weniger Windwiderstand auf; er hat
einen schmaleren Rumpf und dadurch bessere Am-Wind-Eigen-
schaften. Dies ist der übliche Kompromiß zwischen Bequemlichkeit
und Leistung.

Boot C ist ein Reekreuzer, bei dem
es vor allem auf Leistung ankommt.
Trotz der Länge gibt es wenig Stehhöhe und Wohnkomfort. Der Rumpf
ist im Verhältnis sehr viel schmaler. Wenig Windwiderstand durch
fehlende Decksaufbauten.

Windwiderstand erzeugt nicht nur
der Rumpf, sondern in nicht zu un-
terschätzender Weise auch das
Rigg.

Man schaue sich diese drei Boote bei frischem Wind an. Das kleine plumpe Boot A 1 liegt weit über, verliert dadurch wirksame Segelfläche und bietet viel Windwiderstand. Es kreuzt schlecht. Boot B 1 kommt gut voran, ohne allzu stark zu krängen. Boot C 1 fährt noch ungerefft und kommt gut nach Luv voran, aber die Besatzung muß schon ziemlich abgehärtet sein, um die Unbequemlichkeiten lange auf sich nehmen zu können.

Es gibt eine Grenze für das, was eine Crew ertragen kann, wenn hart gekreuzt wird — fliegender Gischt und heftige Bewegungen. Ein Seekreuzer mit einer Familie an Bord wird eher gezwungen sein, weniger hart zu knüppeln als eine gut trainierte Crew in einem Hochleistungsboot, die noch aufkreuzen kann, wenn eine schwächere Besatzung wegen physischer Erschöpfung schon aufgeben mußte. Andererseits kann keine noch so gute Crew bei schlechtem Wetter nach Luv vorankommen, wenn ihr Boot schlecht konstruiert ist. Es gibt immer einen Kompromiß zwischen Seetüchtigkeit und Bequemlichkeit.

Das Kreuzen

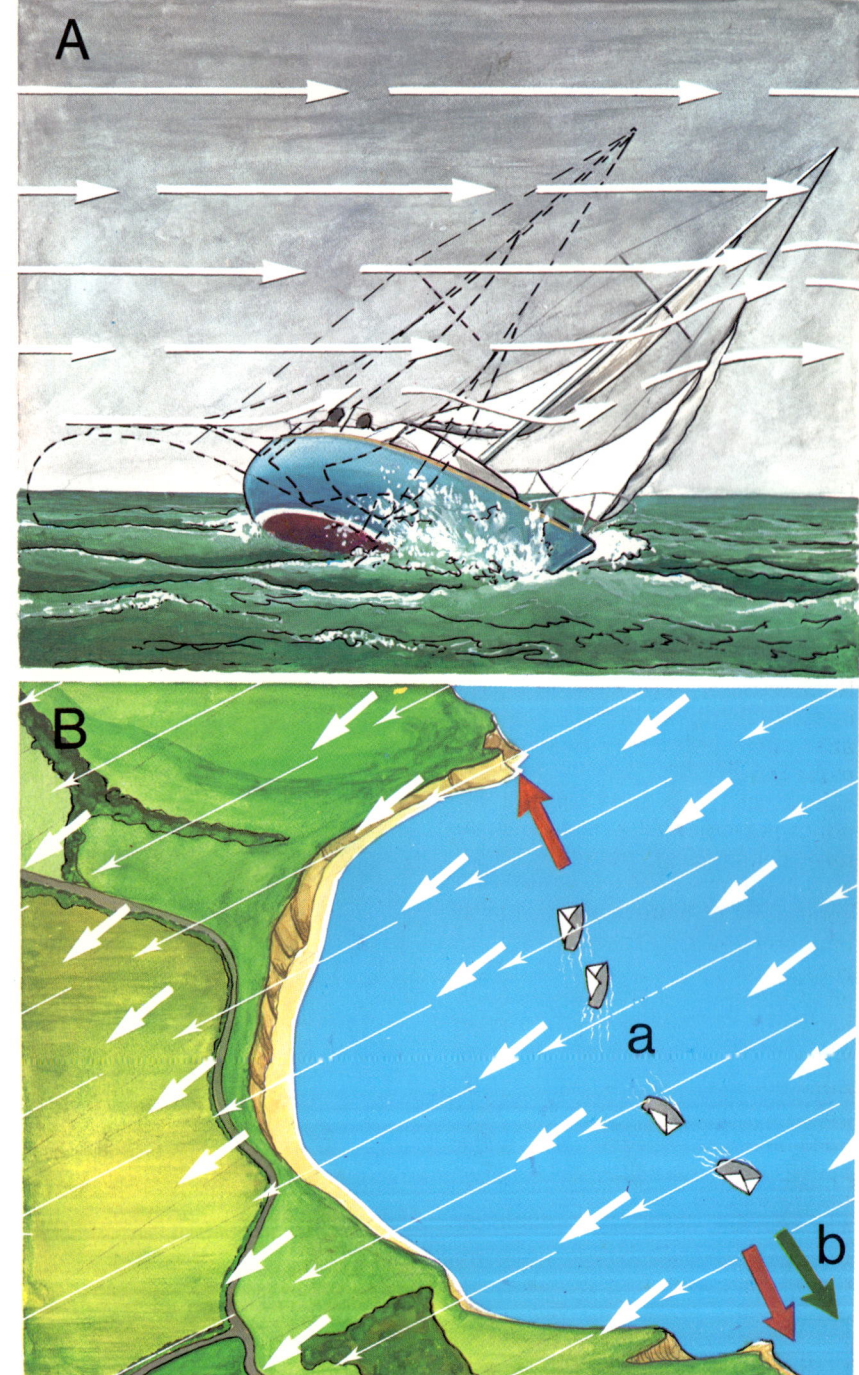

Können Sie in einem Sturm von einer Leeküste freikreuzen? Boot A könnte es bestimmt nicht. Allein unter Segeln verwandelten seine außerordentlich starke Abtrift und seine schlechten Segeleigenschaften den Kurs hart am Wind in einen Raumkurs. Zusätzlicher Motorgebrauch würde bei Seegang nicht viel bringen.

Trotzdem geht kaum ein kleiner Seekreuzer auf diese Weise verloren. Wie auch immer der Wind weht, er kommt selten lange aus der gleichen Richtung. Und ganz gleichgültig wie er dreht, wird ein Schlag dann besser als der andere. Die Yacht auf Legerwall (a) kann sich nicht vom Kap freisegeln, aber ein Umspringen des Windes (kurze Pfeile) ermöglicht ihr, wenn sie es richtig macht, abzuhalten und das Kap zu runden (b).

Ein erfahrener Skipper achtet aufmerksam auf eine günstige Winddrehung und zögert keinen Augenblick, sie zu nutzen. Denn er weiß natürlich, daß es ebenso schnell anders herum kommen kann. Außerdem weiß er auch, wie und wann er Segel und Motor als Antrieb kombinieren kann.

Der Hilfsmotor

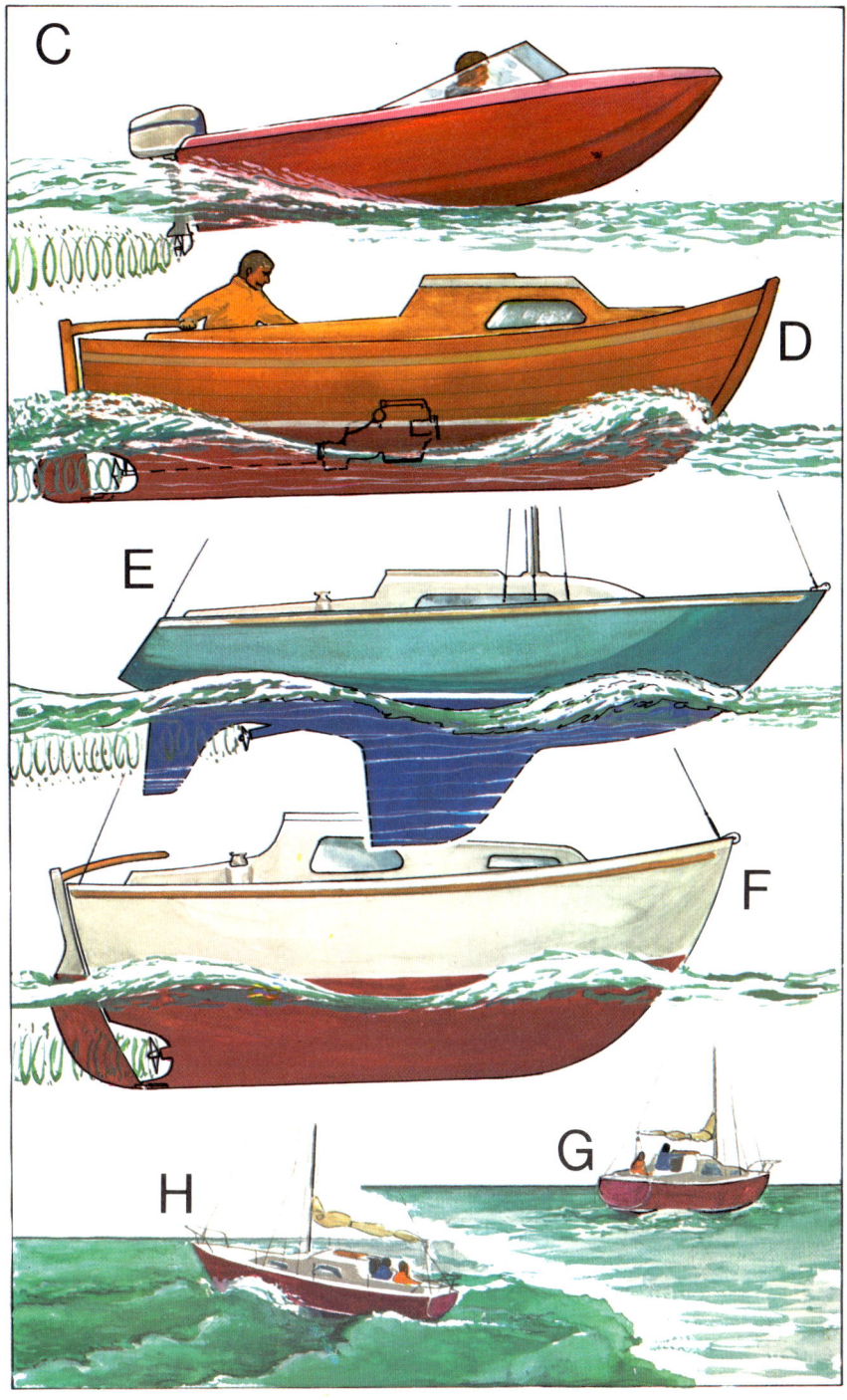

Die beiden Boote C und D haben einen Motor von 30 kW, aber nur das leichte Gleitboot C setzt die Motorkraft in Fahrt um. Das schwere Verdrängerboot D erreicht bereits mit wesentlich geringerer Motorisierung seine sogenannte Rumpfgeschwindigkeit, die es nicht überschreiten kann. Es braucht aber einen größeren Propeller mit mehr Schub.

Boot E ist ein Regattaboot. Es benötigt nur eine kleine Hilfsmaschine für Hafenmanöver, während Boot F ein schwerer Verdränger ist und ordentlich Kraft braucht, um die Fahrtminderung durch Gegenwinde auszugleichen — eine stärkere Maschine mit langsam drehendem Propeller starker Steigung, der gut ins Wasser „beißt". Motoren sind wie Seekreuzer Kompromisse. Der Propeller bremst beim Segeln, aber auch ein Hilfsmotor muß einen Propeller richtiger Größe und Form haben, wenn er maximale Leistung abgeben soll. Ist der Propeller nicht richtig ausgelegt, ist es denkbar, daß er bei glatter See zwar Höchstgeschwindigkeit liefert (G), aber bei grober See nicht genug Vortrieb gibt (H).

Motor und Seegang

Der Nutzen des Motors zur Unterstützung beim Gegenansegeln in schwerem Wetter ist begrenzt, wenn der Propeller nur wenig unterhalb der Wasseroberfläche arbeitet. In A ist er gut eingetaucht, wenn das Boot aufrecht segelt, und arbeitet in dichtem Wasser. Wenn das Boot aber bei viel Wind stark überliegt (B), kommt der Propeller näher an die Oberfläche heran. Er arbeitet dann in Wasser, das weniger dicht ist, das heißt, das mehr Luftblasen enthält. Der Propeller kommt beim Stampfen in der See von Zeit zu Zeit ganz aus dem Wasser heraus (C, D). Diese Kombination von Wegliegen und Stampfen, die typisch ist, wenn eine Yacht bei schwerer See gegenan geht, kann 50 % der Motorleistung kosten. Wenn der Propeller im Interesse geringerer Bremswirkung und damit besserer Segelleistung kleiner ist, als eigentlich richtig wäre, ist der Wirkungsgrad noch geringer, eine Fahrt unter Maschine gegenan kaum oder gar nicht möglich.

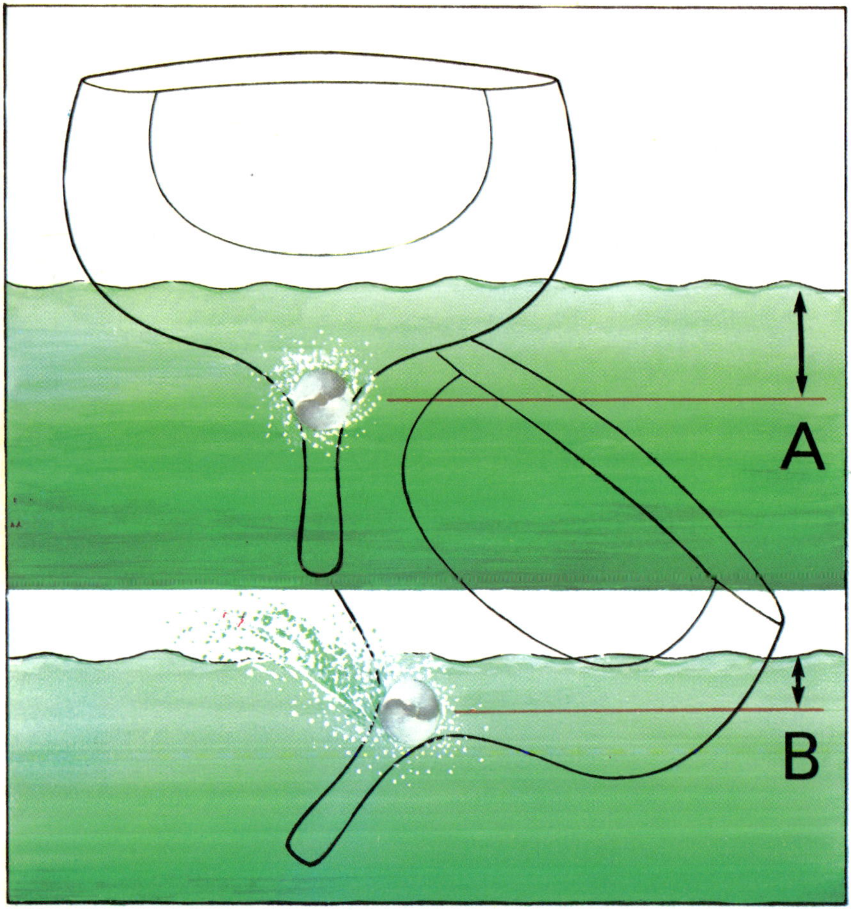

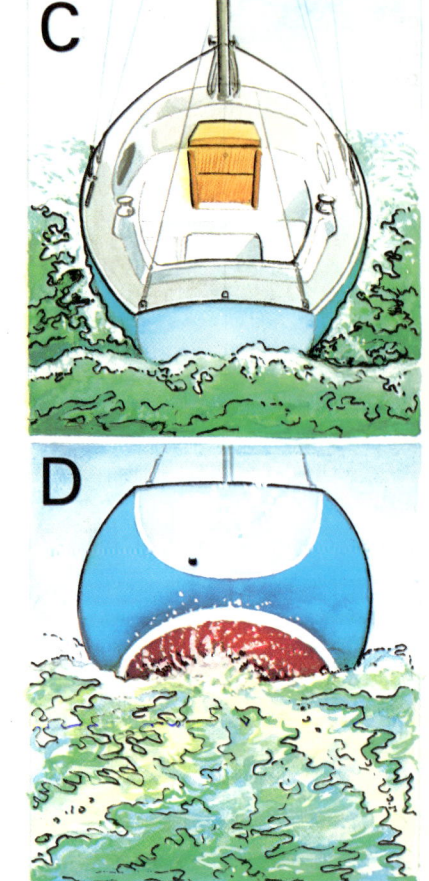

Der seitliche Schub des Propellers

Das seitliche Weglaufen des Propellers, auch „Radeffekt" genannt, beruht auf dem Drall, den der Propeller dem Wasser bei der Beschleunigung nach achtern erteilt. Dieser Effekt ist bei Rückwärtsfahrt durch Druck bzw. Sog auf den Bootskörper besonders stark.

Man stelle sich einen Kasten mit einem Rad an einer Seite vor (E). Wird das Rad so gedreht, wie in der Zeichnung dargestellt, schwenkt das Ende des Kastens nach rechts. Ein rechtsgängiger oder im Uhrzeigersinn drehender Propeller hat die Neigung, das Bootsheck nicht nur nach vorn, sondern auch etwas nach rechts zu schieben (F). Langsam drehende Propeller mit großem Durchmesser weisen einen stark ausgeprägten seitlichen Schub auf. Wenn das Heck nach Steuerbord dreht (G), weicht der Bug nach Backbord aus. Dreht der Propeller auf Rückwärtsfahrt, also links herum, ist es umgekehrt: Das Heck schlägt nach Backbord, der Bug nach Steuerbord aus. Der Drehpunkt (rot) verschiebt sich achteraus. Man beachte, wie das Wasser das Ruder in Hartlage drückt!

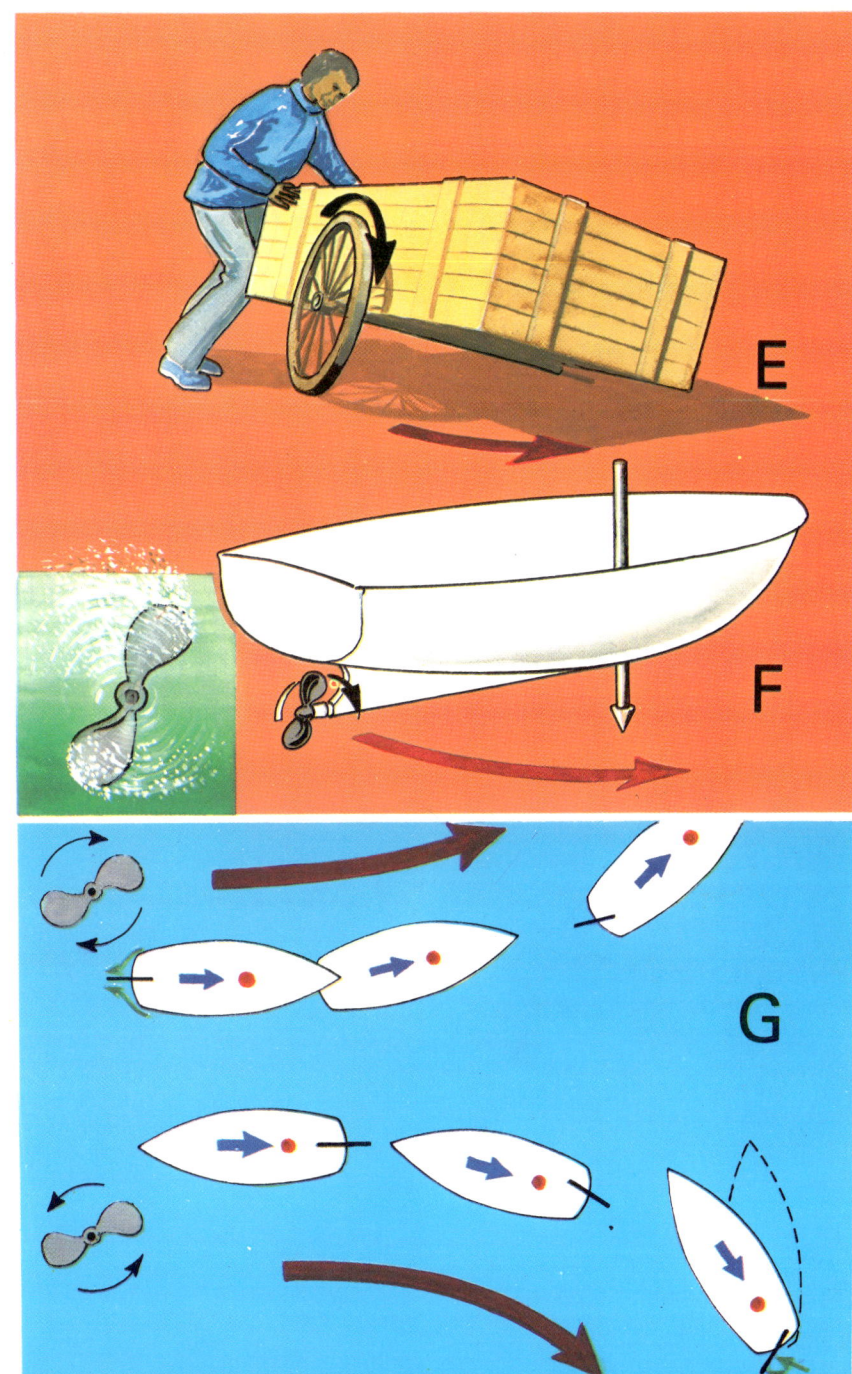

Manöver unter Motor (kein Wind)

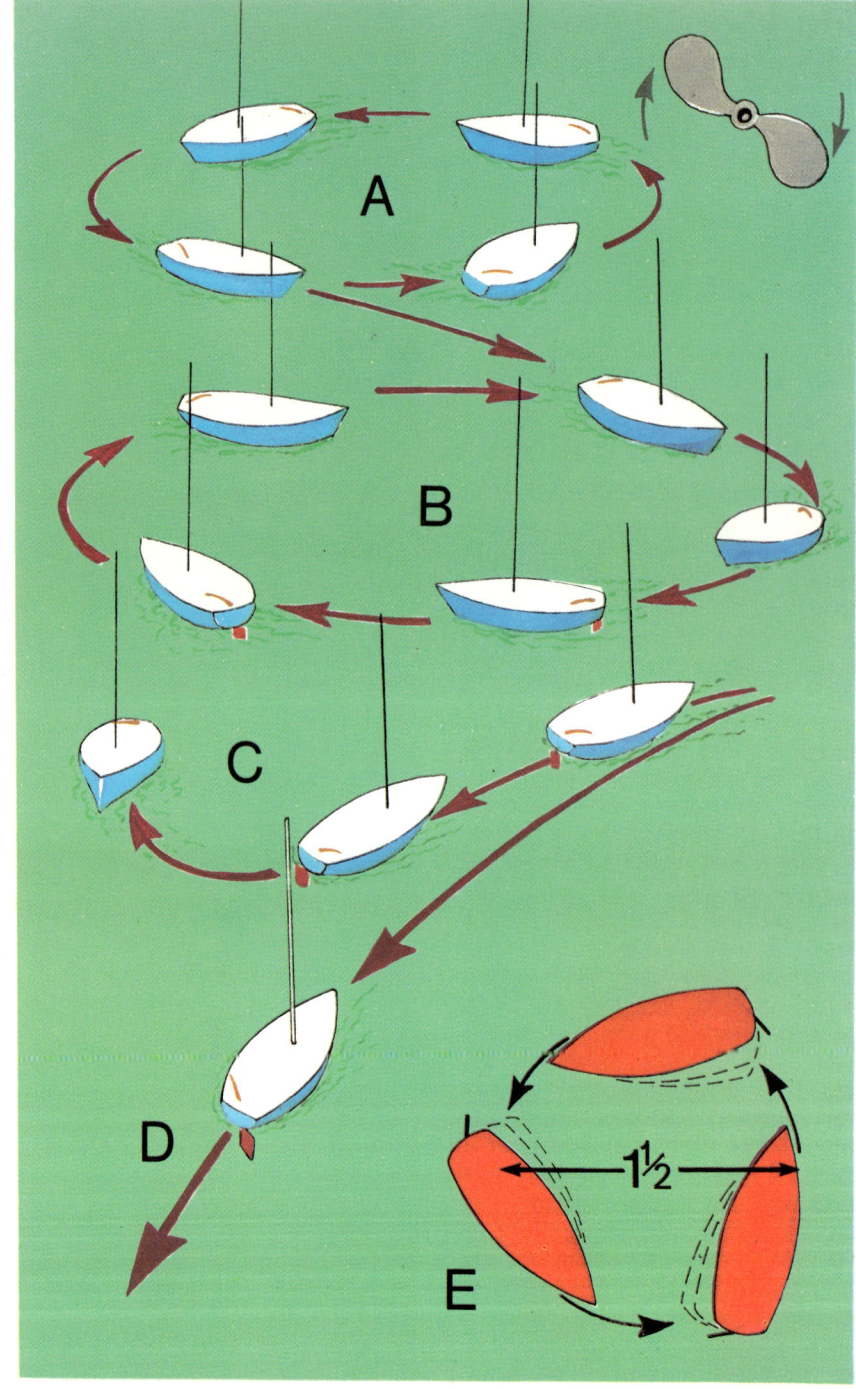

Beim Manövrieren kann der seitliche Schub ausgenutzt werden. Hat man einen rechtsgängigen Propeller, wird der Drehkreis des Bootes nach Backbord enger sein als nach Steuerbord, bei linksgängiger Schraube umgekehrt. A und B zeigen die Wirkungen eines rechtsgängigen Propellers mit erheblichem Schub zur Seite. Bei Rückwärtsfahrt wird das Heck nach Backbord schlagen (C), aber es ist nicht oder kaum möglich, es nach Steuerbord drehen zu lassen (D). Bei einem linksherum laufenden Propeller ist es genau umgekehrt.

Boote mit Hilfsmotor können nur selten dazu gebracht werden, auf engem Raum zu drehen, wenn man abwechselnd voraus und zurück geht und sich auf das Ruder verläßt. Kurzes kräftiges Angehen voraus mit Hartruder abwechselnd mit kurzem, kräftigen Zurückgehen, ohne die Ruderlage zu verändern, um die Vorausfahrt abzustoppen, hilft oft. Ein moderner Seekreuzer mit Hilfsmotor wird im allgemeinen bei Hartruder und Vorausfahrt in $1^1/_2$ Bootslängen drehen (E). Man beachte, wie stark das Heck nach außen schwingt.

Manöver mit Motor (frischer Wind)

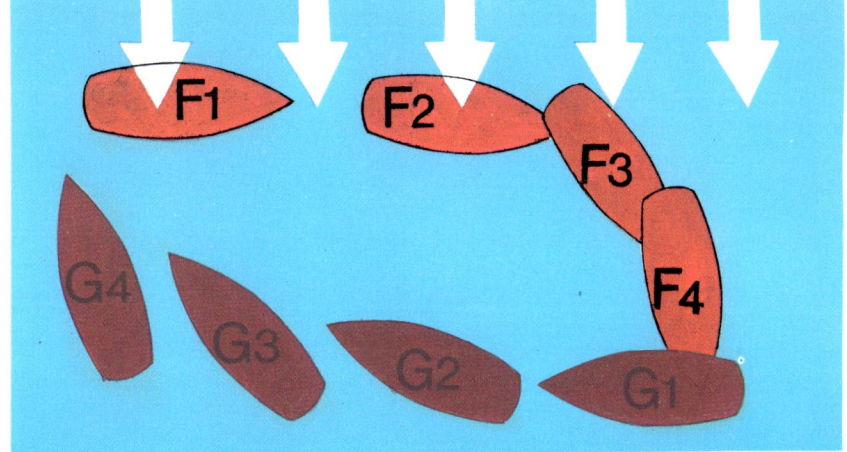

Ein Boot ohne Segel- oder Motorantrieb, das keine Fahrt voraus macht, wird das Heck schräg in den Wind drehen (1 bis 3). Es verhält sich also ähnlich wie eine Wetterfahne. Dieses „Suchen nach dem Wind" wirkt sich bei allen Manövern unter Motor bei viel Wind aus. In F1 bis F4 kann der Kreuzer mit Seitenwind mühelos auch auf engem Raum nach Lee gedreht werden, weil das Heck ohnehin versucht, in den Wind zu drehen.

In G1 bis G4 erweist sich der Versuch, das Boot mit dem Bug voran in den Wind zu drehen, als sehr viel schwieriger, weil ein solches Manöver dem natürlichen Verhalten entgegensteht. Wenn hierzu eine ausgesprochene seitliche Schubwirkung des Propellers nach rechts kommt, kann es unmöglich sein, nach Steuerbord in den Wind zu drehen. Manche Boote können nur nach einer Seite in den Wind gebracht werden. Viele brauchen Hartruder und volle Motorleistung, um sie in den Wind zu drehen.

Wenden auf engem Raum (Seitenwind)

Nicht jeder Kreuzer dreht in einem Kreis mit einem Durchmesser von 1½ Schiffslängen. Außerdem muß man seiner Sache sehr sicher sein, wenn man auf engem Raum eine volle Drehung nur mit Fahrt voraus versucht. Die blaue Yacht macht eine Drehung mit Fahrt voraus und Fahrt zurück. Sie dreht voraus in den Wind (1—3), geht dann zurück (4, 5), wobei sie den Ausschlag des Hecks nach Backbord (rechtsgängige Schraube) ausnützt und läuft schließlich wieder voraus (5, 6).

Der rote Kreuzer wendet eine andere Taktik an. Er geht voraus (1, 2), macht dann einen Schlag zurück (3) — wobei sowohl der Schub des Propellers nach Backbord als auch das Drehen des Hecks in den Wind dazu beitragen, das Boot ein gutes Stück luvwärts zu versetzen (4, 5) — und beendet die Drehung voraus mit Ruder Steuerbord (6, 7).

Es kommt immer darauf an, wieviel Platz man hat, ob man mit Strom rechnen muß und welche besonderen Eigenschaften das Boot hat. In einer schwierigen Situation sollte man nie mit voller Fahrt voraus gehen und darauf vertrauen, daß einen die Maschine im Rückwärtsgang schon zum Stehen bringen wird.

Wenden auf engem Raum (Wind von vorn oder achtern)

Die blaue Yacht dreht nach Steuerbord (1–3), weil ihr rechtsgängiger Propeller ihrem Heck beim Zurückgehen den gewünschten Schub nach Backbord gibt. Das Heck versucht in den Wind zu drehen (4). Schließlich geht sie wieder voraus (4, 5).

Für die rote Yacht mit Wind von achtern ist das Wendemanöver schwieriger. Sie bleibt dicht am Ufer, um möglichst viel Raum für eine Drehung nach Backbord zur Verfügung zu haben, denn bei ihrem rechtsgängigen Propeller ist das die günstigere Drehrichtung. Dann legt sie hart Ruder und gibt viel Gas (2–5), aber der Rudergänger muß abschätzen können, ob er herumkommt oder unklar mit der vor Anker liegenden rosa Yacht kommt.

Bei viel Wind schaffen manche Kreuzer eine Drehung in den Wind unter Umständen nicht. Kein anderes Manöver würde Erfolg haben. Die einzige Möglichkeit wäre, das Großsegel zu setzen und damit die Drehung zu unterstützen. Geht das aber auch nicht, muß man ankern, herumschwojen, ankeraufgehen und weiterfahren. Mit Strom gegen Wind ist selbst das fragwürdig.

Längsseitsgehen

Wenn das Heck bei Rückwärtsfahrt nach Backbord dreht, kann man gegen den Wind langsam an die Pier gehen (A 1–4), weil das Heck zur Pier gezogen wird, wenn man im richtigen Augenblick kräftig achteraus geht. Sollte man aber mit der *Steuerbordseite* an die Pier gehen müssen, wäre das Ausschlagen des Hecks schlecht. Man darf die Maschine dann nur dazu benutzen, das Boot langsam abzustoppen. Setzt der Strom von vorn und kommt der Wind von achtern, muß das Boot den Strom ausmanövrieren (B); man geht zurück, um abzustoppen und das Heck an die Pier zu drücken. Beim Übergeben der Leinen darf nicht getrödelt werden. Wenn Wind und Strom in gleiche Richtung wirken, legt man an, indem man gegen beide angeht.

Kommt bei Strom von vorn der Wind von der Seite (C), muß man aufpassen, daß der Bug nicht nach Lee weggeht, wenn das Boot Fahrt verliert und das Ruder nicht mehr voll wirkt. Kurz vor Erreichen der Pier dreht man eine Idee ab und läßt den Wind das Boot heranrükken.

Das Anlegen in Marinas

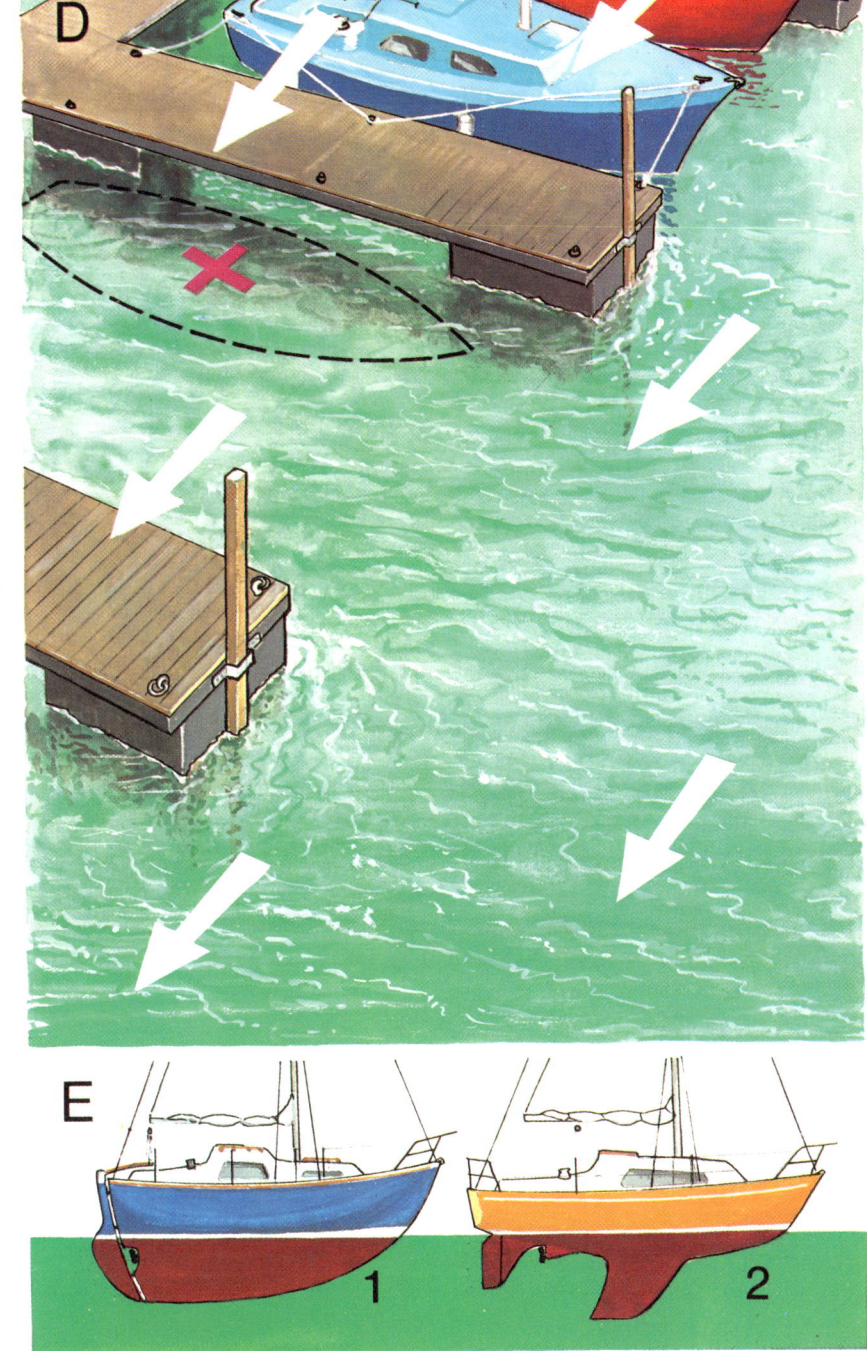

Wenn man bei starkem Querwind in eine Box will (D), müßte man mit den Booten E1 und E2 sehr unterschiedlich manövrieren, weil sie verschieden drehen und sich jedes unter Motor anders verhält. Man muß sein Boot kennen.

Es gibt Boote, die so gut manövrieren, daß man sie geradewegs hineinsteuern kann, während andere nicht mehr unter Kontrolle zu halten sind, sobald die Ruderwirkung nachläßt. Ihr Bug geht dann nach Lee weg. Wenn man sieht, daß das Manöver nicht so verläuft, wie man es geplant hat, ist es im allgemeinen sicherer, sich mit voller Fahrt aus der Box herauszuziehen und einen zweiten Anlauf zu fahren, als zu versuchen, das Manöver zu retten, indem man schnell hintereinander voraus und zurück geht. Das gelingt selten.

Im hier dargestellten Fall wird das Manöver wohl nur gelingen, wenn man zunächst gegen den Wind an den Pfahl am Ende der Box geht, dort eine kurze Leine festmacht, dann kurz eindampft, eine Heckleine an Land bringt, dort an einen Innenpoller verfährt und das Boot an der Leine in die Box zieht.

Anlegen in Marinas
(Fortsetzung)

Das langkielige Boot (A) ist auf Nummer Sicher gegangen. Es hat am Ende des Schlengels festgemacht (1, 2), wobei es einen Augenblick verhält (a), bis die Heckleine ausgebracht ist (b). Dann läßt man das Boot zurückfallen. Die Besatzung kontrolliert es mit den Leinen, bis es richtig liegt (3). Mit einer starken Maschine und einer Crew, die mit den Leinen fix bei der Hand ist, könnte man mit dem Bug voran anlaufen und mit voll zurück stoppen. Der Preis für einen Fehler wäre allerdings hoch.

Ein modernes Boot, das besser manövriert (B), könnte mit dem Bug voran geradenwegs in die Box hineinsteuern. Die Fahrt ließe sich mit der Maschine abstoppen. Solche Boote sind vielfach auch nach achteraus ausgezeichnet manövrierfähig. Möglich ist eine Annäherung, bei der man quer zum Wind herangeht (1–3) und das Heck dabei ganz leicht nach Luv dreht. Will man auf die Leeseite, kann man sogar mit dem Heck im Wind herankommen (C).

Ob ein Manöver gelingt oder verpatzt wird hängt davon ab, wie die Crew mit den Leinen arbeitet.

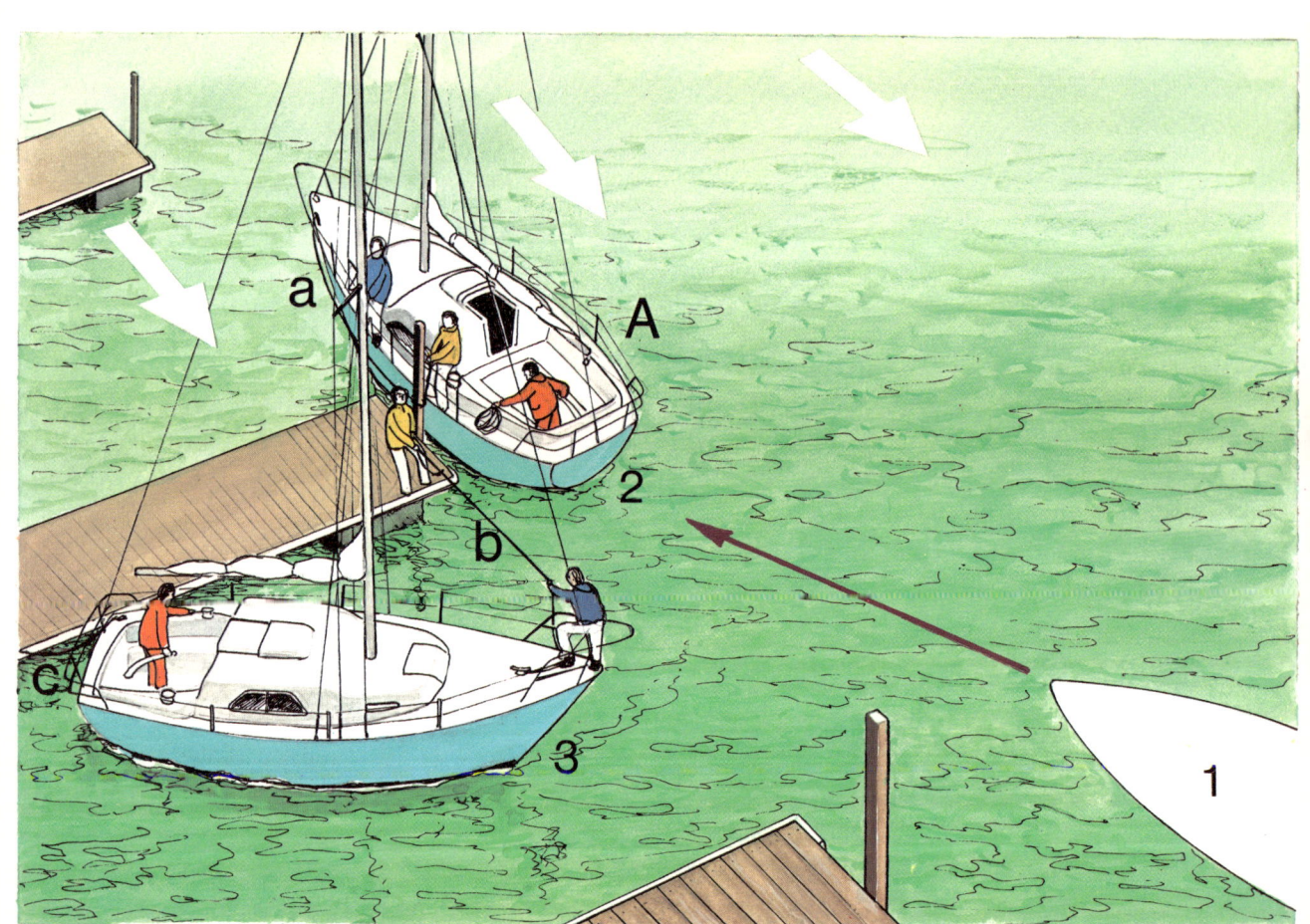

Immer mehr Boote liegen heute in Marina-Anlagen; Marinas mit Tausenden von Liegeplätzen sind schon gebaut oder geplant. Das Manövrieren in so überfüllten Häfen erfordert eine exakte Beherrschung des eigenen Boots, um Schäden zu vermeiden.

Seemannschaft erkennt man nicht daran, daß jemand ein besonders schneidiges Anlegemanöver fährt. Sie zeigt sich vielmehr in Vorsicht, Respekt vor den Einwirkungen der Elemente, konsequenter Planung eines Manövers und überlegener Ruhe bei der Durchführung.

Wenn die Verhältnisse schwierig sind, wenn man die Eigenschaften des eigenen Bootes nicht vollkommen kennt, wenn die Gefahr besteht, Schäden an anderen Booten hervorzurufen, wird der gute Seemann lieber mit Leinen arbeiten als mit dem Motor.

Es ist erstaunlich, was man mit Leinen alles machen kann. Dazu gehört aber unter Umständen, zunächst einmal an einem Pfahl festzumachen oder zu ankern, ein Boot auszusetzen und damit Leinen an Land zu verfahren.

Das Ablegen

Ein Boot auf dem Liegeplatz A hat keine Probleme. Der Wind drückt es frei vom Schlengel, sobald die Leinen losgeworfen sind. Es kann schnurstracks wegfahren.

Boot B wird vom Wind gegen den Schlengel gedrückt. Es muß vorne abgesetzt werden, bevor es Fahrt aufnimmt. Das Ruder muß mittschiffs liegen, denn jeder Versuch, Steuerbordruder zu geben, führt dazu, daß das Heck gegen die Pier schlägt. Die Crew setzt mit einem Bootshaken ab.

Hätte das Boot mit dem Bug nach innen gelegen, hätte es ohne weiteres zurückgehen können, denn das Heck wäre in den Wind gedreht und der Seitenschub des Propellers hätte es nach Backbord gezogen. Jedes Manöver muß gut durchdacht und mit der Besatzung durchgesprochen werden, ehe man es ausführt. Man achte auf Wind und Strom ebenso wie auf das Verhalten anderer Boote.

Ein gutes Teil praktischer Seemannschaft besteht im Planen und Durchdenken von Manövern. Dann genügen meist wenige Handzeichen oder kurze Zurufe, um zu erreichen, daß die Crew das Richtige tut.

Festmachen mit dem Heck voraus

Ein wichtiges Manöver ist das Festmachen an einem Liegeplatz mit vorherigem Ankern. Bei Boot C vereitelt die Neigung des Hecks, in den Wind zu drehen, diese Absicht. Boot D sorgt dafür, daß der Drehung entgegengewirkt wird, indem die Besatzung die Ankerleine beim Stekken von Zeit zu Zeit steif kommen läßt. Boot E, bei dem das Heck auf Kurs bleibt, motort einfach rückwärts hinein.

Bei starkem Seitenwind geht man unter Motor mit dem Bug voran zur Pier und macht eine lange Leine fest. Dann fährt man über dem Achtersteven wieder zurück; das Heck dreht dabei in den Wind. Das Boot kann nun voraus gehen, bis man den Anker fallen läßt. Schließlich zieht man zurück zum Liegeplatz und kontrolliert das Boot mit Anker- und Heckleine.

Man muß daran denken, daß bei starkem Seitenwind die Anker der anderen Yachten luvwärts liegen. Man lasse seinen eigenen Anker ebenfalls ein wenig luvwärts vom freien Liegeplatz fallen.

Liegen die Boote dicht an dicht nebeneinander, kann es zweckmäßig sein, eine Ankerboje anzustecken.

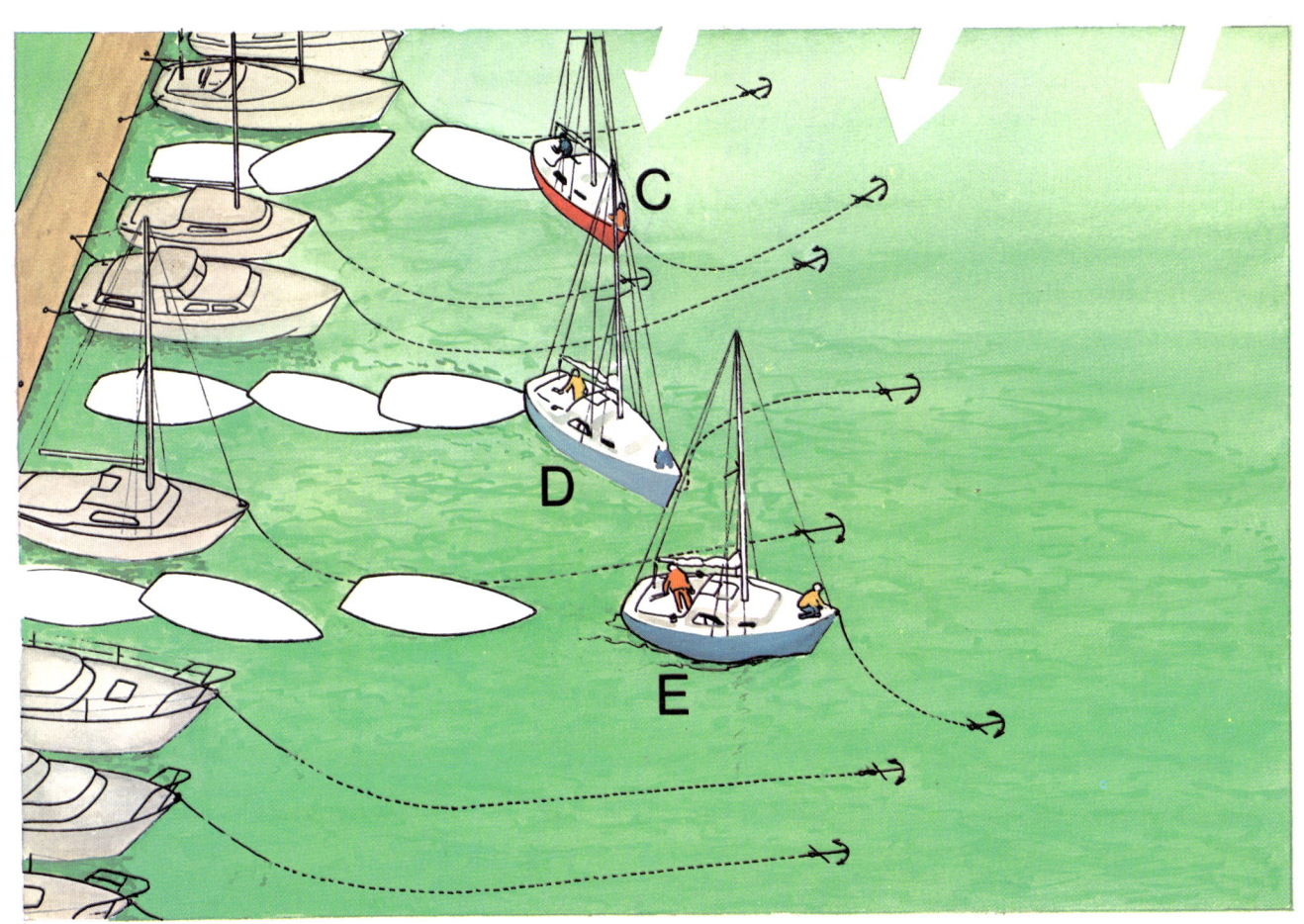

Stoppen mit Maschine

Nur Erfahrung lehrt, die zum Stoppen notwendige Kraft richtig zu dosieren. Wird der Motor zu früh auf Rückwärtsfahrt gestellt, schwingt das Heck aus dem Kurs (A 1—4), was nur durch einen Schub voll voraus korrigiert werden kann. Im allgemeinen ist es besser, ganz allmählich auf Fahrt zurück zu gehen, um Ruder im Schiff zu behalten. Kommt der Wind von achtern, segelt das Boot unter seinem Rigg allein.

Mit ausreichend Kraft im Rückwärtsgang hätte man vielleicht im Leerlauf, nur vor dem Mast segelnd, bis zum Liegeplatz genügend Ruder im Schiff halten und gleichzeitig mit dem Festmachen der Heckleine voll zurückgehen können (B 3, 4). Versagt aber die Crew dabei, gibt es Schwierigkeiten. Ein Propeller liefert rückwärts viel weniger Fahrt als voraus. An einem ruhigen Tag kommt das Boot vielleicht zum Stehen, aber bei viel Wind von achtern reicht die Kraft möglicherweise nicht aus.

Will man ein Boot langsam zum Stillstand bringen, drosselt man den Motor auf Leerlauf, kuppelt aber nicht gleich aus. Ein gezwungen langsam laufender Propeller bremst die Fahrt. Wie weit ein Boot nach dem Auskuppeln noch ausläuft, hängt von Form und Gewicht ab.

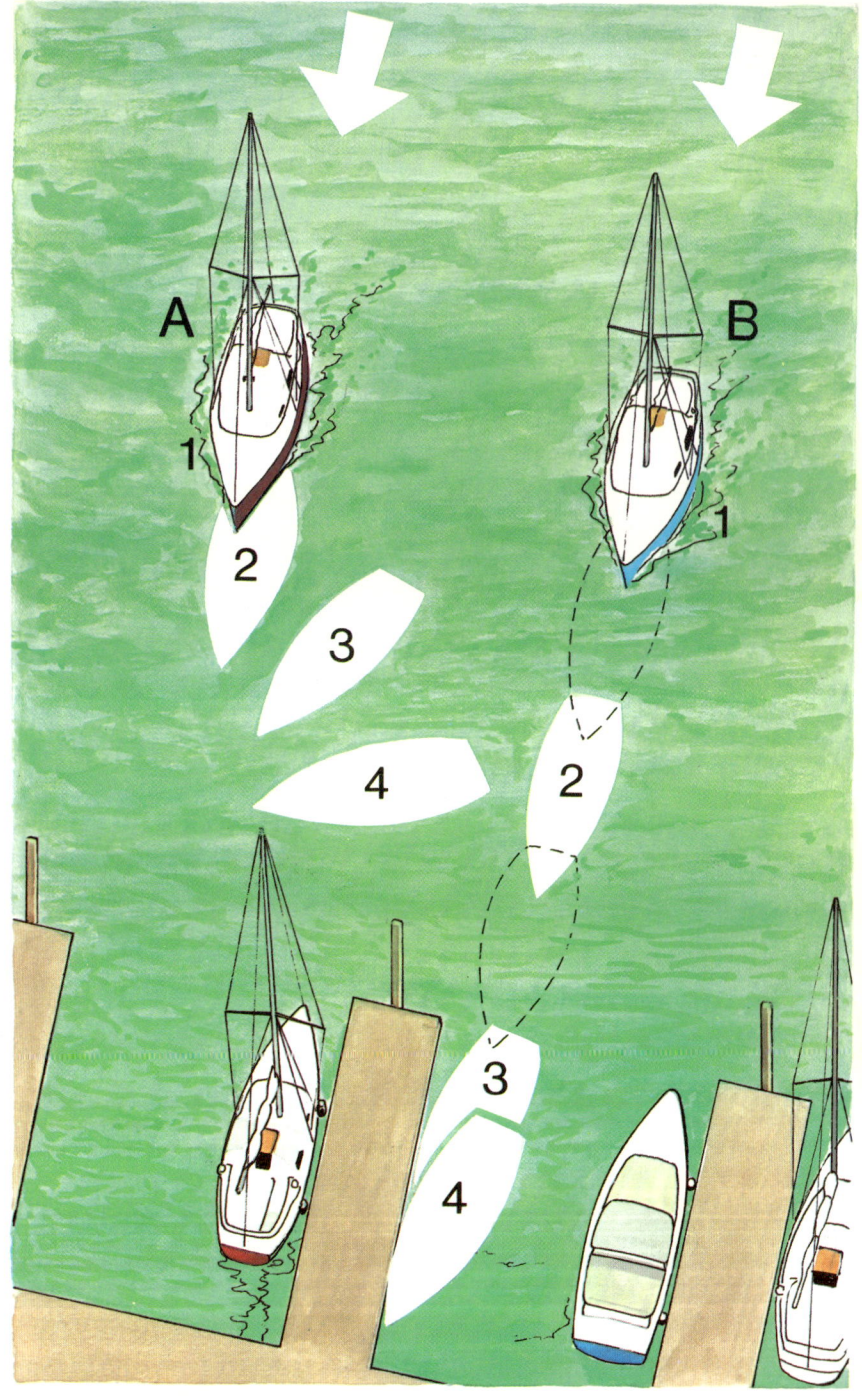

Der Motor kann ausfallen

Gute Seemannschaft heißt, mit Unvorhergesehenem zu rechnen. Nie sollte man freiwillig so dicht in Luv von einer gefährlichen Stelle vorbei fahren, wie diese Yacht, auf der die Segel festgemacht sind, denn der Motor kann stehen bleiben.

Boot C geht auf Nummer Sicher, während D dicht unter einer Leeküste fährt. Boot C1 geht in Lee eines verankerten Schiffes vorbei, statt auf der Luvseite zu fahren.

Boote, die gegen starken Strom laufen, riskieren es nicht, dicht vor dem Bug von Ankerliegern vorbeizudrehen, sondern achten wie C2 auf genügend Sicherheit, indem sie weit stromaufwärts bleiben.

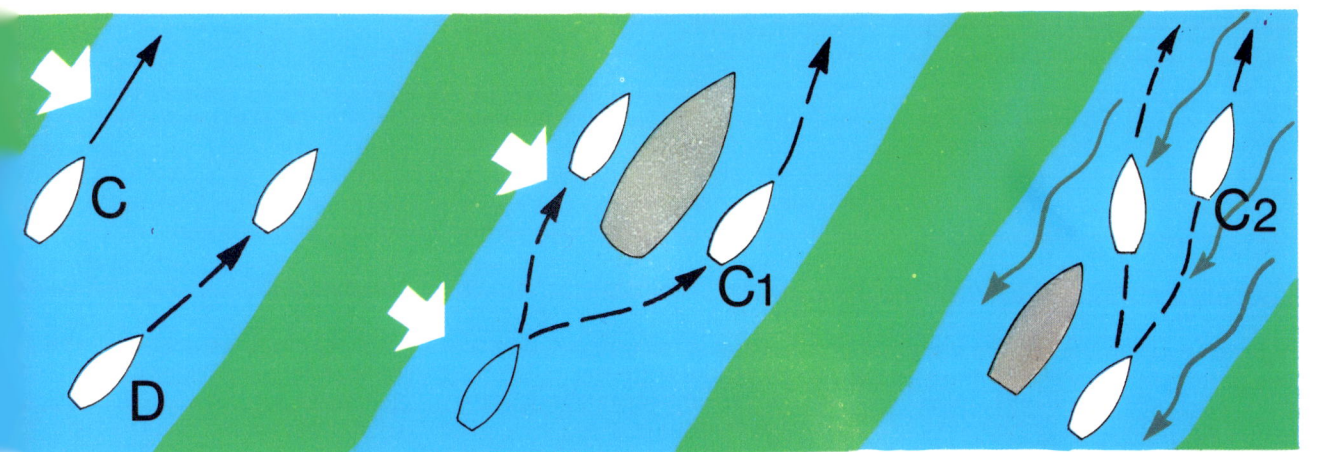

Vorbereitung eines Törns

Ob ein Boot für eine halbe Stunde auf See hinaus geht oder zu einem Törn: es muß in jedem Fall voll einsatzbereit und jeder Lage gewachsen sein, das heißt mit allem, was zum Segeln und Navigieren auch bei Nacht erforderlich ist.

Manche Leute sagen, wenn nur Segel, Rigg und Motor in Ordnung wären, müßten nicht unbedingt Nahrungsmittel, Notsignale, Bettzeug und alle die Dinge, die man für eine längere Kreuzfahrt braucht, an Bord sein. Dem ist entgegenzuhalten, daß schon mancher Eigner nur einen kurzen Schlag machen wollte, aber durch Umstände wie das Aufkommen plötzlicher, stürmischer Winde oder der Ausfall wichtiger Instrumente gezwungen war, seinen Weg nach Hause auf einem schlecht ausgerüsteten Boot durchzustehen. Mit einem kleinen Boot geht man entweder in See oder man bleibt im Hafen. Wenn man aber in See geht, muß man auch auf alles vorbereitet sein, was einem unterwegs zustoßen kann.

Vor jedem Schlag, so kurz er auch geplant ist, sollte man den letzten Wetterbericht einholen und auf See die Wetterberichte weiter verfolgen. Man sollte auch ein Auge auf die Wetterentwicklung und auf das Barometer richten, denn die amtlichen Wettervorhersagen sind manchmal überholt oder stimmen wegen örtlicher Abweichungen nicht.

Neben Trinkwasser müssen auch Reservekraftstoff, warmes Zeug, Schutzkleidung, Schwimmwesten und Bettzeug für jedes Besatzungsmitglied an Bord sein.

Es ist erforderlich, Boot und Motor ständig zu warten und zu überholen. Wenn hier oder da etwas schadhaft wird und eins zum anderen kommt, gibt es möglicherweise im ungünstigsten Zeitpunkt größere Schwierigkeiten. Es ist höchst unklug, kleine Arbeiten für einen „passenden Augenblick" aufzusparen. Ein Arbeitsbuch für die Bootspflege ist sehr nützlich.

Diese Fragen sollte man sich vor jedem Auslaufen stellen:

1. Ist das Rigg in Ordnung oder sind Schäden zu sehen, die vielleicht durch längsseits liegende Boote oder durch Schamfilen entstanden sind? Das könnte den Mast kosten.
2. Brennen die Positionslaternen und wie ist der Ladezustand der Batterie?
3. Sind der Anker und die Kette oder Trosse klar?
4. Sind die Wantenspanner gesichert?
5. Ist die Lenzpumpe in Ordnung?
6. Ist genügend Brennstoff und Reserve vorhanden?
7. Gibt es schadhafte Stellen an der Seereling?
8. Ist der Motor startklar?
9. Liegen Festmacher und Leinen zum Verholen klar?
10. Sind die Rettungsmittel einschließlich Nachtlicht einsatzbereit?
11. Sind die Notsignale leicht erreichbar und nicht überaltert?
12. Ist der Steuerkompaß kompensiert?

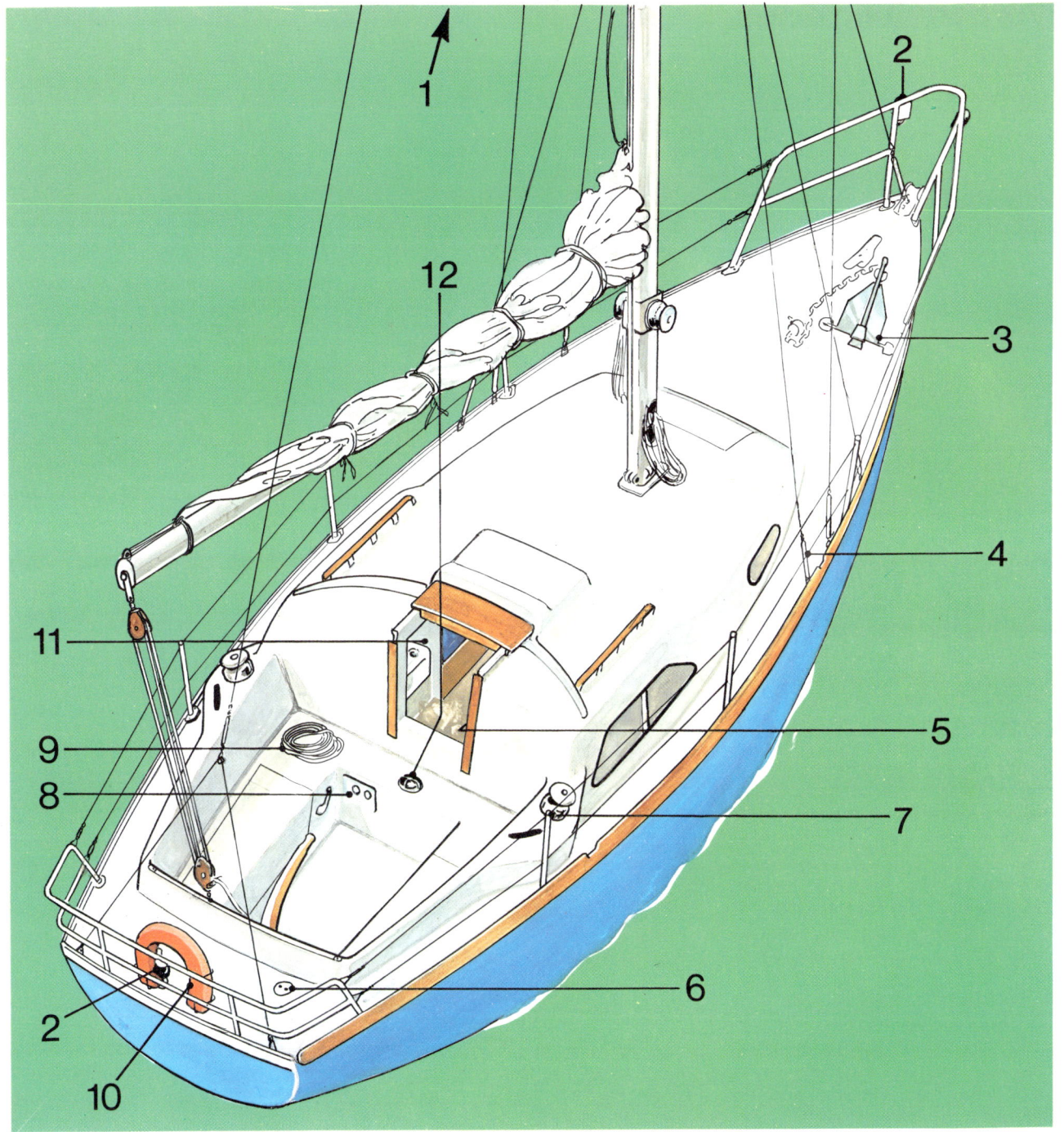

Die Schoten

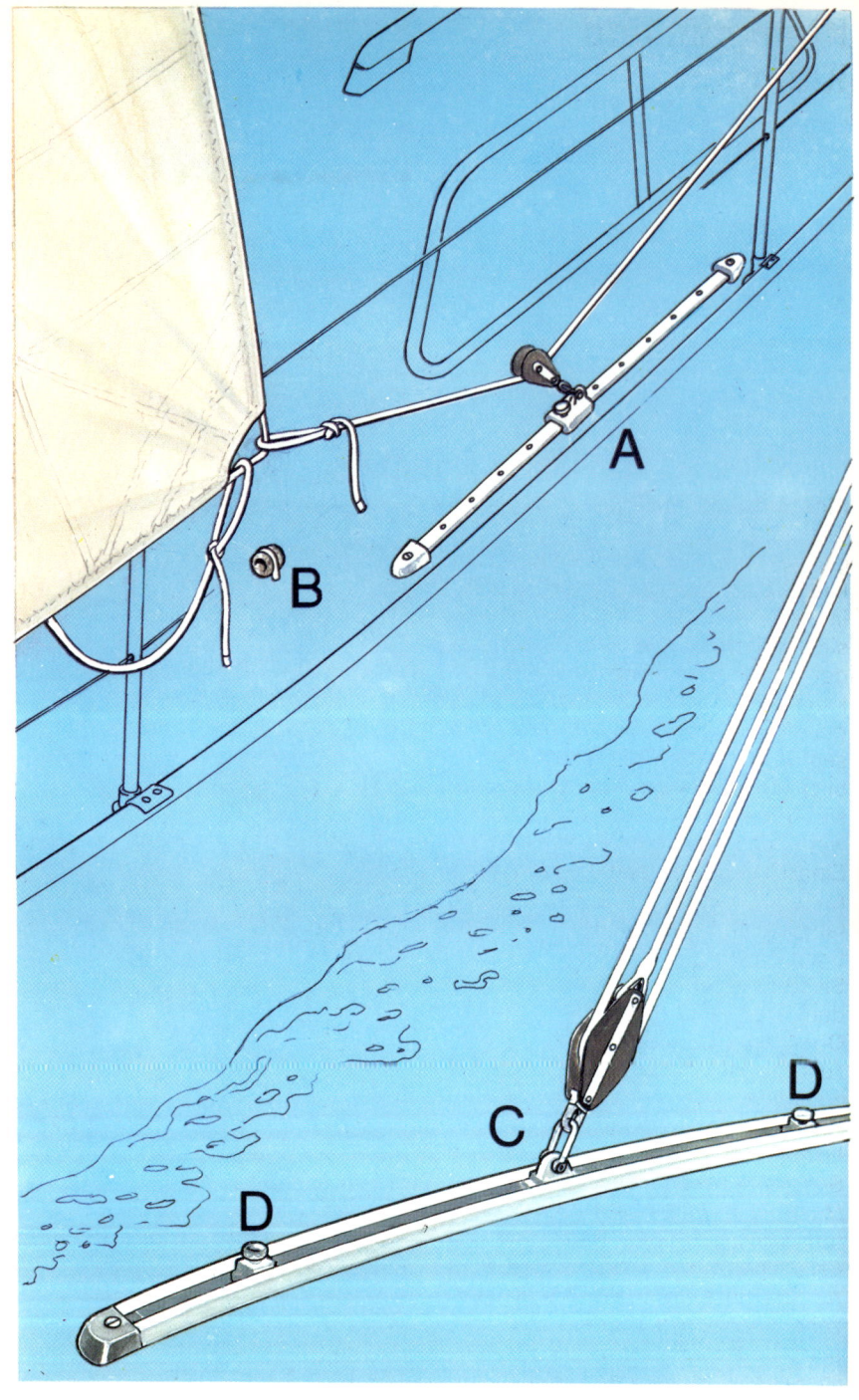

Die Schoten sind das am meisten beanspruchte laufende Gut an Bord. Sie müssen lehnig aber stark sein, dick genug, damit man sie gut fassen kann, aber dünn genug, damit sie auch bei wenig Wind gut laufen.

Die Vorsegelschoten sollten so lang sein, daß das Segel vollständig ausgefiert werden kann, wenn man vor dem Wind läuft. Mit zu kurzen Schoten kann man nicht richtig segeln, zu lange schaffen im Cockpit eine gefährliche Wuhling.

Die Holepunkte der Fockschoten müssen sich ausreichend weit verstellen lassen, und zwar ohne Mühe (A). Man mache einen Versuch mit der Sturmfock, um zu sehen, ob sie richtig sitzen. Vielleicht muß eine eigene Schotführung angebracht werden (B). Man prüfe die leichte Beweglichkeit der Rutscher auf der Großschotschiene (C) und überzeuge sich davon, daß die Begrenzer (D) leicht versetzt werden können. Nicht jedes Tauwerk ist zur Herstellung von Schoten geeignet. Nylon zum Beispiel dehnt sich stark. Am besten ist geflochtenes an der Stelle von geschlagenem Tauwerk, und zwar vorgerecktes.

Klemmen und Klampen

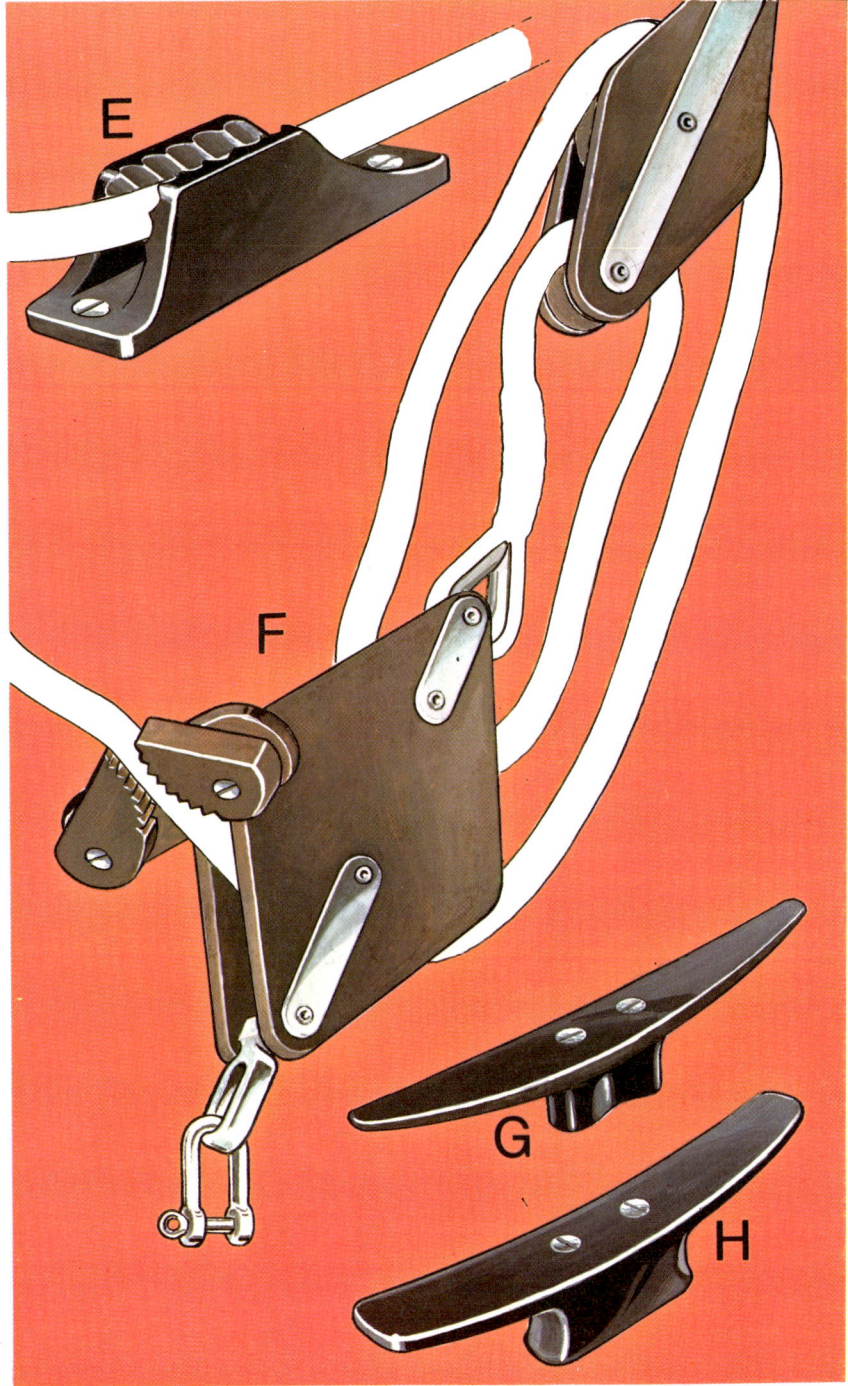

Eine Schotklemme (E) hat den Vorteil, daß die Schot schnell festgesetzt und losgeworfen werden kann, aber bei Dunkelheit besteht immer die Gefahr, daß sie unbeabsichtigt gelöst wird. Eine Schot, bei der der Fußblock mit einer Curryklemme versehen ist (F), ist eine gute Sache, besonders für Einhandsegler. Man kann die Schot augenblicklich loswerfen, allerdings kann sie sich auch unbeabsichtigt lösen, wenn man auf die holende Part tritt. Eine Klampe mit spitz zulaufenden Enden (G) kann die Besatzung gefährden und dient keinem vernünftigen Zweck.

Sicherer sind Klampen, deren Enden breit sind (H). Ihre haltende Oberfläche ist zudem größer. Etwas zu große Klampen sind besser als zu kleine.

Klampen sind nur ein Teil der üblichen Bootsbeschläge. Andere sind Schäkel, Klüsen, Travellerschienen, Mast- und Baumbeschläge, Wantenspanner, Poller, Reffeinrichtungen, Stagreiter sowie Blockwerk. Auf kleineren Booten haben sich zähe Kunststoffe (Tufnol) durchgesetzt und rostfreier Stahl hat verchromtes Messing verdrängt.

Die Lieken

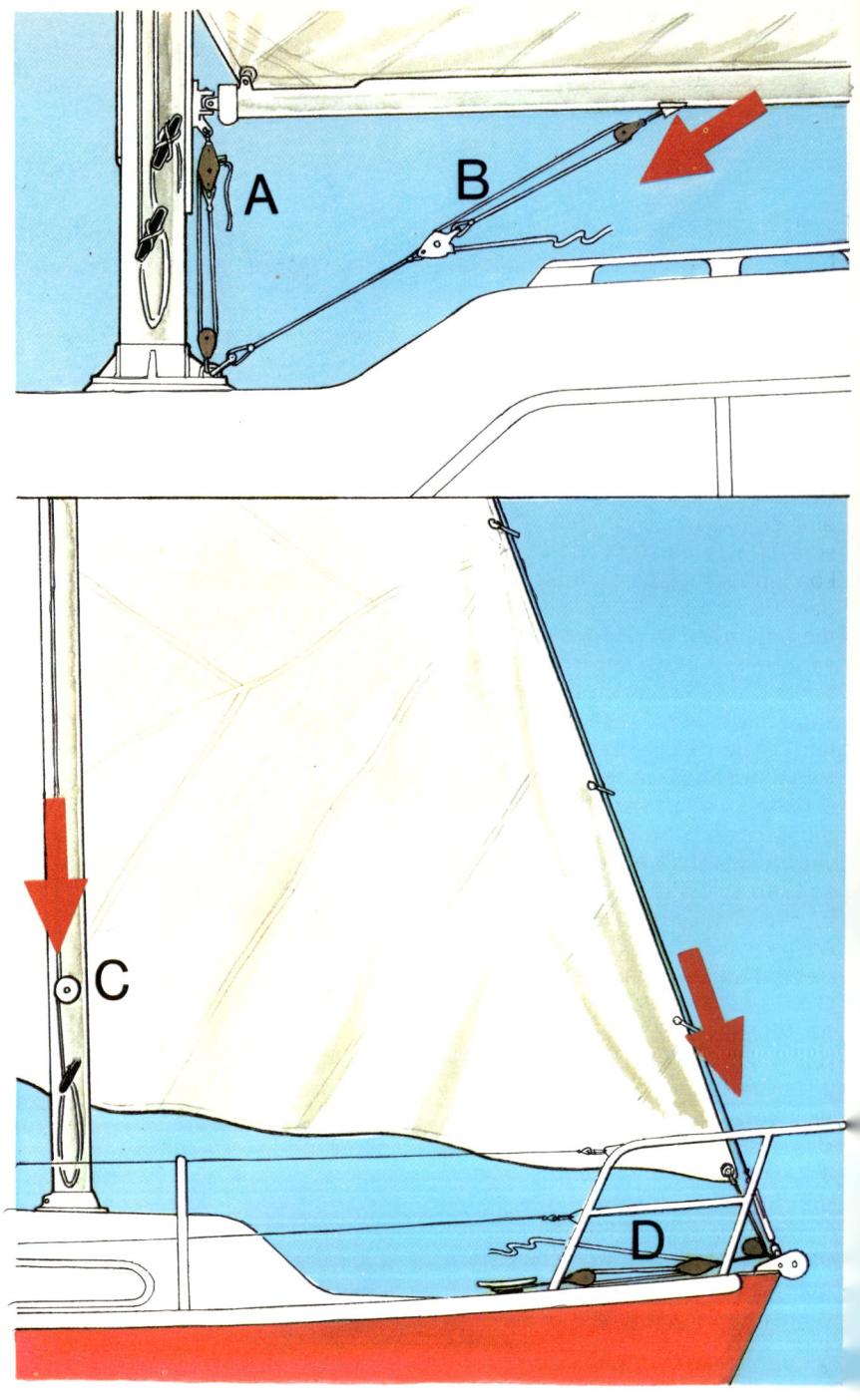

Der Segelmacher näht ein Segel so, daß es an den Lieken und am Hals ordentlich gestreckt werden kann, damit es eine gute Anströmung erhält. Das Vorliek des Großsegels kann mit einer Talje gestreckt werden (A), wenn keine Fallwinsch vorhanden ist. Der Niederholer (B) hält den Baum unten und verringert die Verwindung des Segels. Beides ist für ein gut stehendes Großsegel unentbehrlich. Vorsegellieken können mit einer Fallwinsch (C), einer Strecktalje (D) oder sogar mit beidem durchgesetzt werden. Wird die holende Part ins Cockpit geführt, kann man den Zug leichter variieren.

Im allgemeinen gibt man den Lieken bei wenig Wind mehr Lose, um das Segel bauchiger zu machen, und setzt sie bei stärkerem Wind mehr durch. Man läßt sie aber nie ganz lose werden. Ein Vorsegel mit einem nicht ordentlich durchgesetzten Vorliek ist ein Zeichen für ein schlecht geführtes Boot.

Zu hohe Liekspannung führt zum Einrollen, beim Achterliek bewirkt das ein Abreißen der Luftströmung und mindert die Leistung des Segels.

Die Schotführung

Großsegel und Vorsegel werden einzeln gesetzt und getrimmt, müssen aber, um richtig wirken zu können, als Paar angesehen werden. Es soll ja erreicht werden, daß die Luft glatt und ohne Widerstand an ihnen entlang und um sie herum strömt. Der „Spalt" zwischen Vorsegel und Großsegel muß offen und gleichmäßig sein, damit die Segel optimal ziehen.

E. Diese Segel stehen zu flach für die Windrichtung. Der Vortrieb wird verschlechtert, und an ihrer Rückseite treten Wirbel auf.

F. Hier ist das Großsegel zu weit ausgefiert, das Vorsegel führt Luft gegen seine Rückseite.

G und H. Diese Segel stehen richtig, der Spalt zwischen ihnen hat optimale Wirkung.

J 1. Die Fockschotleitöse sitzt zu weit vorn. Das Unterliek ist zu lose, das Achterliek zu hart gestreckt.

J 2. Diese Schotführung ist richtig, die Schot läuft, wie sie soll, als Verlängerung der Mittelnaht. Unter- und Achterliek sind gleichmäßig gestreckt.

J 3. Die Leitöse sitzt zu weit achtern. Das Unterliek ist zu stark, das Achterliek zu wenig gestreckt.

Sicherheit an Deck

Der instinktive Griff nach den richtigen Stellen zum Festhalten ist ebenso wichtig wie ständiges Aufpassen, gutes Gleichgewichtsgefühl und sicherer Stand. Zeichnung A zeigt solche Stellen: Bugkorb, die Stander zum Einhaken der Sicherheitsleine, die Wanten, die Seereling, den Heckkorb, die Handläufe, das Vorstag, das Achterstag.

In B sind die Gefahrenzonen rot markiert, wo man leicht sein Gleichgewicht verlieren kann: das Vordeck außerhalb der Reichweite von Mast, Reling oder Vorstag, das Schiebeluk, die Stellen, wo man aus dem Cockpit klettert, und das Achterdeck. C zeigt die sicheren Zonen (grün), in denen man ausreichend Festhaltemöglichkeiten findet. Man hüte sich aber vor Vertrauensseligkeit: Mehr Menschen fallen aus dem Cockpit über Bord als beim Arbeiten vom Vordeck.

Mit dem Festhalten allein ist es nicht getan. Seereling, Handläufe usw. müssen auch fest verankert sein, nicht durch einfache Holzschrauben, sondern durch durchgehende Bolzen mit einer Scheibe und Mutter unter Deck.

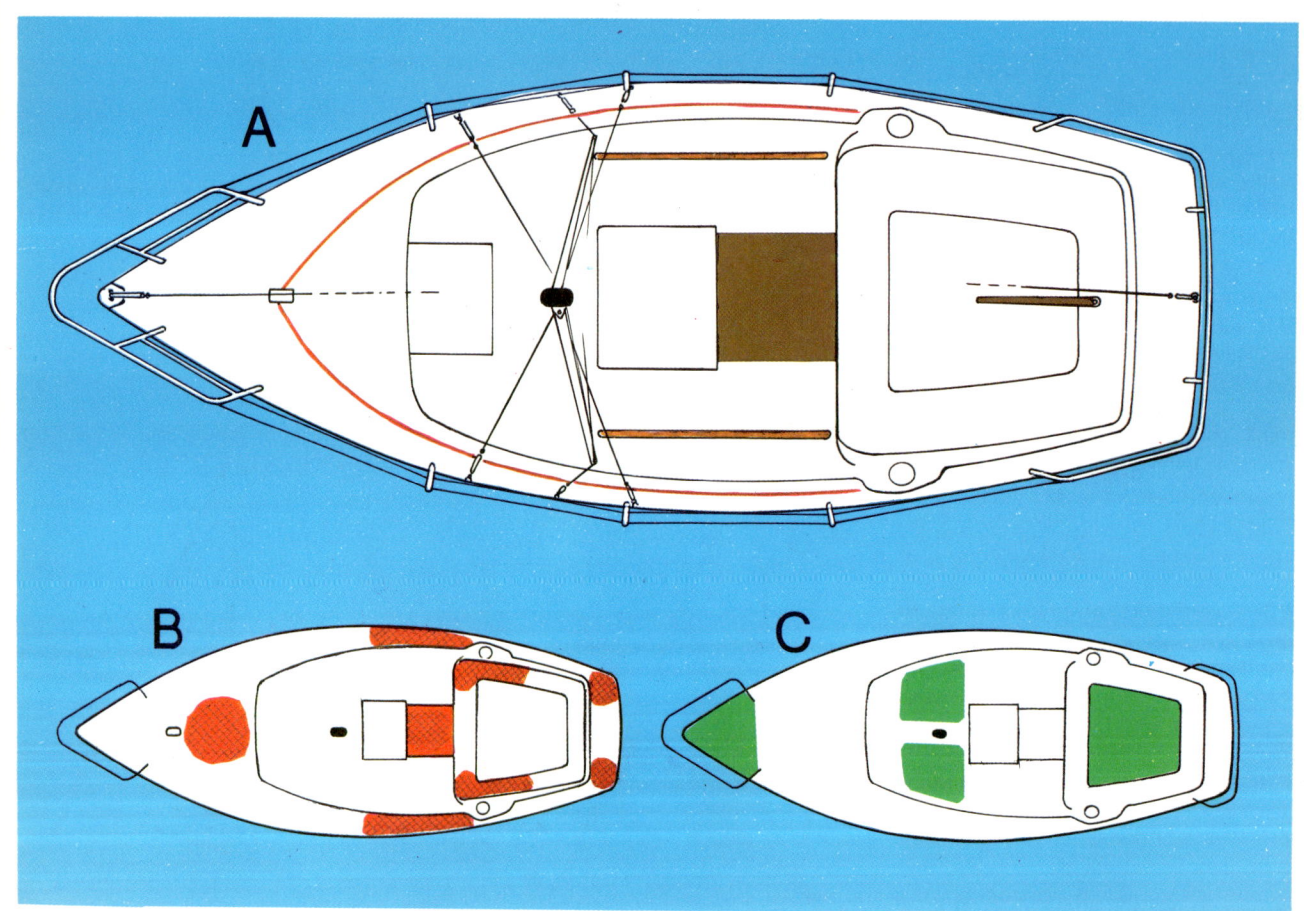

D. Der Mann auf dem Vordeck kann sich nicht festhalten, und der Sicherheitsgurt bewahrt ihn nicht davor, über Bord zu gehen. Die festen Haltepunkte sollten auch wirklich benutzt werden; der (rote) Stander, vom Mast zu einer Klampe an Deck geführt, bietet zusätzliche Sicherheit. Man sollte nicht sorglos auf ein Kunststoffsegel treten (E), weil es, naß oder trocken, sehr rutschig ist; besser ist es, bei schwerem Wetter zu sitzen oder zu knien (F). Der umsichtige Segler legt immer einen Arm um ein Stag, wenn er beide Hände zum Arbeiten braucht (G).

Ein Sicherheitsgurt muß richtig konstruiert sein, um seinen Zweck zu erfüllen. Er besteht aus einem mindestens 50 mm breitem reißfesten Gurtband, der durch zwei Schultergurte in Brusthöhe gehalten wird, oft ist er zusätzlich mit einem Schrittgurt versehen. Die Sorgleine sollte 2,5 m lang sein und mit zwei Karabinerhaken aus rostfreiem Stahl versehen sein, einer am Ende und einer in der Mitte. Die Karabinerhaken sollten sich mindestens 15 mm weit öffnen lassen. Die Leine sollte aus 13—14 mm Perlontauwerk sein (Bruchlast 1,5 t).

Der Umgang mit den Segeln

Wenn der Wind ein Segel füllt, werden Kräfte frei, die mit Fallen und Schoten gebändigt werden müssen. Faßt der Wind nicht ordentlich, treten zwar geringere Kräfte auf, aber es gibt Lärm und heftige Bewegungen. Ein Segel, das von Fall und Schot abgeschlagen ist, kann sich plötzlich aufblähen und selbständig machen, wenn der Wind daruntergreift. Man halte sich stets in Luv von einem schlagenden Segel, hole es so schnell wie möglich zusammen und beschlage es fest mit Zeisern.

Schlagende Fockschoten (A) können Verletzungen verursachen, wenn sie am Segel angeschäkelt sind. Es ist sicherer, sie mit einem Pahlstek anzustecken (B).

Beim Bergen des Vorsegels werden das Fallende sofort gesichert (C), damit es nicht ausrauscht, und der Kopf des Segels am Bugkorb festgehalten — auch mit dem Fall —, damit das Segel nicht wieder hochgeht. Man kann das Fall auch losmachen und in einen Schnappschäkel am Bugkorb einhängen. Das Segel wird am Bugkorb festgezurrt, bis man Zeit hat, die Stagreiter loszunehmen. Bei viel Seegang ist das

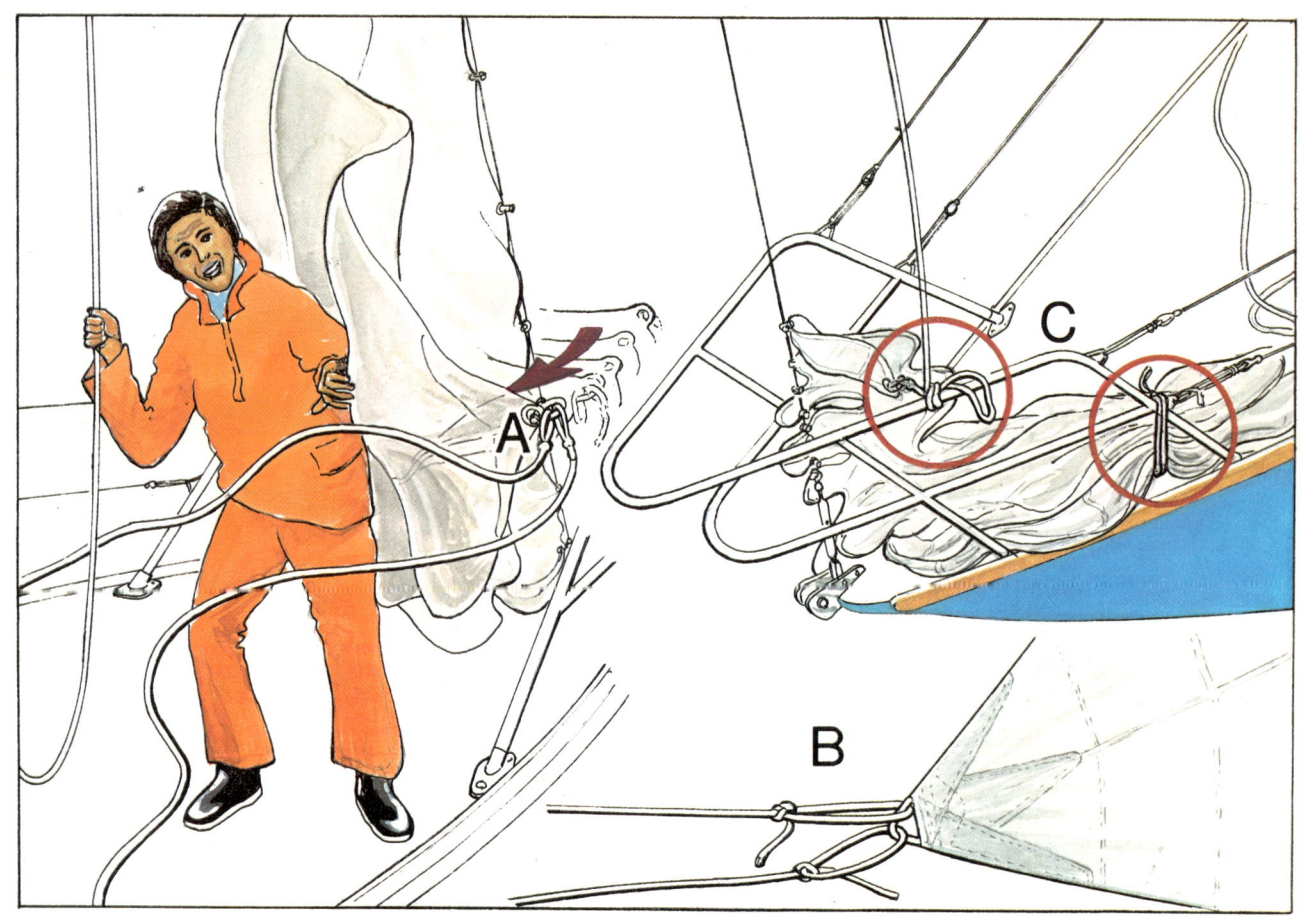

Festmachen des Großsegels eine gefährliche Arbeit. Bevor sich jemand daranmachen darf, muß die Großchot unbedingt belegt werden. Hat man keinen Klemmblock, nimmt man die Schot so um die laufenden Parten, wie die Abbildung zeigt. Unterläßt man das, kann der Großbaum nach außenbords schwingen und den Mann mitnehmen. Unter solchen Verhältnissen sollte immer ein Sicherheitsgurt getragen werden.

Man sollte nie aufrecht auf dem Deckshaus stehen, sondern sitzen oder knien. Der Kopf des Segels muß mit dem Fall an einer Klampe festgehalten werden, damit das Segel nicht vom Wind wieder gefaßt werden kann, nachdem es vom Schlagen des Falls losgerissen wurde. Am schwierigsten ist das Bergen der Segel, wenn der Wind von achtern kommt und eine hohe achterliche See läuft, weil dann die Bewegungen aus wüstem Rollen bestehen und die Segel, mit den Vorlieken noch mit Mast oder Stag verbunden, leicht wieder Wind fassen. Wenn es irgend möglich ist, sollte man in den Wind drehen und ruhig liegen, während die Segel geborgen, gerefft oder gewechselt werden.

Das Verstauen der Segel

Ein Vorsegel kann im Sack verstaut werden (A), während es noch am Stag angereiht ist. Die Schoten müssen dazu losgemacht und das Fall entweder belegt oder losgehakt und am Bugkorb eingepickt werden. Ein in dieser Weise verstautes Segel bleibt sauber, wenn man mit Leinen oder mit dem Anker arbeitet, und ist jederzeit klar zum Setzen. Ein provisorisches Festmachen (B) würde es erforderlich machen das Fall besser als gezeigt zu sichern, sonst reißt es sich los und das Segel macht sich selbständig.

Zum Auftuchen des Großsegels (C) zieht man das Liek nach vorn und schüttelt das Tuch in den so gebildeten Beutel. Dann holt man eine Falte vom Unterliek heraus und verteilt das lose Segel darin, rollt es ein und bringt die Rolle oben auf den Baum (D). Schließlich legt man Zeiser um das Segel oder eine im Zickzack geführte Reihleine (E).

Die heute fast ausschließlich gefahrenen Segel aus Dacron verrotten nicht und können daher naß verstaut werden; sie sind aber empfindlich gegen ultraviolettes Licht.

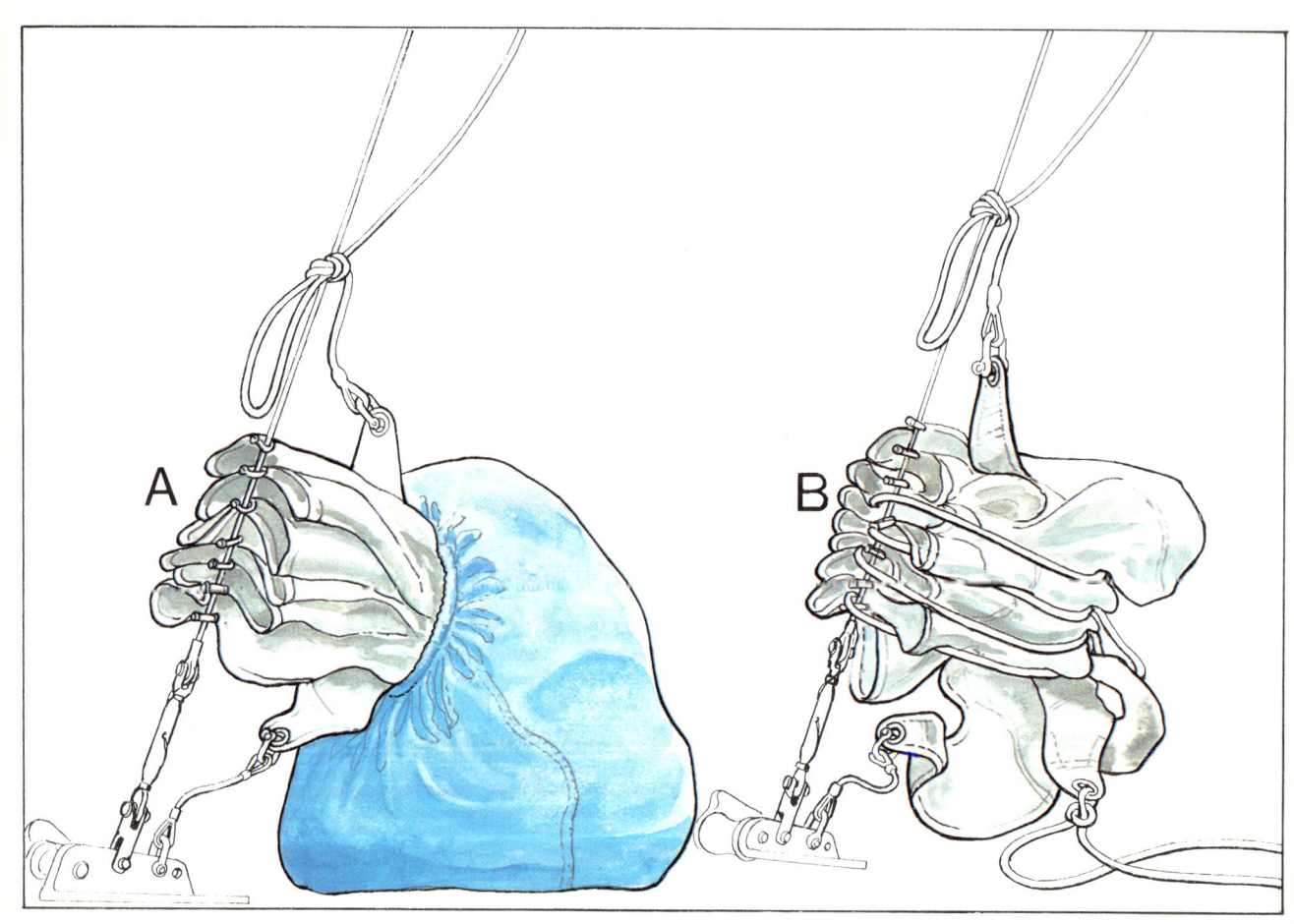

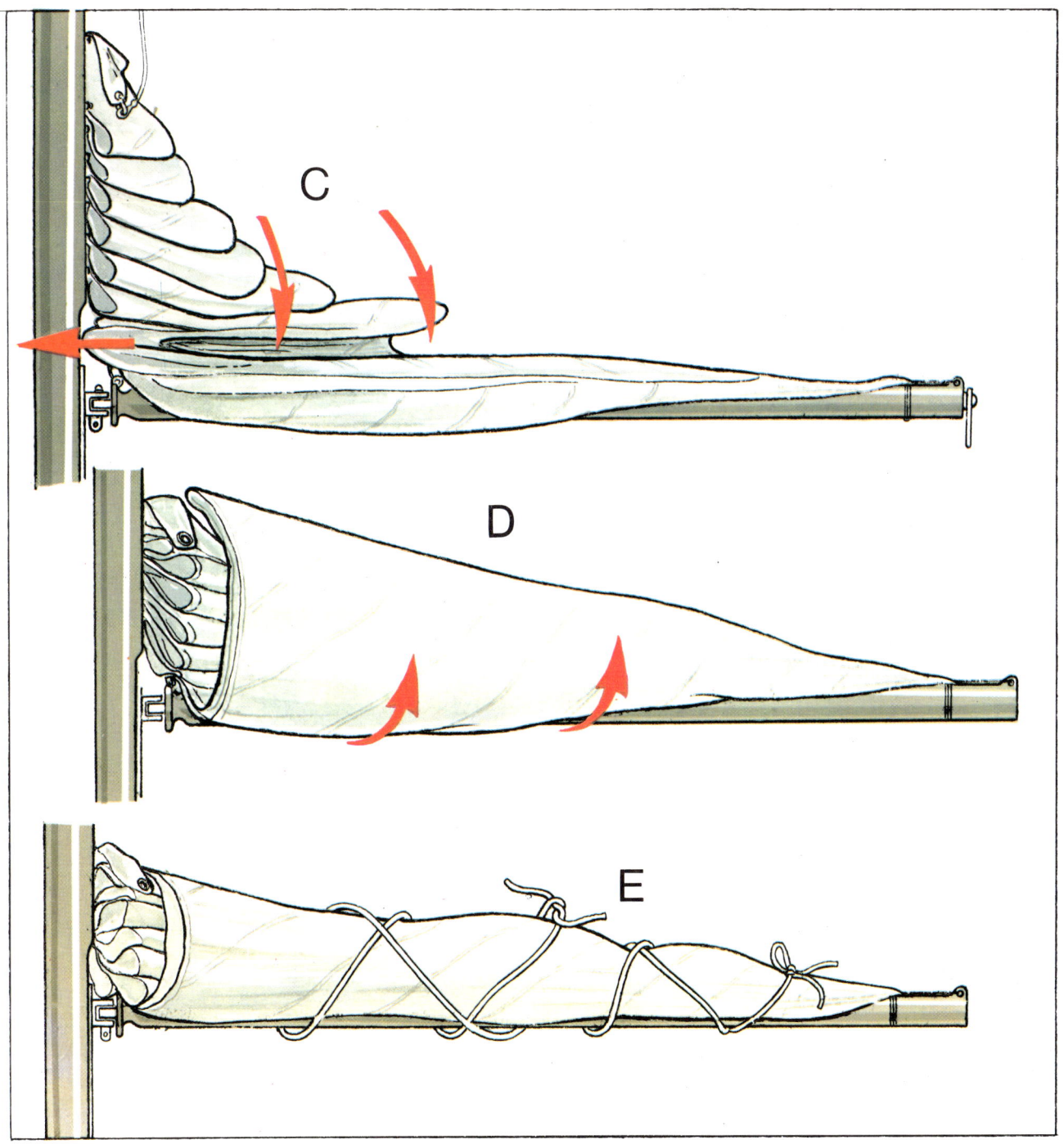

C

D

E

49

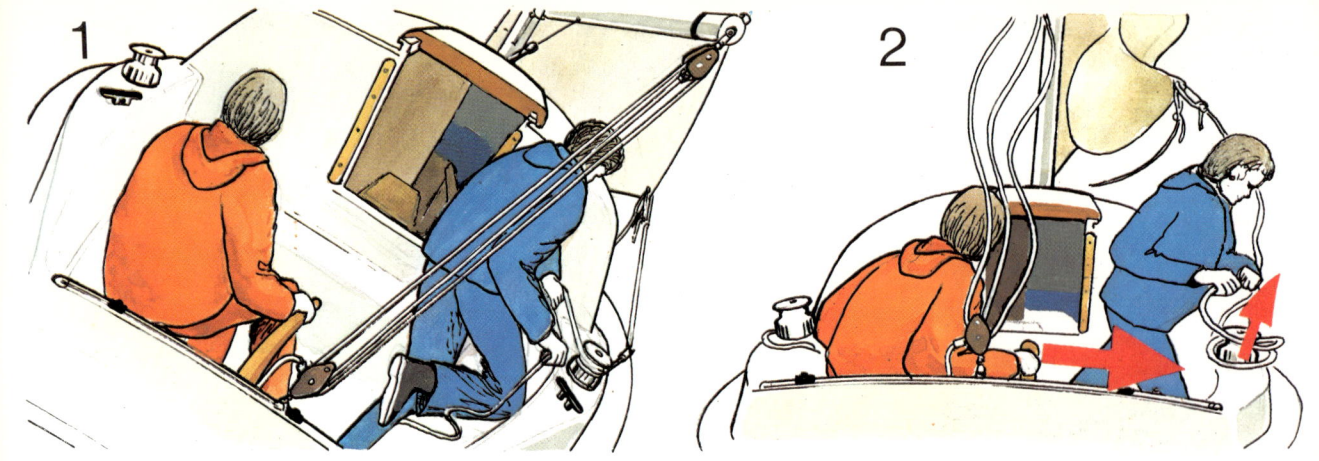

Manöver unter Segel

Das Wenden: Ein Rudergänger wird seine Wendemanöver so fahren, daß sie der Besatzung angepaßt sind, so langsam also, daß die Crew die Schoten durchholen kann, bevor das Segel Wind faßt, und ihr unnötige Arbeit mit den Winschen erspart bleibt.

1. „Klar zum Wenden!" Die Crew nimmt die Schot von der Klampe und bis auf einen Törn auch von der Winsch, läßt sie aber noch dichtgeholt und wartet auf das Kommando des Rudergängers.

2. „Rhe!" Das Ruder wird gelegt, die Schot von der Winsch genommen.

3. Die Crew holt die neue Leeschot durch, legt ein paar Törns um die Winsch und holt die Lose durch; nach ein paar weiteren Törns kann man damit anfangen, die Kurbel zu benutzen. Man darf nicht zu früh holen, damit die Fock nicht back kommt, aber bevor sie voll steht.

4. Die Schot wird endgültig getrimmt und belegt.

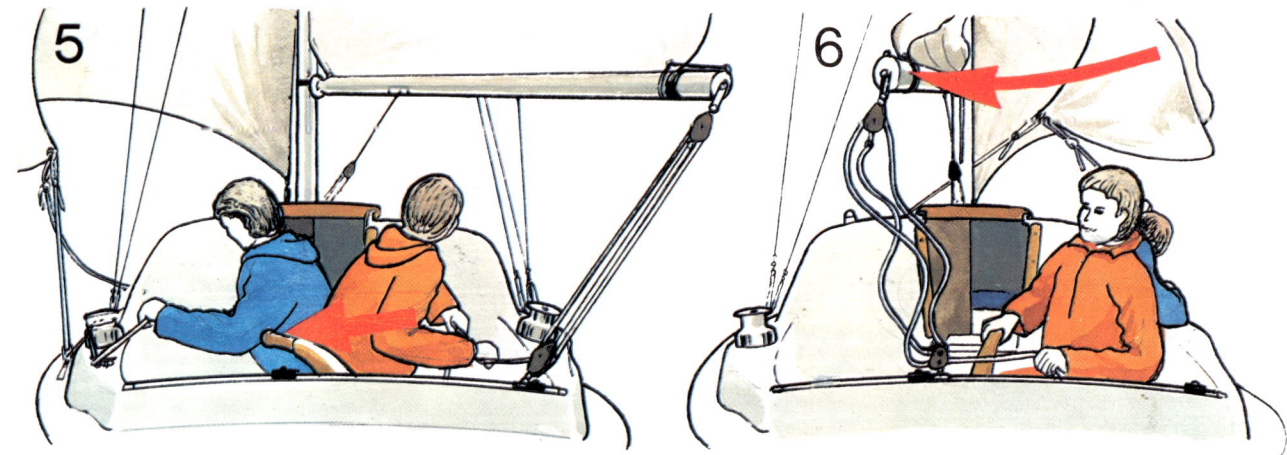

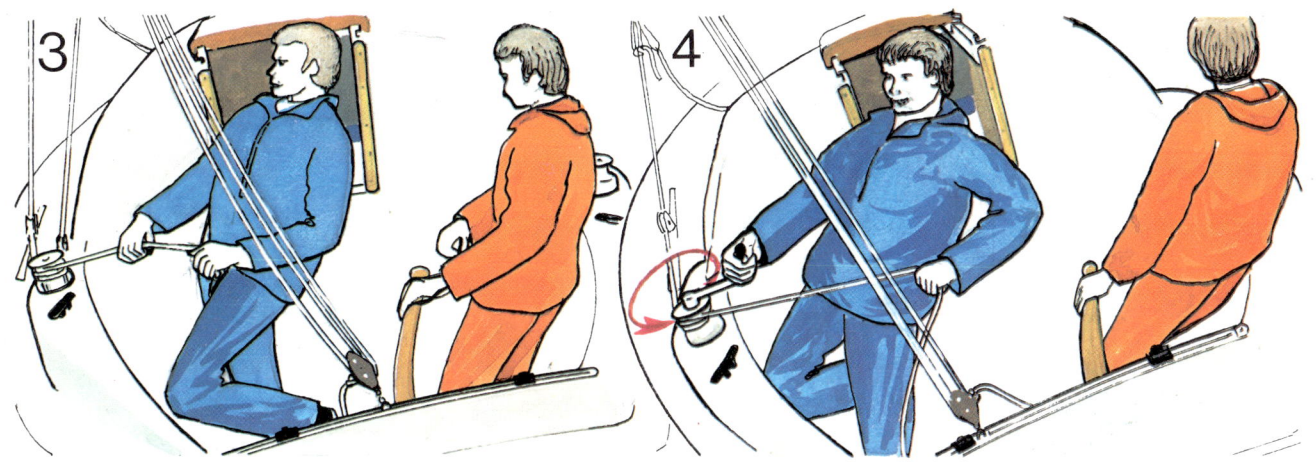

Das Halsen: Man versucht immer so zu halsen, daß das Boot keine heftigen Kursänderungen macht. Wenn die Großschot bei viel Wind zunächst durchgeholt und dann wieder gefiert werden muß, kann der Rudergänger die Pinne sachte mit dem Körper bewegen, damit er beide Hände für die Schot freibehält. Bei wenig Wind achtet er darauf, daß die lose Schot nicht unklar kommt, während das Segel übergeht (5).

6. „Rund achtern!" Die Schot wird schnell durchgeholt, das Ruder gelegt. Der Baum kommt über, der Rudergänger stützt und fiert die Schot, die Crew bedient die Vorsegelschoten. Unter keinen Umständen darf das Ruder losgelassen werden!

7. Das Boot liegt wieder auf Kurs.

8. Das Manöver ist durchgeführt, ohne daß das Boot stark vom Kurs abgewichen ist.

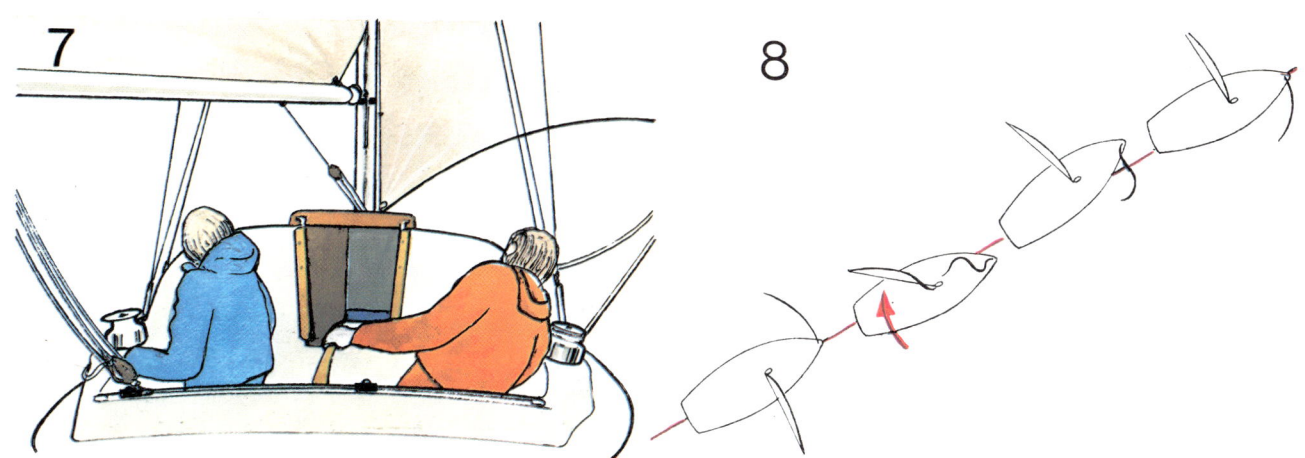

Gefühl für das Boot bekommen

Je mehr Manöver der Eigner mit seinem Boot fährt, desto besser lernt er, damit umzugehen. Man sollte sich nicht damit zufriedengeben, nur mal eben für einen Nachmittag draußen gewesen zu sein, sondern versuche immer wieder, mit seinem Boot wirklich vertraut zu werden. Es wird sich eines Tages auszahlen.

Eine Markierung für seine Manöver in Form einer „Boje" kann man sich leicht selbst herstellen. Dazu steckt man einen Strandball in ein Einkaufsnetz und hängt an einem Tampen einen schweren Stein darunter (A). Da die Boje wie das Boot treibt, kann man eine mögliche Strömung außer acht lassen. Eine längere Leine, mit der das Bojengewicht den Grund erreicht, ermöglicht Manöver in strömendem Wasser (O).

Mit zwei solchen Bojen kann man Achterschleifen üben, so eng wie möglich, und das Boot zwischen ihnen zum Stehen bringen oder sie mit Hilfe von Aufschießern aufpikken. Es gibt noch viele andere Manöver, die man fahren kann. Auch die Besatzung sollte das tun; sie könnte einmal in die Lage kommen, die Führung des Bootes übernehmen zu müssen.

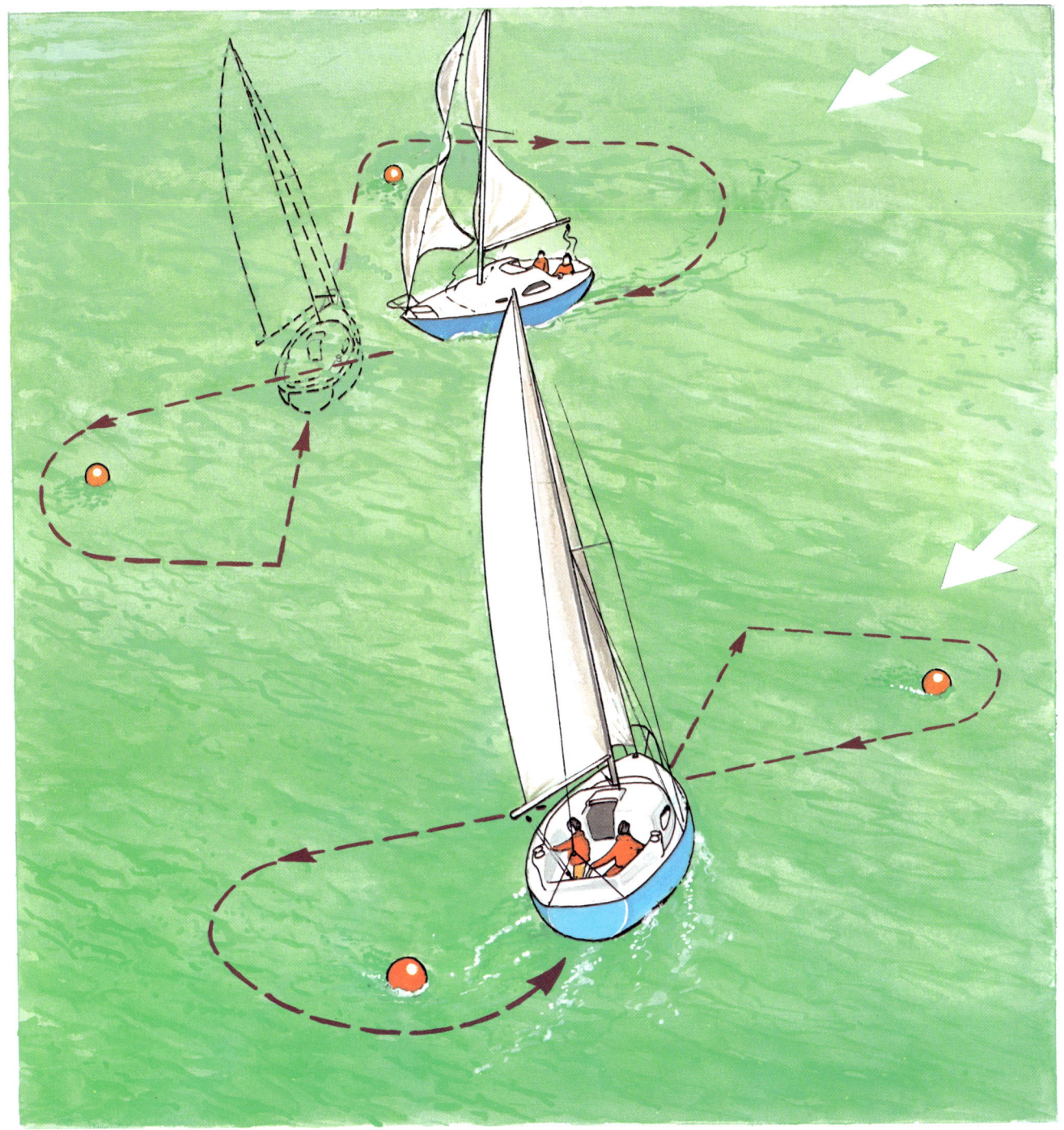

Der Auslauf des Bootes

Von Wind und See hängt ab, wie weit ein Boot noch läuft, bis es zum Stehen kommt. Im Fall A macht das Boot nach dem Bergen der Segel weiter Fahrt, weil es vor Topp und Takel „segelt". Boot B schießt in den Wind, der Winddruck auf Rumpf und Rigg stoppt es vielleicht schon nach 1½ Schiffslängen.

Ein Boot kommt um so schneller zum Stehen, je stärker die Drehung beim Aufschießen ist.

In C und D segelt das Boot mit halbem Wind. Das Fieren der Schoten verlangsamt zunächst die Fahrt, aber damit kommt der scheinbare Wind achterlicher ein, und der Bug dreht nun weg, so daß sich die Segel wieder mit Wind füllen. Jetzt nützt nur noch Anluven, um das Boot zum Stehen zu bringen.

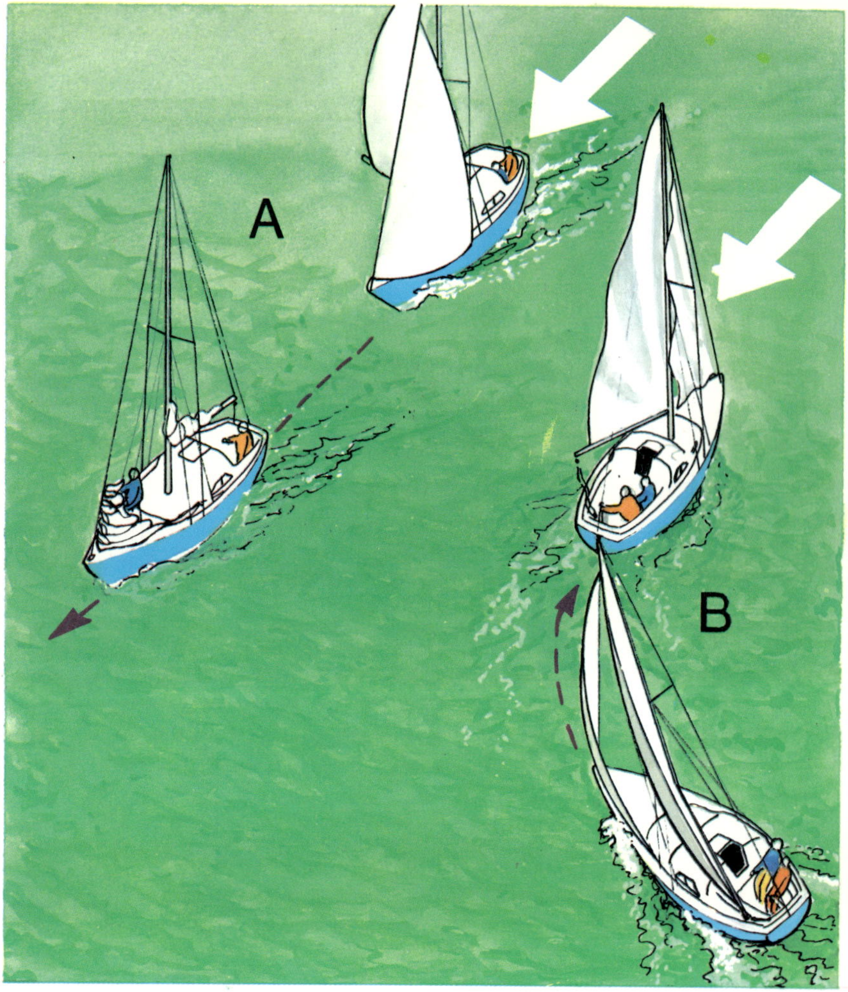

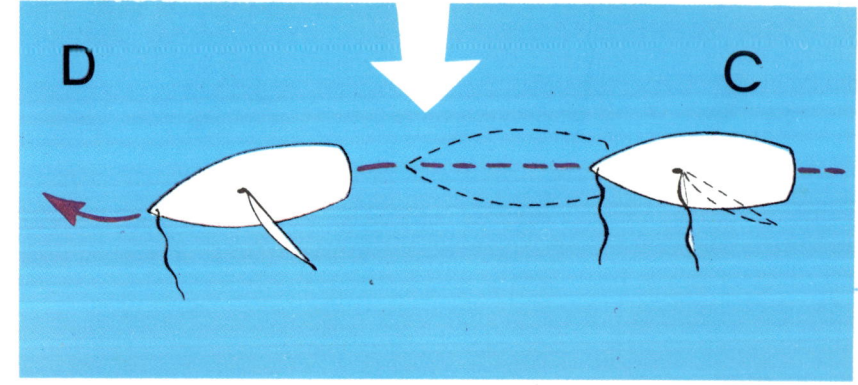

Schießt man bei wenig Wind auf (E), kann man damit rechnen, noch mehrere Bootslängen weiter zu laufen und die Festmachetonne zu erreichen. Bei frischem Wind und bewegter See dagegen kommt das Boot nahezu auf der Stelle zum Stehen (F) und fällt dann unkontrollierbar ab.

Anluven aus einem Kurs vor dem Wind (G) und Halsen zum Aufnehmen einer Muringboje führt leicht zu vollkommenem Stillstand. Das in Hartlage gelegte Ruder und der schnelle Richtungswechsel bremsen sogar schon, bevor das Boot mit dem Bug im Wind liegt.

Es ist sehr schwer abzuschätzen, wie weit ein Boot ausläuft, aber es ist wichtig, daß man es kann, beim Segeln ebenso wie beim Fahren mit Motor.

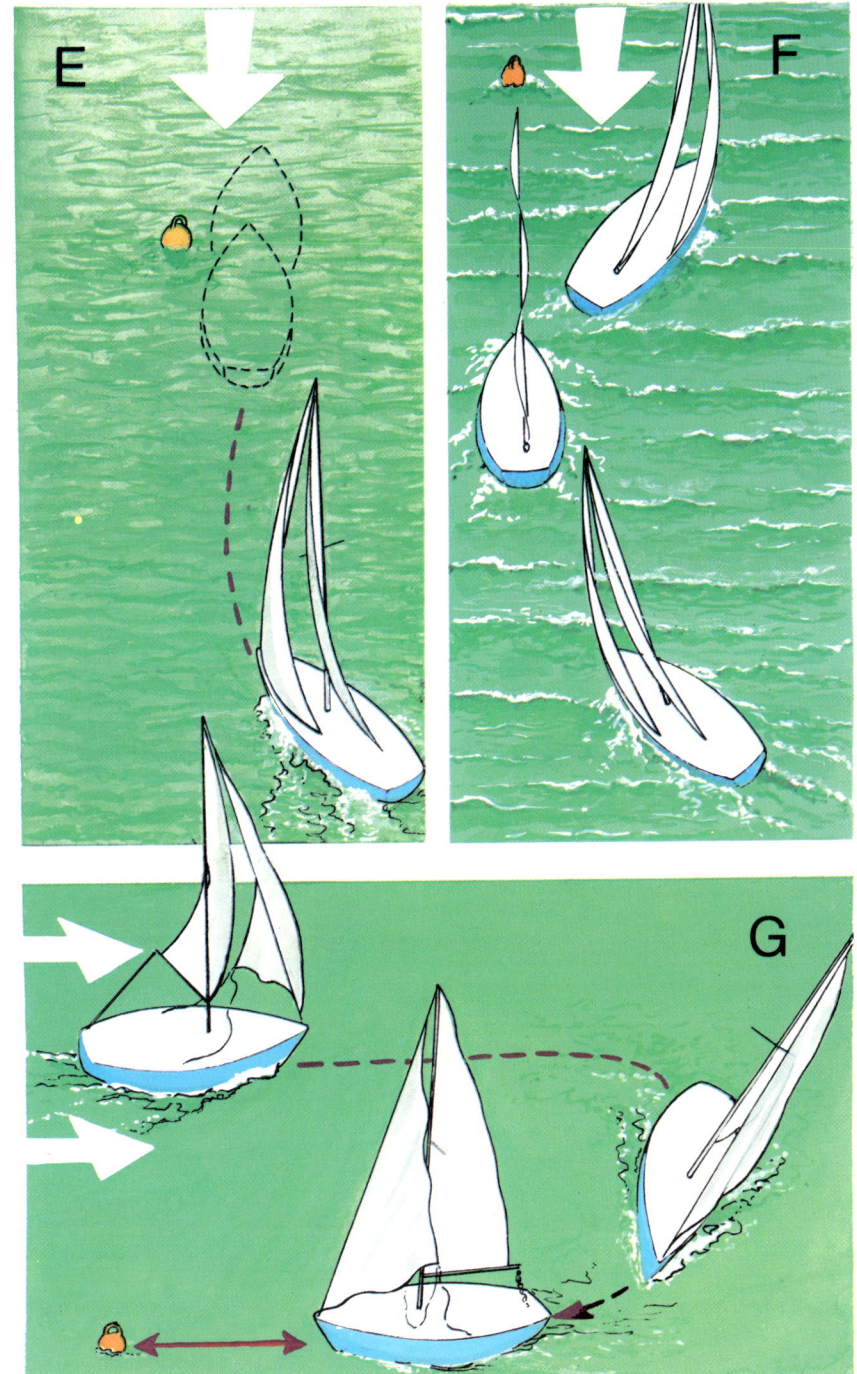

Fahrt vermindern und stoppen

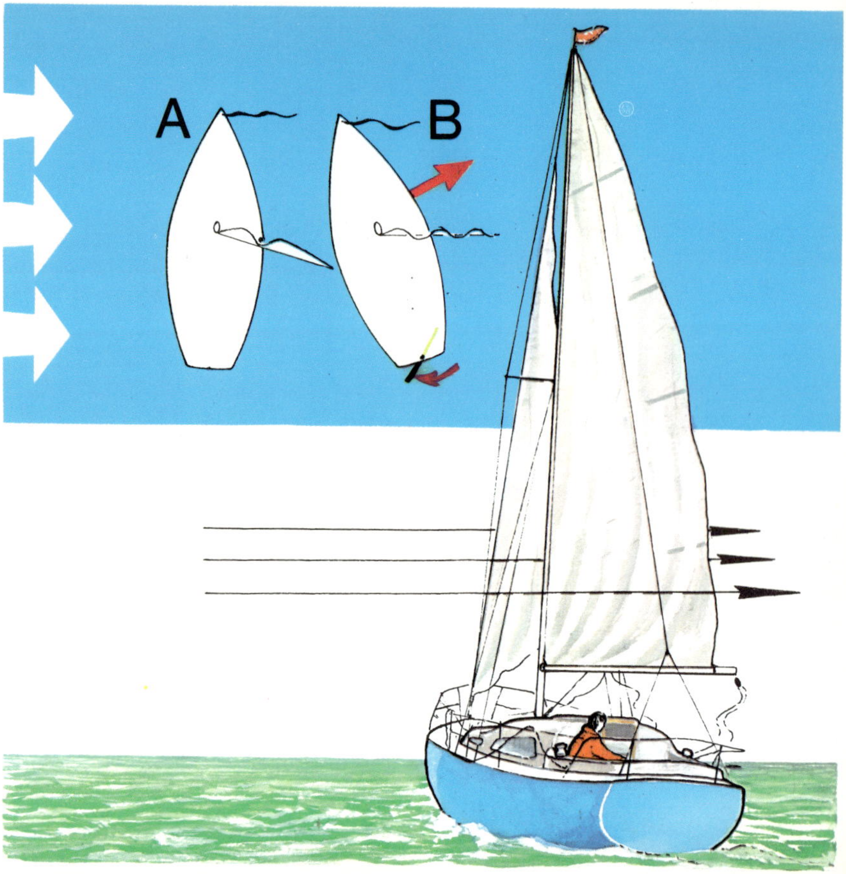

Ein Skipper muß in der Lage sein, seine Fahrt unter Segeln jederzeit nach Belieben zu verringern oder zu stoppen, um Zeit zum Navigieren, zum Wechseln der Segel zu haben oder auch nur um in Ruhe Mittag zu essen. Man kann ein Vorsegel lose fliegen lassen, bis es keinen Wind mehr faßt, beim Großsegel geht das wegen der Wanten nicht (A). Dreht man aber etwas in den Wind (B) und bindet die Pinne in Lee fest, werden beide Segel ganz leicht killen und ihre Wirkung verlieren.

Liegt man so mit Seitenwind (C), läßt die allmähliche Fahrtverminderung den scheinbaren Wind immer mehr von achtern einfallen, bis das Großsegel wieder anfängt zu ziehen (ganz links). Dadurch wird das Boot langsam weiter etwas Fahrt machen, wobei es abwechselnd von selbst anluvt und abfällt.

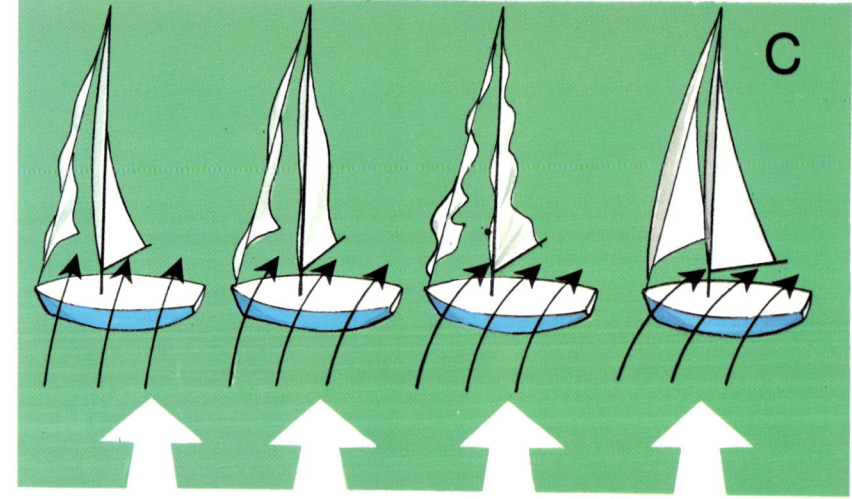

Ein Beidrehen mit backstehender Fock, dicht geholtem Großsegel und in Lee festgebundener Pinne funktioniert nicht immer bei Booten, die einen Flossenkiel haben. Solche Boote werden wahrscheinlich hin und her gieren (D), möglicherweise dabei sogar laufend über Stag gehen, was das Rigg stark belastet. Es gibt einfach kein Patentrezept, sondern nur den Rat, das Beidrehen mit seiner Yacht unter den verschiedensten Windverhältnissen auszuprobieren. Vielleicht klappt es mit Segelstellungen wie in E1 und E2. Oder auch wie in F1: Die Pinne nach Lee und das Vorsegel bergen, das Großsegel aber stehen lassen. Oder nach der Methode F2: Mit geborgenem Groß und aufgefiertem Vorsegel, die Pinne wiederum nach Lee festgebunden. Die Driftgeschwindigkeit kann dabei 2 kn und mehr betragen.

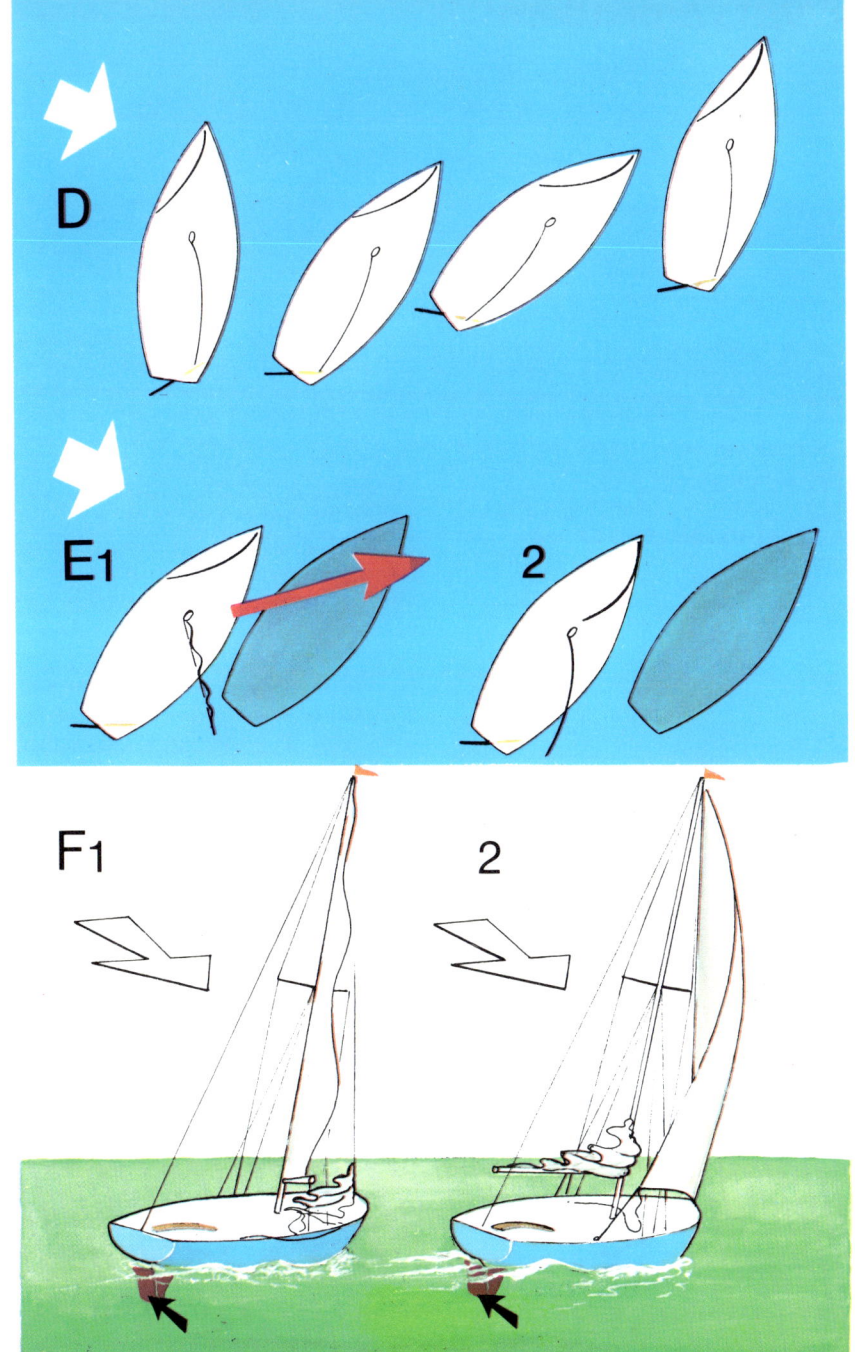

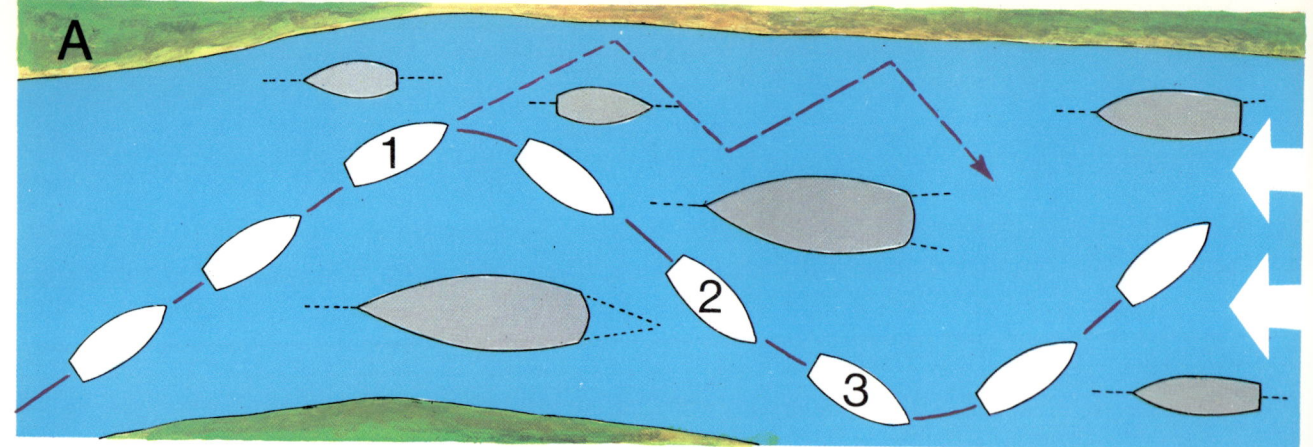

In engen Fahrwassern

Je beengter ein Fahrwasser ist, um so mehr Gedanken muß sich ein Skipper machen. Die beabsichtigten Schläge muß er je nach Wind und Stromverhältnissen planen, um nicht in Gefahrensituationen zu geraten.

A. Kreuzer in einem Fahrwasser, wo kein oder nur wenig Strom läuft: Das Boot wendet, um einen unbehinderten Schlag machen zu können, statt der gestrichelten Linie zu folgen (1). Das Boot luvt etwas an, um die Heckmurings zu vermeiden und hält soweit wie möglich durch, um auf dem nächsten Schlag vom Heck des Ankerliegers frei zu kommen (2).

B. Strom gegen Wind: 1. Das Boot fällt ab, um zwischen den Ankerliegern durchzukommen, wendet und fällt ab, um den Strom quer auszusegeln, wobei es sich vom Windschatten in Lee des verankerten Schiffes freihält (2). Dann wendet es, um den Bug des Ankerliegers zu meiden (3) und aus der gefährlichen Enge herauszukommen.

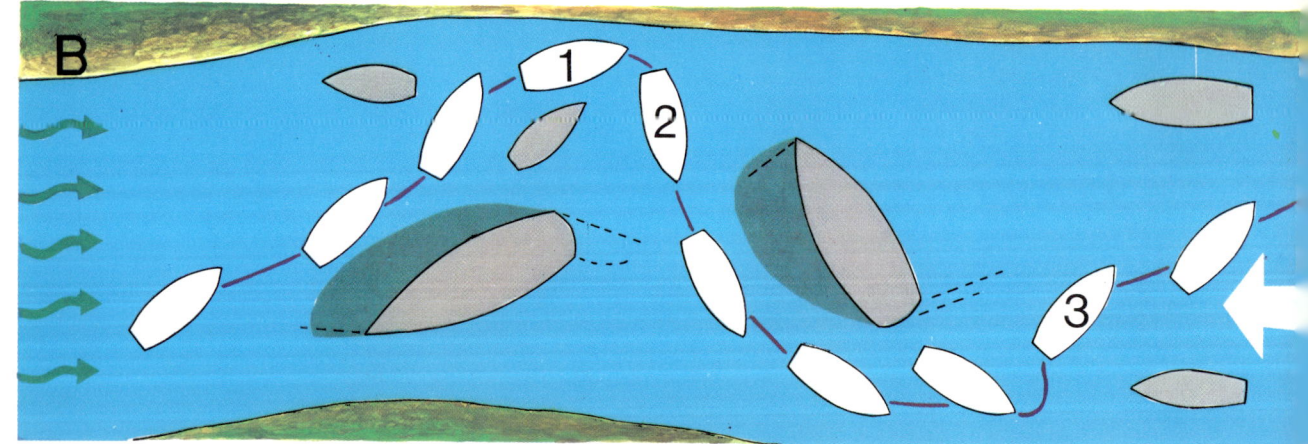

C. Bei 1 kann das Boot dicht unter dem Ankerlieger segeln, da dessen Kette lose durchhängt. Dann wendet es, um zwischen Pier und Ankerlieger durchzukommen (2) und macht schließlich kurze Schläge (3, 4), um weder durch Windschatten noch durch Hindernisse in Schwierigkeiten zu geraten.

D. Das Boot hat rechtzeitig gewendet (1), um nicht in den Windschatten unter der Pier zu geraten. Es segelt um den Kopf der Pier (2) und dann aus der Enge heraus.

Im beengten Revier sollte immer ein Anker klar sein. Es braucht nicht unbedingt eine Kette daran zu sein, besser ist sogar eine Trosse, die sich schneller und einfacher handhaben läßt. Im Notfall kann man immer erst einmal ankern und die Lage peilen (aber natürlich nicht da, wo Seekabel liegen und ein Ankerverbot besteht, das durch eine Tafel an Land angezeigt wird). An einem Anker kann man im engen Fahrwasser auch drehen, bei großer Not kann er als Bremse dienen.

Anker und Anker-
manöver

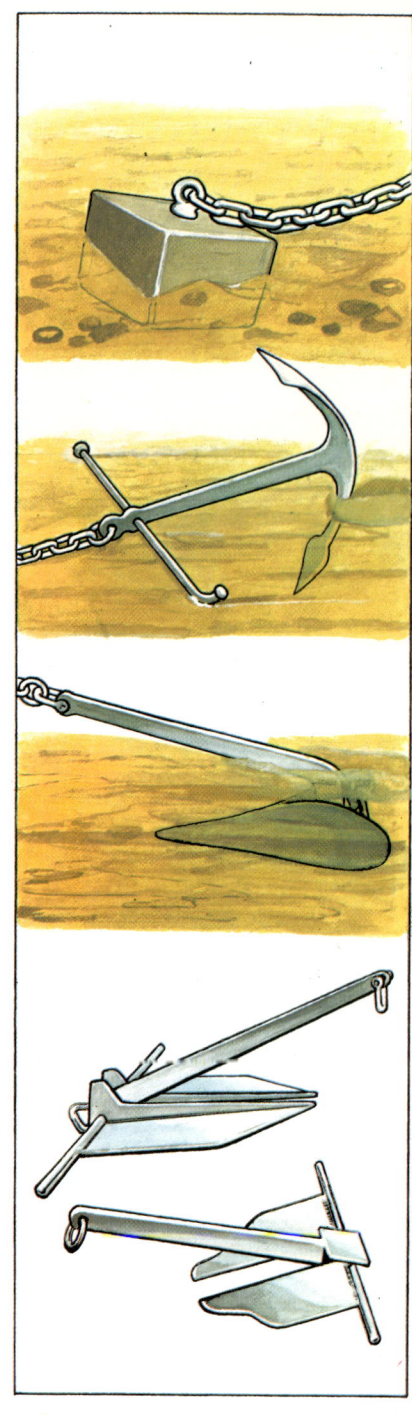

Der Anker eines kleinen Seekreuzers sollte immer eine Spur größer sein, als an sich für die Bootsgröße empfohlen. Kein Anker kann *zu* groß sein, keine Ankerleine *zu* lang, wenn auch das Hantieren mit dem Ankergeschirr auf dem beengten Deck oft ein Problem ist. Ein kleinerer Anker hält vielleicht in besonders gutem Ankergrund absolut sicher; aber er fängt an zu schleifen, wenn der Grund aus weichem Schlick besteht oder so hart ist, daß der Anker nicht fassen kann.

Je tiefer sich ein Anker eingräbt, um so besser. Ein Betonklotz hat gerade die Haltekraft, die seinem Gewicht mal 1—2 entspricht — es sei denn, daß er sich tief im Meeresboden festgesaugt hat — oder sogar weniger. Ein Stockanker herkömmlicher Art hält in Sandgrund das Sieben- bis Zehnfache seines Gewichtes, aber Pflugscharanker und andere sich tief eingrabende Anker halten mindestens das Dreißigfache, immer vorausgesetzt, sie können sich wirklich eingraben.

Bei normalem Wetter übt ein kleiner Seekreuzer nur wenige Kilopond Zug aus, aber Winddruck, Wellen und die stampfenden und gierenden Bewegungen bei schlechtem Wetter verdoppeln und verdreifachen den Zug.

Die Mindestlänge einer Kette sollte nach überwiegender Meinung das Dreifache der Wassertiefe betragen, bei einer Ankerleine das Fünffache. Das ist das absolute Minimum bei normalem Wetter, außer, wenn ein schwerer Anker benutzt wird. Eine Trosse muß einen kurzen Kettenvorlauf haben, damit der Zug horizontal verläuft. Es muß genügend Trosse an Bord sein, wenn das Wetter richtig schlecht wird, mindestens für die zehnfache Wassertiefe, bei schlechtem Ankergrund noch mehr. Man kann notfalls Festmacher an die Trosse stecken, um sie länger zu machen. Eine lange Ankerleine mildert das Einrucken des Bootes, vergrößert jedoch die Tendenz zum Schwojen. Bei einer Kette sorgt das Gewicht für ein weiches Liegen des Bootes, Nylontrossen sind jedoch auch elastisch. Wäre dem nicht so, könnte die Trosse brechen oder das Einrucken den Anker ausbrechen. Ein guter Anker und viel Ankertrosse sind eine Versicherung!

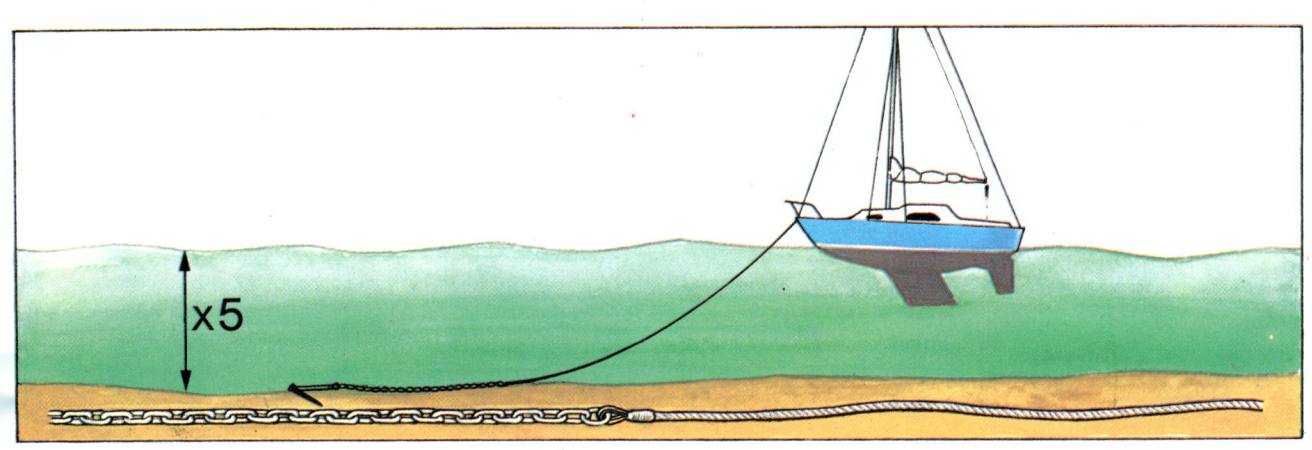

Raum zum Schwojen

Ein vor Anker liegendes Boot dreht sich so, daß es im Wind liegt oder im Strom oder in einer Richtung, die sich aus beiden Einwirkungen ergibt. Daran muß man denken, wenn man einen Ankerplatz in einem Revier sucht, das schon von anderen Yachten benutzt wird.

Jedes vor Anker liegende Boot muß in einem Kreisbogen frei schwojen können. Das gleiche gilt für das Liegen an einer Muring. Die Schwojkreise können sich überschneiden. Unter der Voraussetzung, daß alle Boote gleichzeitig und in gleicher Weise schwojen, werden sie sich voneinander frei halten.

Sie können aber kollidieren, wenn einige Boote ihrem Bau nach von ihren Nachbarn sehr verschieden sind. Ein Boot mit tiefem Kiel wird bei wenig Wind mehr in Stromrichtung liegen als ein flachgehender, leichter Rumpf, der sich in den Wind legt und weniger in den Strom. Einige Rümpfe neigen dazu, ständig um den Anker herumzu„segeln", während andere einen bestimmten Winkel einnehmen und dann ruhig liegen bleiben.

In A liegen alle Boote im Wind. Sie halten ausreichenden Abstand. In B läuft der Strom gegen den Wind. Die Boote liegen verschieden und zwischen ihnen sind freie Räume. Wenn ein Neuankömmling versuchen würde, in diesen Räumen zu ankern, käme er sofort unklar mit seinen Nachbarn, sobald der Strom nachließe oder kenterte.
Um auf dem richtigen Platz zu ankern, muß man sich darüber klar werden, wo die Anker anderer in der Nähe ankernden Boote liegen.

Anker sind wichtigste Ausrüstungsstücke für Boote. Ihre Größe richtet sich nach Gewicht und Windwiderstand des Bootes und nach dem Zweck (Kaffee- bzw. Sturmanker). Patentanker halten in gewissem Meeresgrund ein Vielfaches von Stockankern, dringen aber nicht in jeden Boden ein. Heute werden vielfach Ankerleinen aus Perlon gefahren, die dehnbar und doch bruchfest sind und ruckartige Belastungen abfedern. Sie erfordern einen Kettenvorlauf, der durch sein Gewicht den Zug horizontal hält und den Verschleiß der Leine an Muscheln und Steinen verhindert.

Ankern

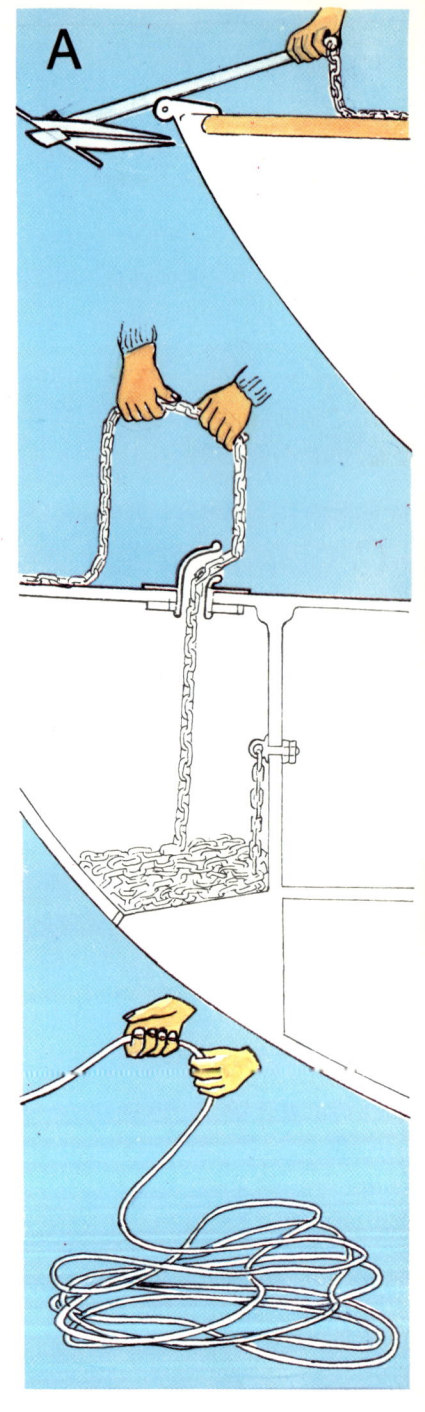

Soll ein Kreuzer auf einem bestimmten Platz liegen, muß die Position des Ankers mit viel Überlegung gewählt werden. Der Rudergänger manövriert den *Bug* des Bootes genau dahin, wo der Anker fallen soll. Wenn das Boot zuviel Fahrt macht, wird sich der Anker nicht am vorgesehenen Platz eingraben. Er tut es auch dann nicht, wenn die Besatzung beim Kommando „Fallen Anker" nicht gleich reagiert.

A. Fällt der Anker nicht sofort oder wird nicht genug Leine gesteckt, kann auch ein gut angelegtes Ankermanöver mißlingen. Der Anker soll *außen* am Bug eingehängt und die Trosse überholt sein. Eine Kette wird aus dem Kettenkasten gezogen und wieder zurückgegeben, damit sicher ist, daß sie keine Kinken hat. Eine Leine sollte in Achtform ausgelegt (siehe Zeichnung) und nicht aufgeschossen werden, damit sie frei auslaufen kann.

B. Der Kreuzer umkreist den gewählten Ankerplatz (1); der Skipper macht sich Gedanken über die Situation. In 2 hat er seinen Ankerplatz ausgewählt. Er nimmt Fahrt auf, um in den Wind zu schießen, bevor er den Anker fallen läßt (3). Die Zeit, die man dazu benutzt, einen Ankerplatz auszuwählen, ist nie vergeudet.

C. Man muß darauf vorbereitet sein, daß das Boot abfällt, wenn der Anker gefallen ist. Der Kreuzer (1) wird nach dem Aufschießen und Stehen sofort abfallen und anfangen, herumzusegeln (3, 4). Die Crew muß genug Trosse stecken, damit der Anker nicht schleift. Die Ankerleine darf nicht eher steifkommen, bevor sie lang genug ist, um dem Anker Gelegenheit zu geben, Grund zu fassen.

Die Länge einer Ankerleine sollte bei einem Kettenvorlauf von 6 bis 12 m etwa das Fünffache der Wassertiefe bei Stockankern und das Siebenfache bei Patentankern betragen. Bei einer Kette soll die Ankertrosse das Dreifache an Stockankern und das Fünffache an Patentankern betragen. Ist der Zug nicht horizontal, wird der Anker ausbrechen. Aus diesem Grunde muß in Tidengewässern die Länge nach dem höchsten Wasserstand bemessen werden.

B

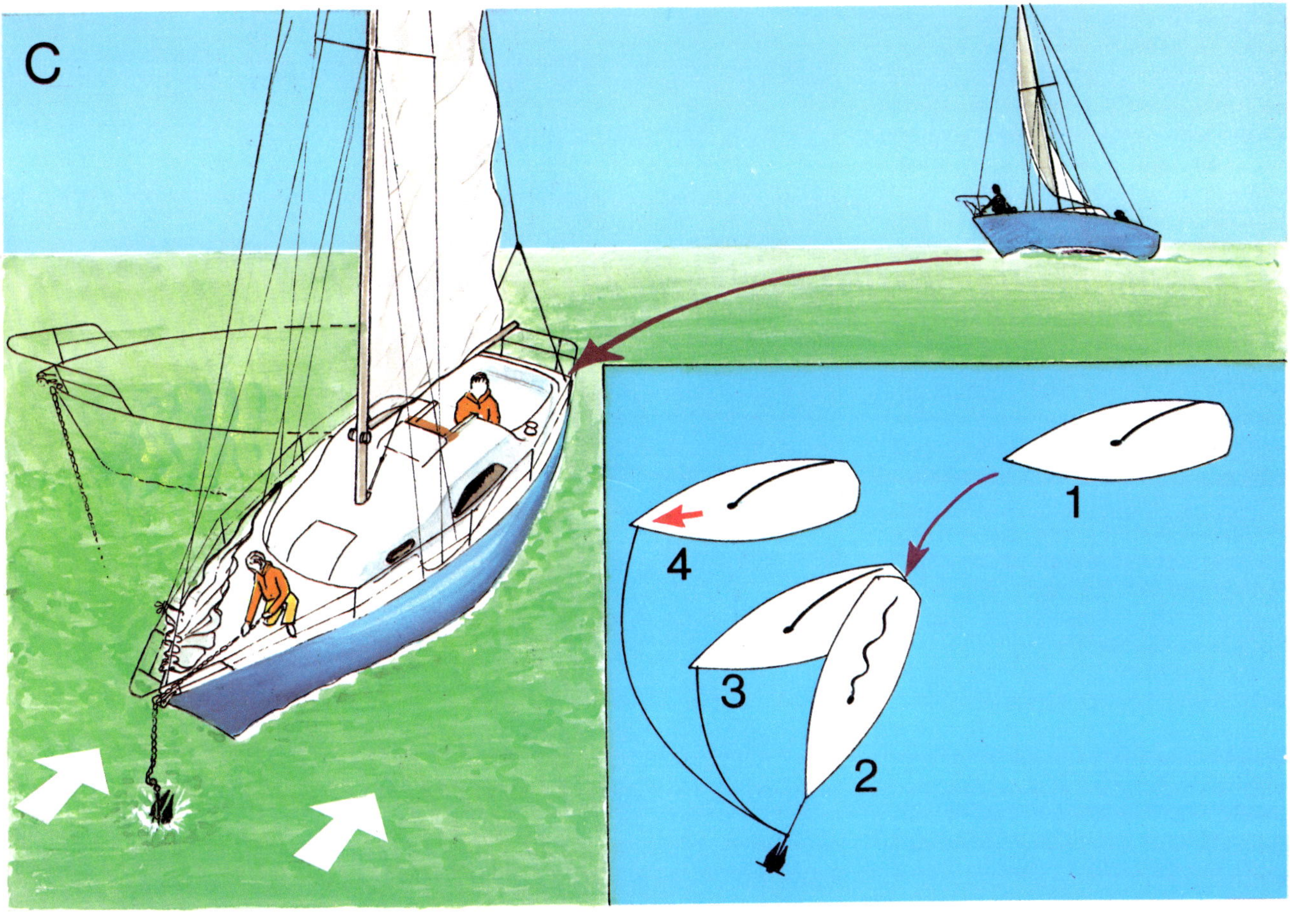

C

Ankern mit Wind von achtern

In einem engen Fahrwasser sollte sich das Boot seinem ausgewählten Ankerplatz von Lee nähern, wobei die Schoten gefiert werden, damit es Fahrt verliert, sonst würde beim Drehen in den Wind das Abschätzen, wo der Anker liegen wird, schwierig.

Das Boot luvt in den Wind (1), läßt den Anker fallen und schießt über ihn hinaus (2). Es treibt dann über ihn hinweg nach Lee (3, 4), bis die Kette lang genug ist und es zum Stillstand gebracht werden kann (5). Wichtig ist, daß die Kette sofort gesteckt wird.

Es besteht immer die Gefahr, daß beim Zurücktreiben über den Anker die Kette unklar kommt. Das abgebildete Boot hat dagegen Vorsorge getroffen, indem es mit der letzten Ruderwirkung nach Backbord gedreht hat. Auf diese Weise kommt es vom Anker klar.

Wesentlichen Einfluß auf die Haltekraft des Ankers hat auch die Bodenbeschaffenheit. Am besten hält Sandschiefer und Lehm, sehr gut auch blauer Ton.

66

Ankern - Wind gegen Strom

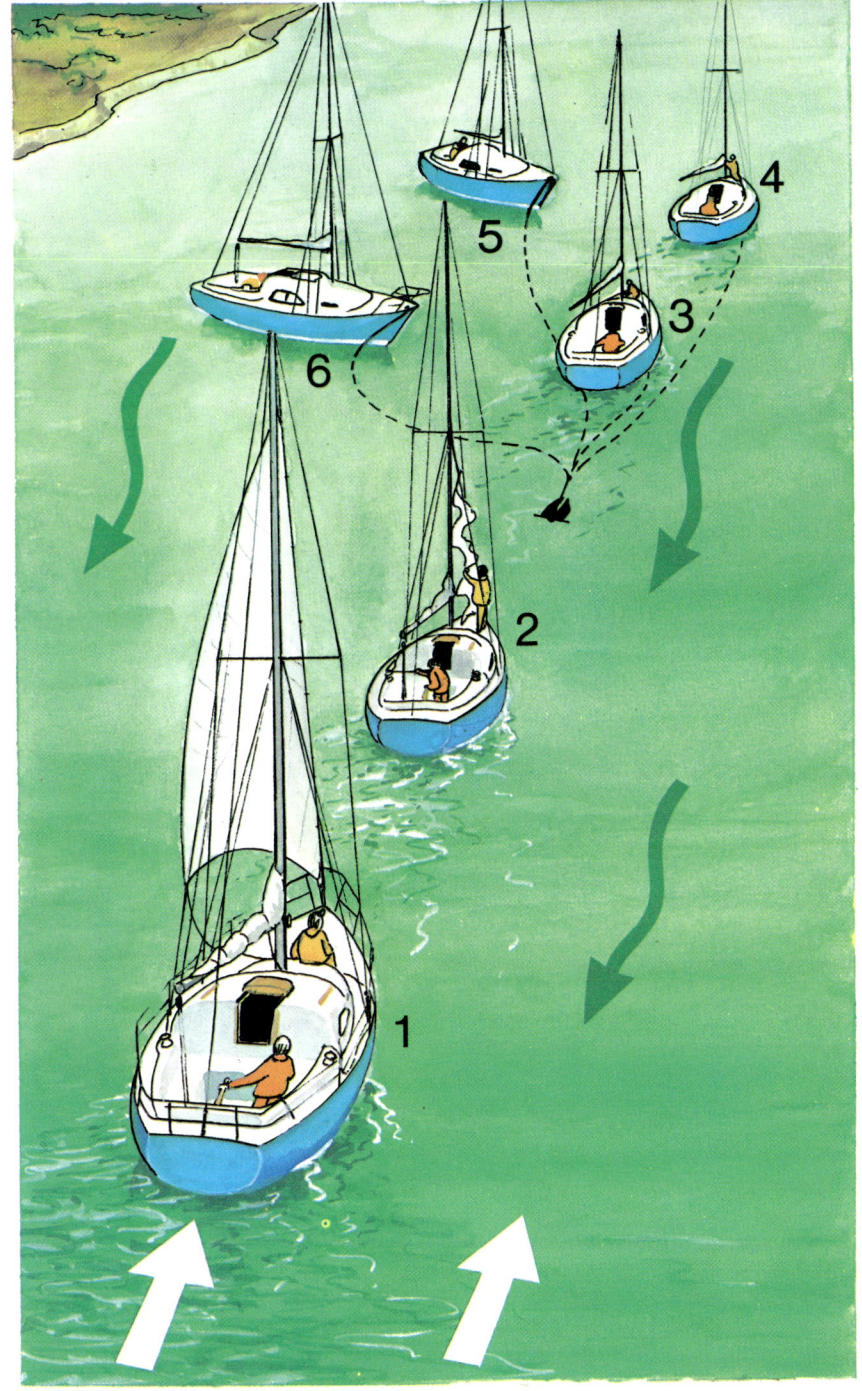

Man behält Fahrt bis zum Ankerplatz. Die Segel werden soweit weggenommen, bis das Boot unter Umständen nur noch mit der nackten Takelage den Gegenstrom aussegelt. Bei wenig Wind ist es richtig, nur mit dem Vorsegel anzulaufen (1). Nötigenfalls wird auch die Fock geborgen (2). Wenn der Anker gefallen ist (3), schießt das Boot über ihn hinweg, bis die Kette steifkommt (4). Dann dreht es sich, bis der Wind querab einfällt (5, 6). In dieser Lage hat der Anker nicht viel zu halten, denn das Boot „schwebt" jetzt gleichermaßen zwischen der Wirkung des Stromes auf den Rumpf und der des Windes auf das Rigg. Je nach deren Stärke liegt es mehr oder weniger ruhig.

Liegt der Anker auf dem Grund, ist er wechselnden Zugkräften ausgesetzt, wenn z. B. die Gezeitenströme kentern und das Boot um den Anker schwojt. Normalerweise tritt der Wechsel im Zug allmählich auf, aber es besteht immer die Gefahr, daß der Anker ausbricht oder die Kette Teile des Ankers erfaßt, die aus dem Boden herausragen.

Ankeraufgehen

Es kann erforderlich sein, daß das Boot über einen bestimmten Bug seinen Ankerplatz verlassen muß, weil vielleicht nur in einer Richtung auf einem Bug freies Wasser erreichbar ist.

A. Das Großsegel ist gesetzt und die Fock ist klar zum Setzen (1). Wenn der Anker kurzstag geholt ist (2), wird die Fock gesetzt und auf der entsprechenden Seite back gehalten, so daß das Boot auf die richtige Seite abfällt, wenn der Anker ausbricht (3).

B. Wenn der Wind gegen den Strom steht, kann man das Großsegel nicht setzen, weil das Boot dann vorne festgehalten wird und um den Anker herumsegelt. Der Anker kann ausgebrochen werden (1, 2) und das Boot vor dem Wind ablaufen, bis es in freiem Wasser Platz genug hat, das Großsegel zu setzen.
Man kann das richtige Abfallen unterstützen, wenn man beim Gieren vor kurzer Kette dann schnell die Kette holt, wenn der Bug nach der Seite zeigt, nach der man nicht wegsegeln will. Der Bug wird dadurch richtig herumgeholt.

Eine Muring
aufnehmen

C. Wenn Wind und Strom gegeneinander arbeiten, ist es im allgemeinen richtig, das Großsegel zu bergen und vor dem Wind, gegen den Strom, die Boje anzulaufen. Je nach Stärke des Windes kann ein Vorsegel gesetzt bleiben. Man sollte nie versuchen, die Boje unter Großsegel zu erreichen, weil in dem Augenblick, wo die Boje aufgenommen wird, das Boot am Bug fest ist, wild zu segeln beginnt und halsen könnte.

D. Wenn der Strom keine Rolle spielt, ist ein Schlag am Wind zur Boje am einfachsten, unter Umständen nur mit dem Großsegel, damit das Vordeck zum Manöver frei ist. Es wird so mit dem Großsegel gearbeitet, daß die Fahrt zwar möglichst gering ist, das Boot aber bis zum Aufnehmen der Boje dem Ruder gehorcht.

Wenn Wind und Strom zusammenwirken, ist es am besten, den Anlauf auf einem Kurs hart am Wind zu machen. Man kann dann durch leichtes Schricken der Schoten das Boot jederzeit zum Stehen bringen.

Reffen

Es ist unklug zu reffen, wenn man während eines Seetörns am Wind noch gute Fahrt laufen kann. Es gibt eine Spruchweisheit: Die Zeit zu reffen ist gekommen, wenn man das erste Mal daran denkt. Wenn man schon laufend die Schot fieren muß (A), ist es jedenfalls zu spät. Refft man frühzeitig, wenn Starkwind droht, ist das Boot möglicherweise eine Zeitlang untertakelt.

Doch je stärker es auffrischt, desto schwieriger und auch gefährlicher wird das Reffmanöver. Je weniger Segelfläche geführt wird, um so wichtiger ist es, daß die Segel gut stehen. Der Windwiderstand von Rumpf und Rigg nimmt zu, und die Segel müssen für ihre kleine Fläche das Maximum des Möglichen leisten, damit das Boot am Wind überhaupt Fahrt macht.

A

Reffeinrichtungen

Reffen mit Reffbändseln und Gatchen (B) sorgt, wenn man es richtig macht, für ein gut stehendes Segel. Es gibt verschiedene Arten des Einbindens und ein System, das Gummischnur und Haken am Baum verwendet (C). In jedem Fall nehmen Schmeerreeps am Hals und Schothorn die Hauptlast auf, sie werden daher zuerst durchgeholt und festgezurrt.

Bei Dunkelheit ist ein Rollreff (D) einfacher, aber es garantiert nicht immer ein gut stehendes Segel. Die Einrichtung kann einen Schneckentrieb und eine Handkurbel haben (man sollte Ersatz an Bord haben!) oder führt durch den Mast, was einfacher und wirkungsvoller ist. Ein Nachteil von Rollreffs ist, daß der Gebrauch des Baumniederholers schwierig wird.

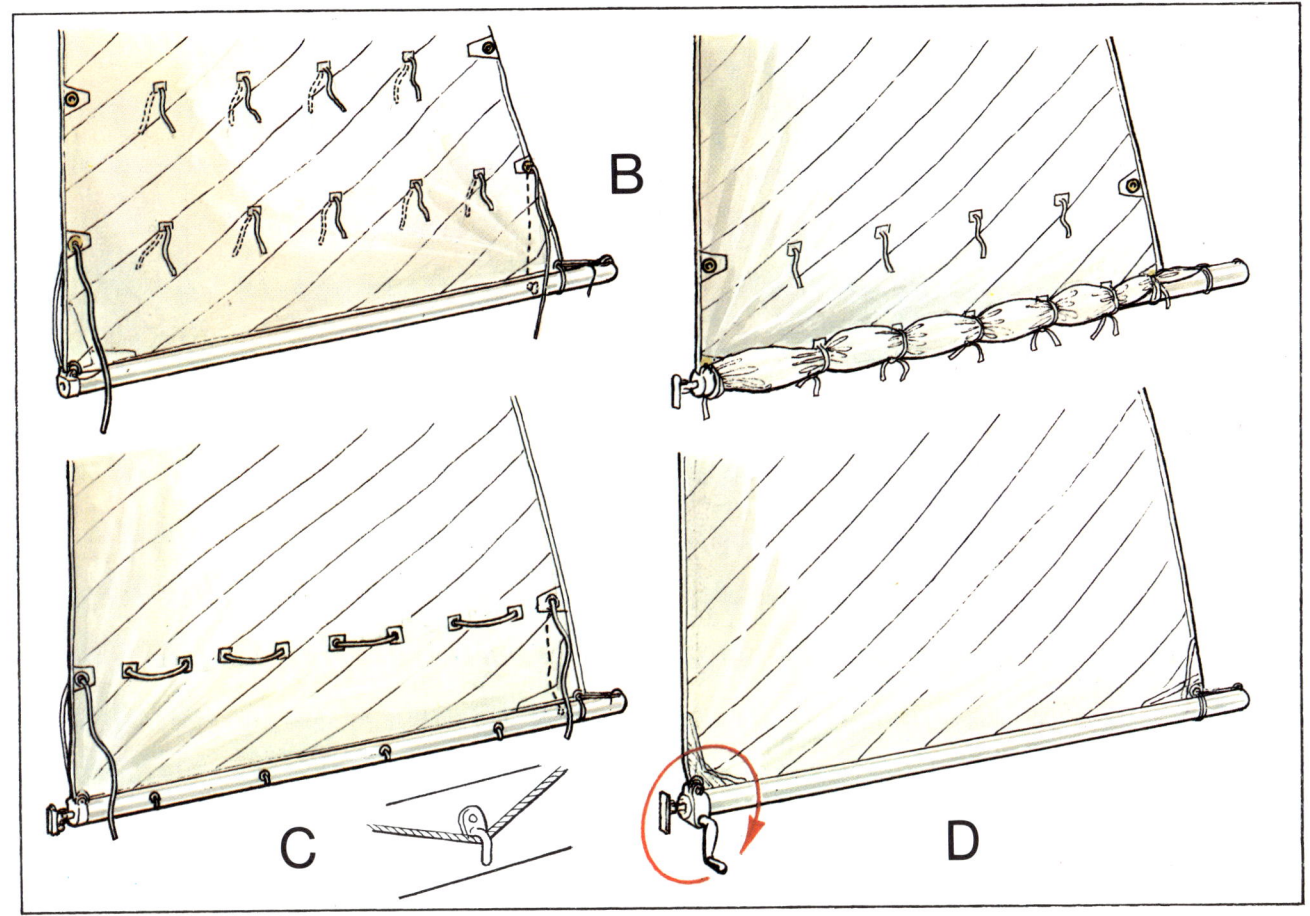

Verbesserte Reffmethoden

Das „Jiffy"-Bindereff (A) ist eine aus den USA stammende Variante. Eine Kausch im Vorliek wird zu einem Haken am Hals heruntergezogen und die Kausch im Achterliek wird mit einer kleinen Talje am Baum heruntergeholt. Selbst bei kleinen Yachten braucht man eine Verstärkung der Kraft. Das lose Segeltuch kann hochgebunden werden oder auch für kürzere Zeit lose zusammengerafft bleiben.

Um bei einem Rollreff (B) den Stand des Segels zu verbessern, sollte man von Zeit zu Zeit, während das Segel herunterkommt, Segellatten einlegen.

Ein Rollreff hat den Vorteil, daß man die Reffarbeit von einem verhältnismäßig sicheren Platz neben dem Mast verrichten kann, der Nachteil ist, daß der Baum stärker und schwerer sein muß, weil die Großschot nur an der Nock befestigt sein darf. Ist der Baum nicht richtig geformt, wird die Baumnock bei eingerolltem Segel durchhängen.

Ein Bindereff hat tatsächlich eine ganze Reihe von Vorteilen. Es läßt

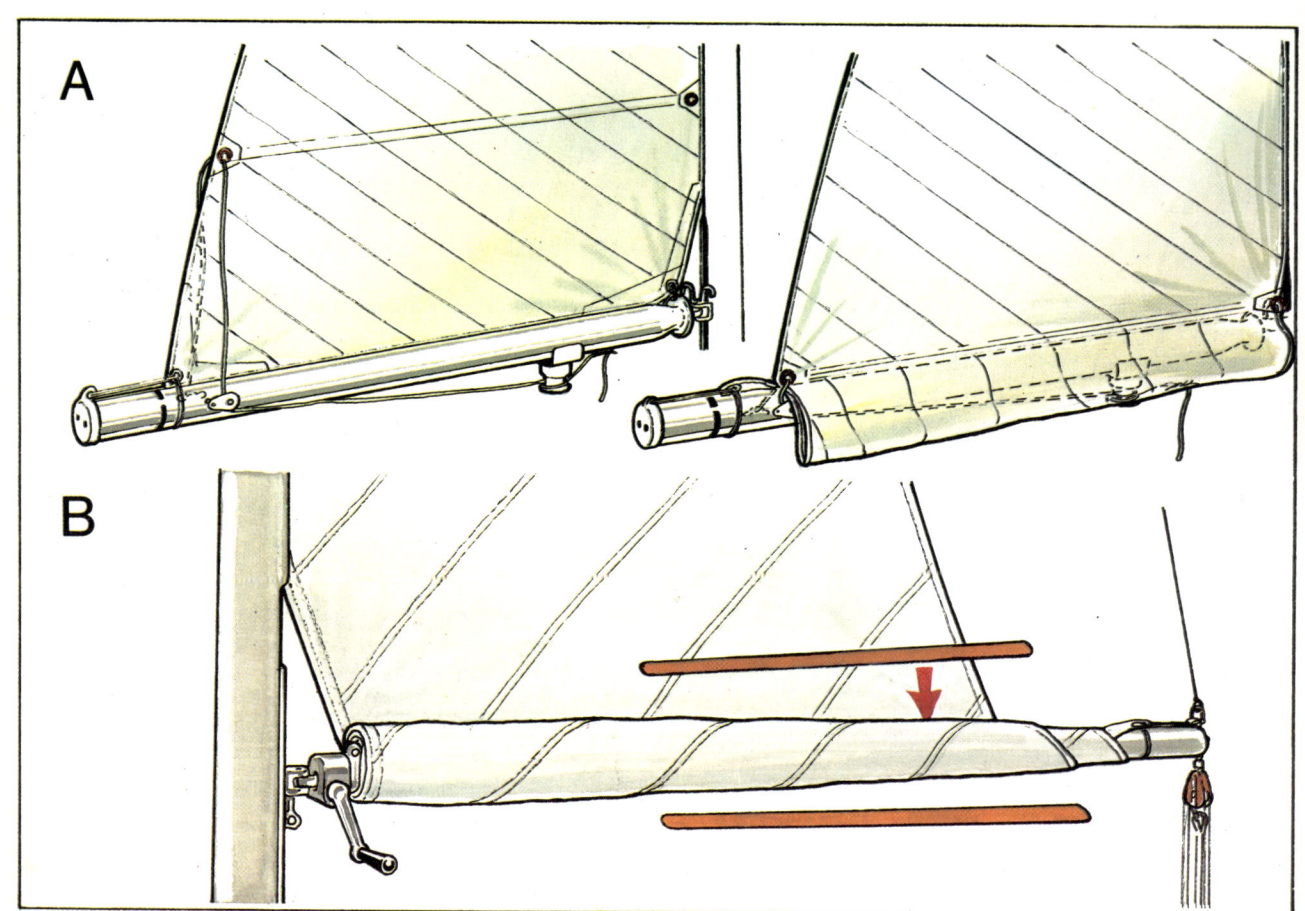

sich von zwei Mann in kürzester Zeit ein Reff einbinden. Der Baum wird dazu auf den Kajütsaufbau abgesenkt. Es genügt eine einzige Refftalje, mit der das Auge des Schmeerreeps auf den Baum heruntergeholt wird. Sie steht für das nächste Reff wieder zur Verfügung.

C und D zeigen Beispiele von gutem und schlechtem Reffen. Das lose Vorliek der Fock und der nach unten hängende Baum (D) mindern die Leistung der Segel. C hat trotz des Reffens gut stehende Segel. Das ist vertrauenerweckend.

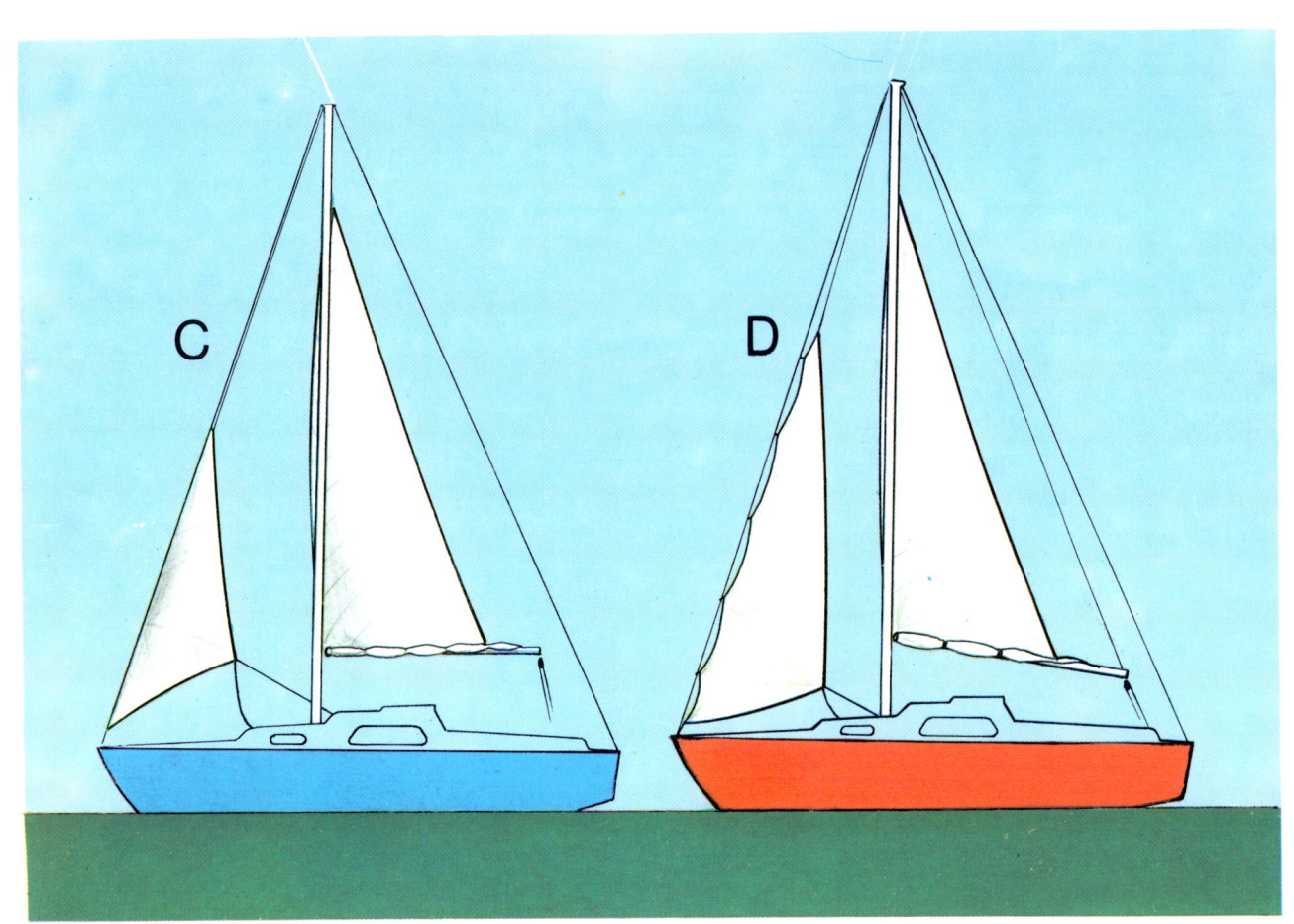

Wechseln des Vorsegel

Ein Vorsegelwechsel geht dann am besten, wenn man organisiert und planmäßig vorgeht. Dazu gehört, daß die Vorsegel stets grundsätzlich mit dem Kopf zuerst in ihren Sack gesteckt werden. Der Hals, der markiert ist, wird in die Verschnürung des Sackes eingebunden. Der Sack muß am Boden ein Ende haben, mit dem er an Deck festgebunden wird. Die Zeit eines Vorsegelwechsels läßt sich weiter verkürzen, wenn man zwei Halsstropps hat, denn dann kann man auch den Hals sofort anstecken und

wird später nicht vom Tuch des abgeschlagenen Segels behindert.
A. Das neue Segel liegt im Sack an Deck klar (1). Das bisherige Segel wird niedergeholt, das Fallende sicher am Mast belegt (2). Das obere Ende des Falls wird am Bugkorb eingepickt (3). Die Schoten werden vom Schothorn losgenommen (4).
B. Das alte Segel wird unter Deck in Sicherheit gebracht (5). Das neue Segel wird, am Hals beginnend, mit den Stagreitern angeschlagen (6). Nicht vergessen, den Segelsack an Deck festzubinden (7).

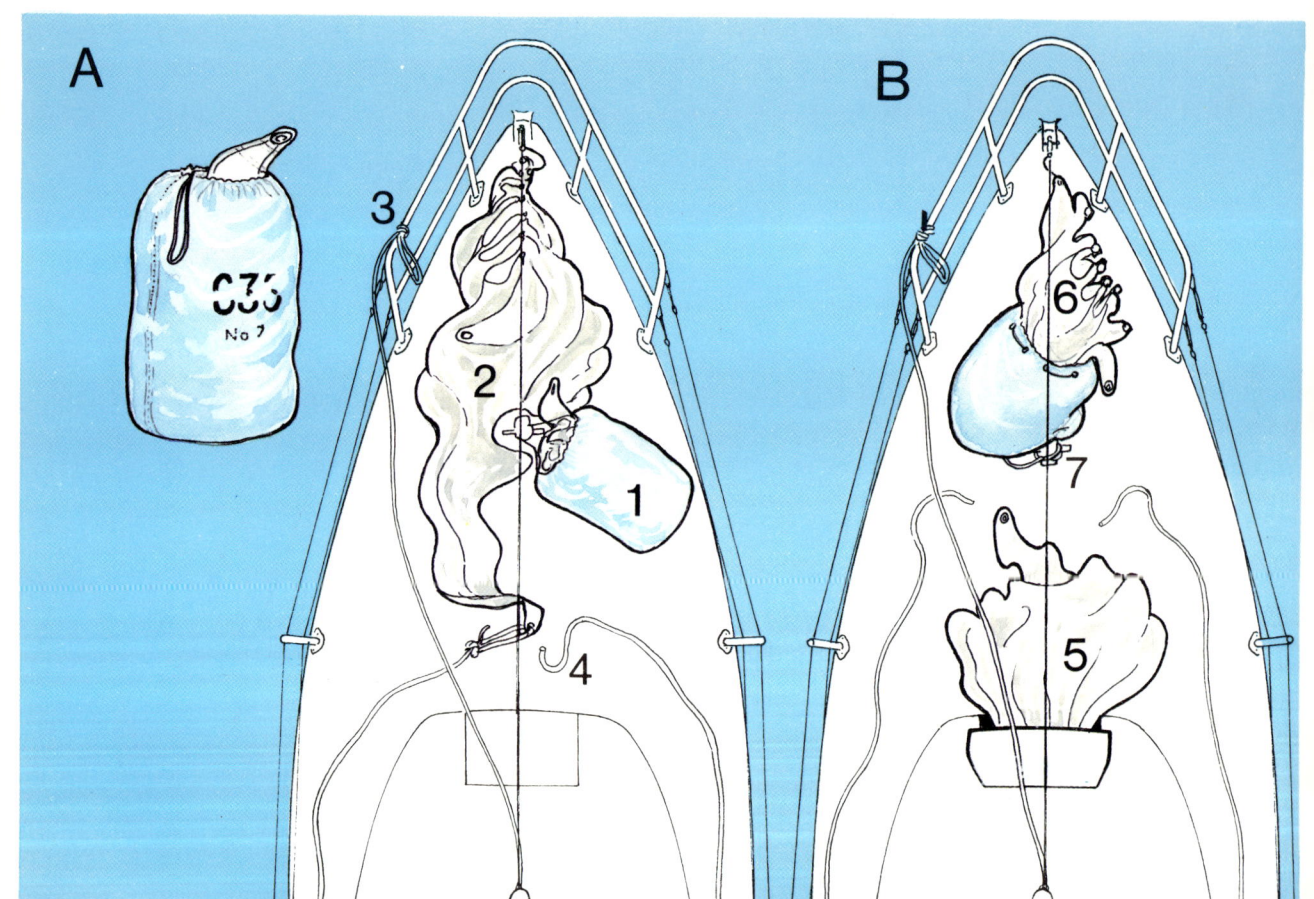

C. Der Segelsack ist sicher unter Deck (8). Die Schoten (9) und das Fall (10) werden angeschlagen, dann wird das Segel gesetzt.

D. Manchmal ist es praktisch, das neue Segel unter dem untersten Stagreiter des stehenden Segels anzuschlagen. Die Zeit, in der das Boot ohne Vorsegel ist, verkürzt sich dadurch. Wirklich wichtig ist das nur in Regatten, doch gibt es auch bei einem Seetörn Gelegenheiten, in denen das Vorsegel schnell und ohne Verlust an Vortrieb gewechselt werden muß. Beim Wechsel wird dann das stehende Segel heruntergeholt, abgeschlagen und unter Deck verstaut, während am neuen Segel nur noch Hals, Fall und Schoten angeschlagen werden müssen und es danach sofort gesetzt werden kann.

Ein anderes Verfahren, das vor allem bei größeren Vorsegeln Anwendung findet, vermeidet die Gefahr, daß das Segel unklar aus dem Sack kommt oder vom Wind gefaßt wird. Man rollt dazu das Segel zu einer dünnen Wurst zusammen, nachdem man Vor- und Achterliek übereinander gelegt hat. Dann bindet man das Segel mit Segelgarn zusammen.

Mit der Schot läßt sich ein so klar gemachtes Segel jederzeit ausreißen.

Seit einigem werden immer mehr Fahrtenboote mit Rollreffs ausgerüstet. Hierbei wird das Segel an einem eigenen Stag gesetzt, das zwischen Kugellagern drehbar ist. Es genügt ein Zug an der Reffleine, um das Segel um sein Stag zu rollen. Es braucht niemand das gefährlich exponierte Vordeck betreten.

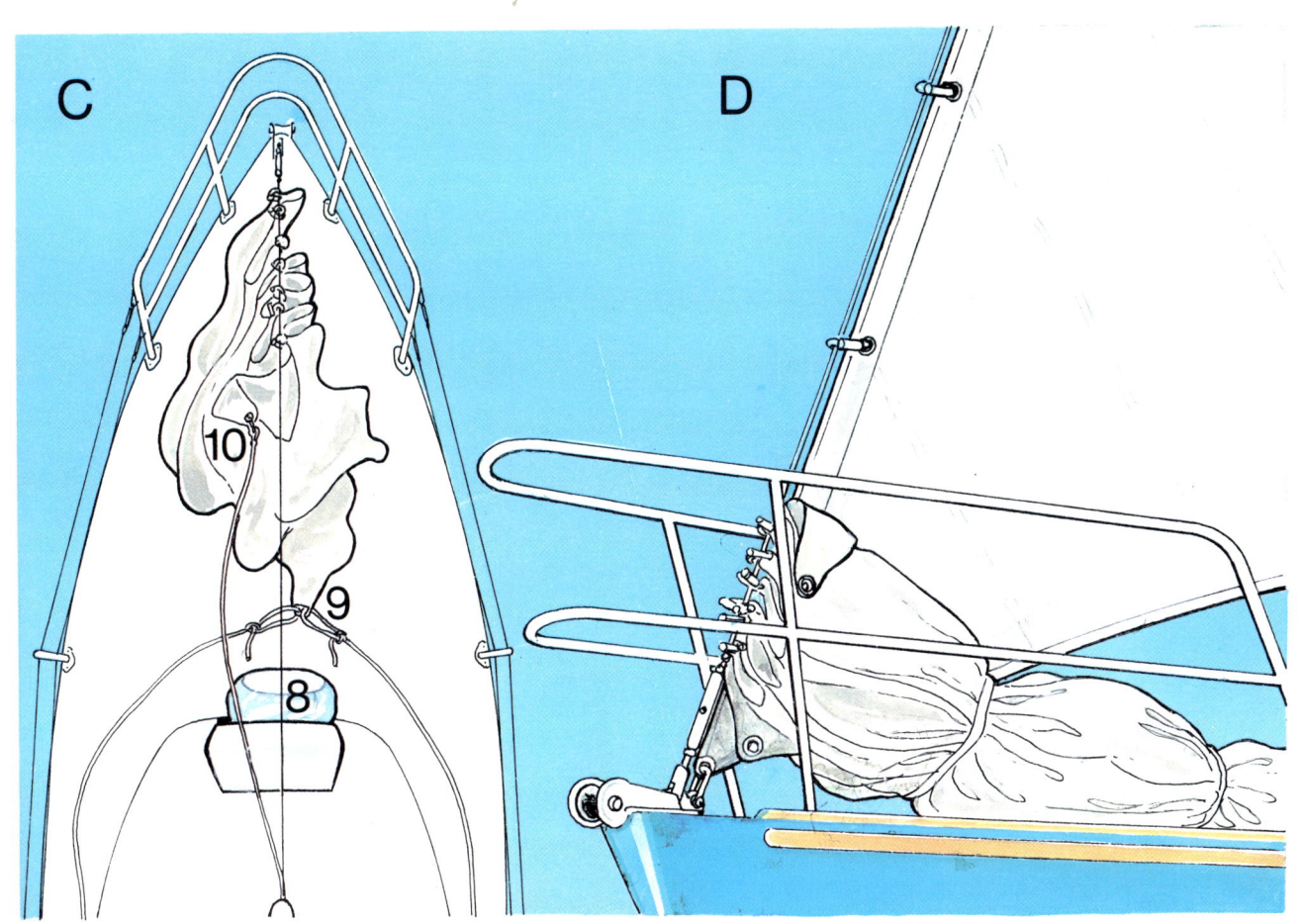

Mann über Bord
Ausrüstung und
Maßnahmen

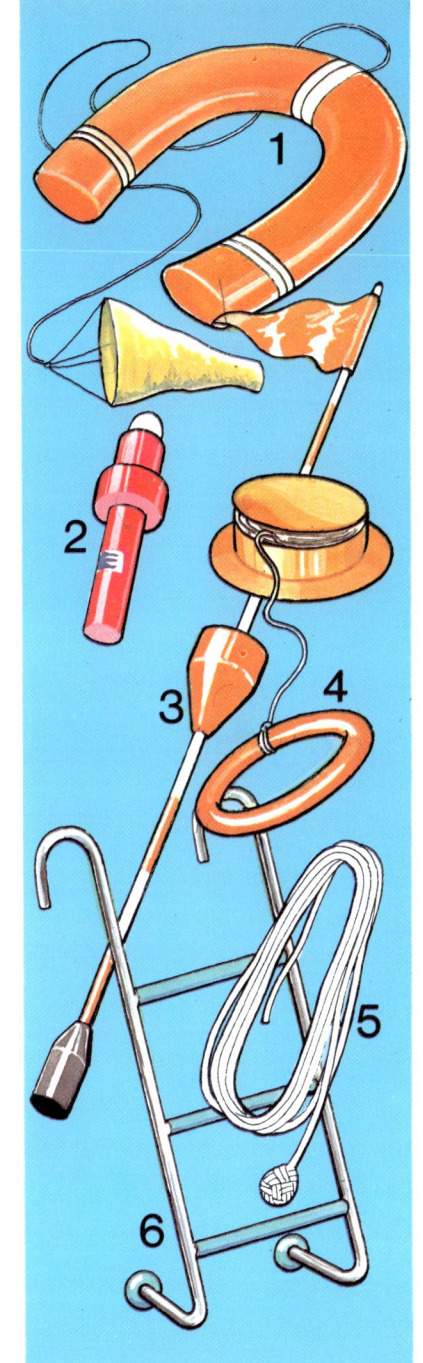

Dies ist ein Notfall, der großes Geschick, Beherrschung und Geistesgegenwart erfordert. Je mehr nachgedacht und geplant wird, um so sicherer ist der Erfolg.

Der erste Gedanke gilt der Frage, ob der Verunglückte schwimmen kann oder zumindest nicht untergeht — daher ist es so wichtig, stets eine Schwimmweste zu tragen —, die erste Maßnahme muß sein, ihn ständig im Auge zu behalten.

Das Boot muß unmittelbar neben dem über Bord Gegangenen zum Stehen gebracht werden, der Anlauf muß also von Lee gefahren werden. Manchmal machen es *sofortiges* Halsen und anschließendes Aufschießen möglich, an die Stelle des Unfalls zurückzukommen (A). Steht der Spinnaker (B), kann man um 90° auf einen Kurs mit halbem Wind drehen, den Spinnaker bergen und auf Gegenkurs zurücklaufen. Beispiel C zeigt noch einmal einen Kurs mit Halsen, aber längerem Nachdenken des Steuermannes. Es gibt kein „klassisches" Manöver, das einen Erfolg garantiert. Nur mit Umsicht und Besonnenheit läßt sich das Richtige für die jeweils herrschenden Umstände tun. Die Versuchung mag groß sein, alle Segel zu bergen und den Motor anzulassen. Das ist meistens die sicherste Methode. Ein sich drehender Propeller ist jedoch eine große Gefahr für den über Bord Gefallenen. Sobald der Mann längsseits und gesichert ist, muß der Motor darum abgestellt werden. Es genügt nicht, den Getriebehebel auf Leerlauf zu stellen, wenn man die Absicht hat, den Mann in der Nähe des Hecks an Bord zu ziehen.

Die beste Methode aber ist, sofort in den Wind zu schießen und den über Bord Gefallenen heranschwimmen zu lassen, sofern er dazu in der Lage ist.

Ausrüstung:
1. Rettungsring mit Treibanker, der verhindert, daß das Gerät außer Reichweite des Verunglückten gerät.
2. Ein selbstzündendes Nachtlicht.
3. Eine mit einem Gewicht beschwerte Schwimmflagge.
4. Ein Wurfring an einer Leine.
5. Eine Leine zum Heranholen.
6. Eine Leiter.

Die Bergung

Es gibt drei Gefahren: Man kann den über Bord Gefallenen aus den Augen verlieren; es kann Verzögerungen geben und damit — vor allem bei niedriger Wassertemperatur — ernste Folgen für einen schlechten Schwimmer, und es

kann schwierig werden, ihn an Bord zu ziehen. Das Letztere ist oft ein großes Problem. Die vereinten Kräfte des Verunglückten und seiner Retter werden bei jedem erfolglosen Versuch, ihn an Bord zu holen, schwächer, und schließlich droht völlige Erschöpfung, die dann wirklich ernste Folgen haben kann. Panik ist der schlimmste Feind der Ausdauer. Die erste Aufgabe ist, den Mann zu erreichen und schwimmend zu halten.

In A ist der Rettungsring zu spät hinterher geworfen. Er bleibt für den über Bord Gefallenen uner-

reichbar. In B befindet sich das Boot in Luv des Mannes, der Rettungsring treibt auf ihn zu. In C kommt das Boot zurück. Es segelt auf raumem Kurs und ist voll manövrierfähig. Eine Badeleiter wird klargemacht. Die Seereling sollte durch Pelikanhaken mit dem Heck- und Bugkorb verbunden sein. Ist sie mit einem Reep (D) angelascht, muß sie gegebenenfalls gekappt werden. Hat die Reling zwei Drähte, braucht nur der untere losgeschnitten zu werden. Dann kann eine Tauwerkbucht ausgebracht werden, dessen Tampen

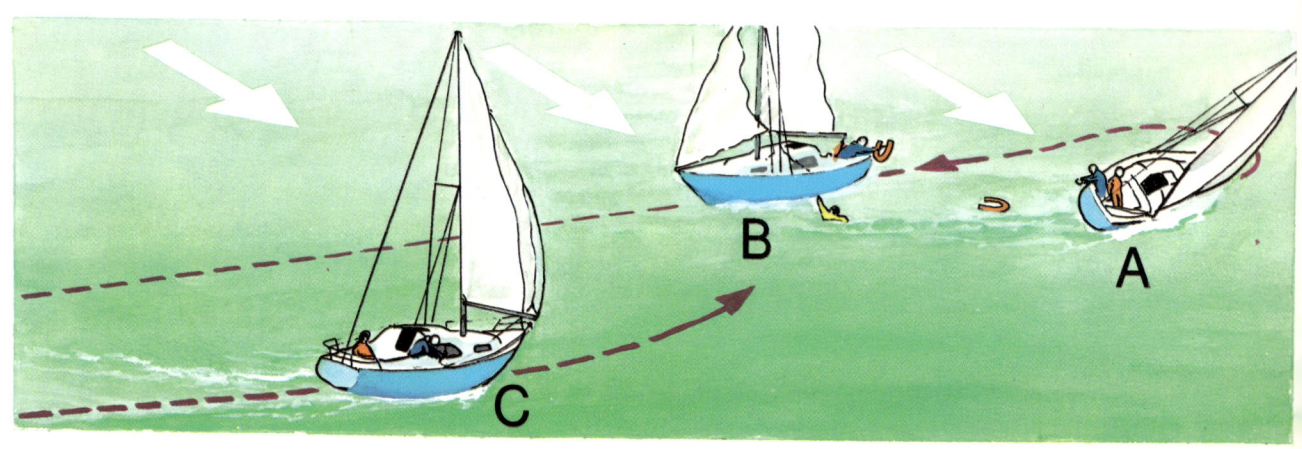

um eine Winsch gelegt wird. Ein kräftiger Mann kann so vielleicht an Bord klettern; jemand, der geschwächt ist, wird es jedoch kaum schaffen. Er sollte mit einem Pahlstek um die Brust gesichert werden, während an Bord die Vorbereitungen für seine Bergung getroffen werden.

Eine Badeleiter ist das beste Hilfsmittel, aber wenn keine vorhanden ist, kann ein ermatteter Schwimmer z. B. in ein halb aufgeblasenes Dingi gezogen werden (E). (Es kann in diesem Zustand ständig an Deck gefahren werden.) Das Anbordholen ist dann nicht mehr schwierig. Eine andere Möglichkeit ist, den Verunglückten mit dem Rücken zum Boot zu drehen und ihn an Deck zu ziehen, indem zwei Mann ihm unter die Arme greifen. Was natürlich nur bei geringer Freibordhöhe funktioniert.

F. Eine weitere Rettungsmethode hat sich in der Praxis bewährt: Wenn der über Bord Gefallene schwer und ermattet ist, senkt man die Nock des Baums ins Cockpit ab und setzt die Schot fest. Dann wird das Großsegel vom Mast gelöst und wie ein Sack über Bord gegeben. Setzt oder legt man den Mann in das lose Segel und holt bei jedem Rollen des Bootes das Fall durch, kann man ihn bis auf Deckshöhe ziehen. Sehr zweckmäßig ist eine fest im Want gefahrene vierpartige Talje.

Sehr sinnvoll und empfehlenswert ist es, bei einem Badetörn das Mann-an-Bord-holen mit seiner Crew zu üben. Es ist nämlich in der Praxis weitaus schwieriger als man glaubt. Selbst dann, wenn der über Bord Gefallene aktiv mithilft. Und um wieviel mehr erst, wenn seine Kräfte bereits geschwächt sind. Und das geht im Wasser erschreckend schnell.

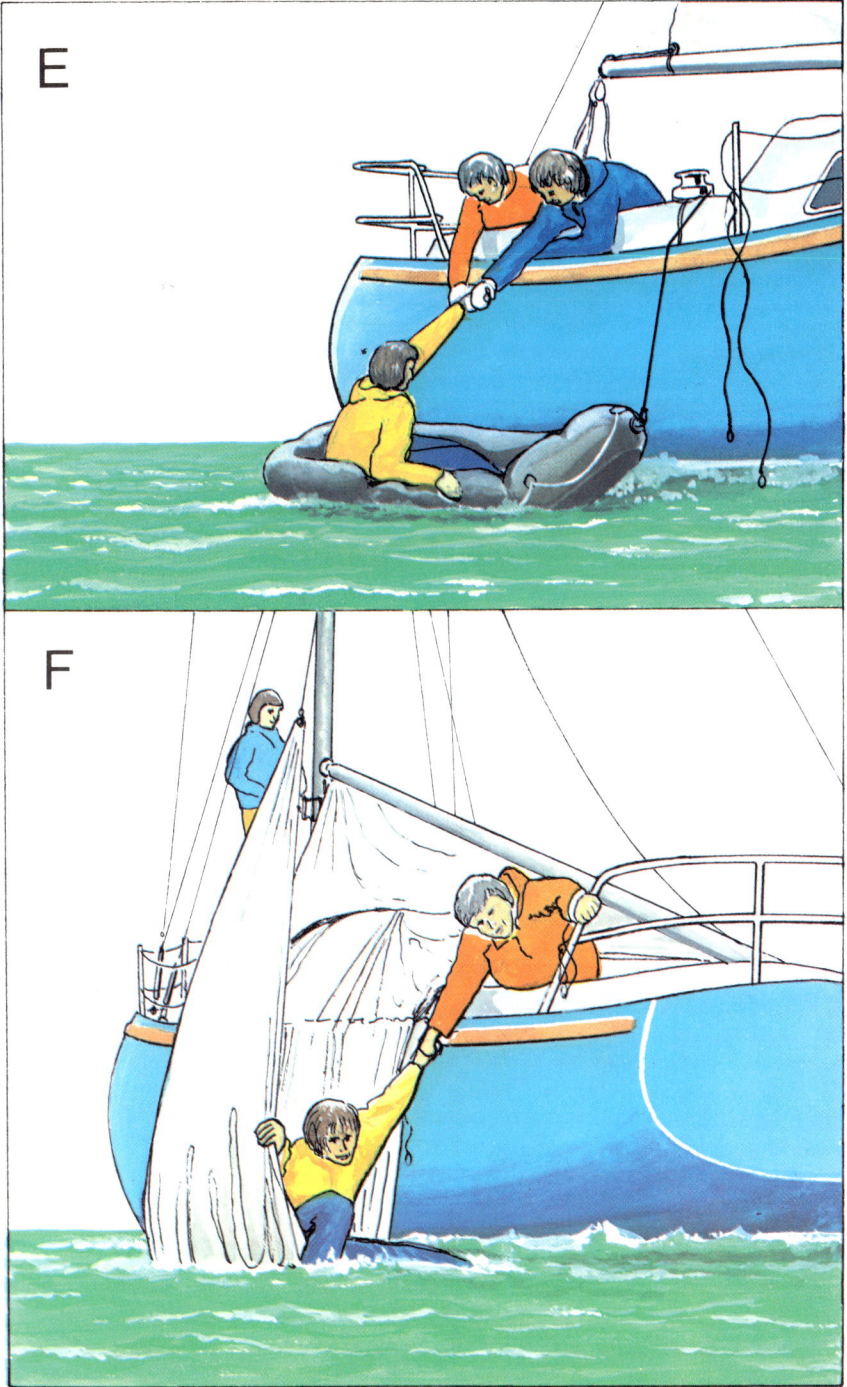

Tauwerk und Knoten

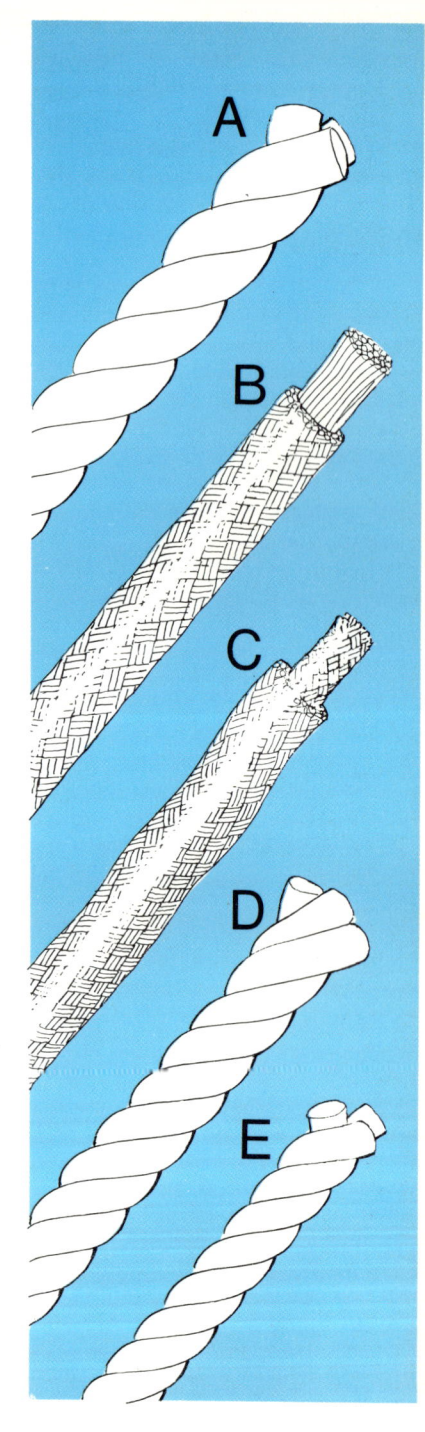

A

B

C

D

E

Nicht jedes Tauwerk ist für jeden Verwendungszweck geeignet. Man sollte darum beim Kauf sorgfältig wählen und nicht unbedingt das billigste nehmen. Tauwerk aus Kunstfasern hat eine lange Lebensdauer, ist robust, und die besseren Arten sind chemisch gegen die zerstörende Wirkung der ultravioletten Strahlen im Sonnenlicht behandelt.
A. Nylon (Perlon, Polyamid) ist dreischäftig und wegen seiner Elastizität für Schlepptrossen und Ankerleinen geeignet. Dacron (Diolen u. a., Polyester) ist weniger elastisch.
B. Geflochtenes Tauwerk mit unverdrillter Seele ist biegsam und wird für Schoten verwendet.
C. Doppelt geflochtenes Tauwerk ist weicher und wird für leichte Jollenschoten gebraucht.
D. Polyäthylen / Polypropylen-Tauwerk ist schwimmfähig, geeignet als Festmacher und für hohe Beanspruchung; wegen seiner Glätte lösen sich Knoten leicht von selbst. Manchmal neigt es auch zum Brechen, wenn ein kurzes Ende besonders stark belastet wird.
E. Vorgerecktes Nylontauwerk hat eine harte Oberfläche und wird für Fallen verwendet.

F. Kreuzknoten zum Verbinden von Leinen gleicher Stärke und Beschaffenheit. G. Achtknoten am Tampen einer Schot. H. Webeleinstek zum Festmachen. J. Mit Stopperstek läßt sich eine Leine an einer Reling, einer Kette oder Trosse oder einem Stag festmachen, wenn der Zug parallel dazu und immer aus derselben Richtung angreift. K. Roringstek zum Anstecken eines Ankers. L. Der Pahlstek ist ein Auge, das sich nicht zuzieht.
Diese Knoten halten bei mancher Art Kunstfasertauwerk nicht gut. Man sollte darum die Tampen ziemlich lang lassen und die Knoten gut dichtholen. Einige lassen sich durch zusätzliche Knoten sichern, der Webeleinstek und der Roringstek z. B. durch ein oder zwei halbe Schläge.

Wichtig ist, daß man alle Knoten blitzschnell, mit Tauwerk jeder Stärke und auch bei Dunkelheit machen kann.

Man lernt durch Erfahrung, welchen Knoten man zu welchem Zweck benutzt. Die hier gezeigten sind nur eine kleine Auswahl.

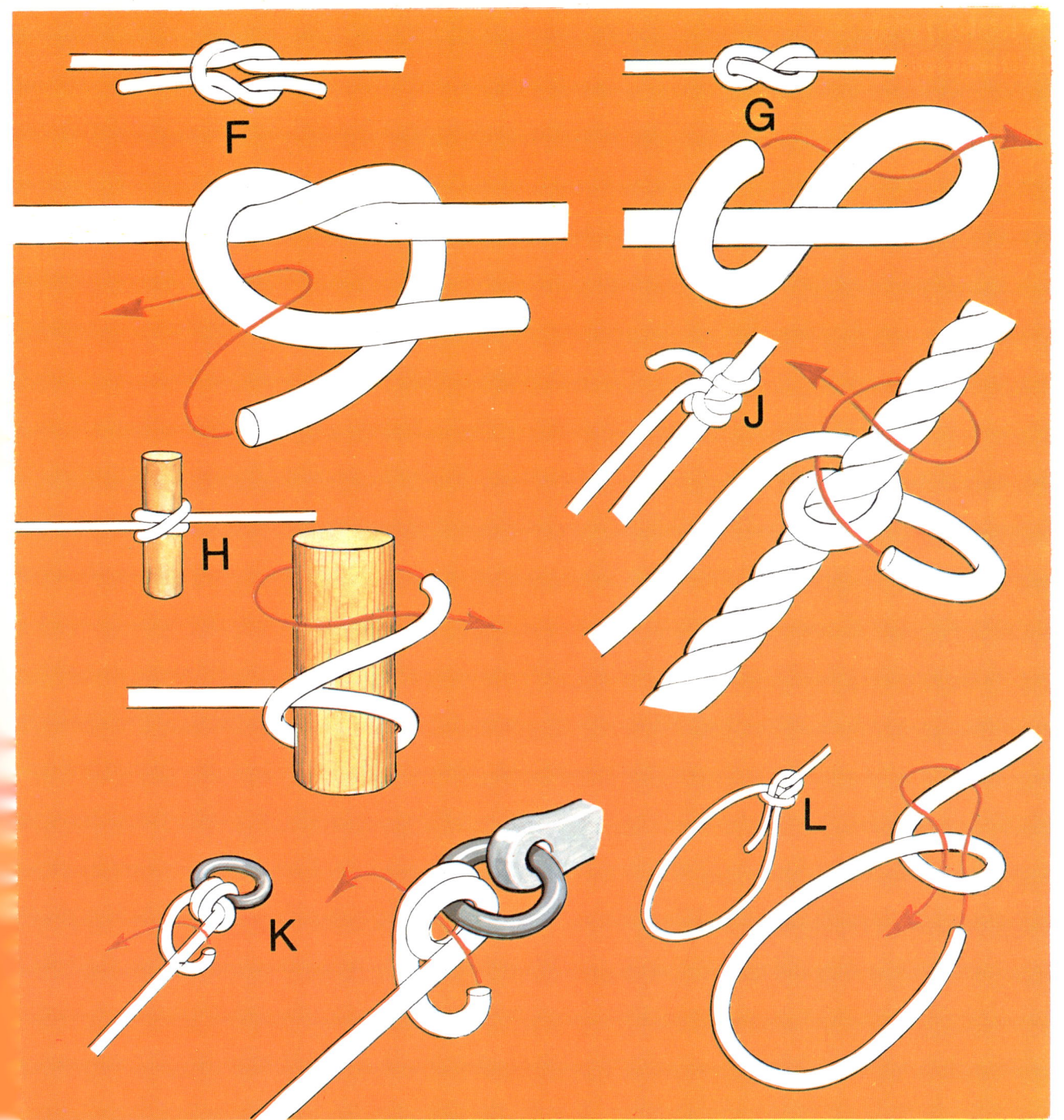

Knoten mit Kunstfasertauwerk

A. Der zwischen den Kardeelen durchgesteckte Tampen garantiert, daß dieser Pahlstek nicht aufgeht.

B. Bändselt man die Tampen eines Kreuzknotens bei, sichert das noch besser und schwächt das Tauwerk weniger als das Durchstecken, weil hierbei der Aufbau des Tauwerks beeinträchtigt wird.

C. Ein Pahlstek kann leicht vom Pfahl nach oben abgleiten, wenn das Tauwerk hart ist und federt. In diesem Fall legt man vorher einen Rundtörn um den Pfahl.

D. Der Pollerstek zieht sich nie so stark zusammen, daß man ihn nicht lösen könnte. Die Abbildung zeigt, wie man ihn macht: Das Ende der Leine wird in mehreren Buchten, abwechselnd von links und rechts unter dem festen Ende hervorkommend, über den Poller gelegt. Der Pollerstek wird nie von selbst aufgehen. Man verwendet ihn auch, um eine Kette zu belegen. Nie darf man eine Kette mit einem Webeleinstek belegen; man wird sie, wenn überhaupt, nur mit größten Mühen wieder losmachen können.

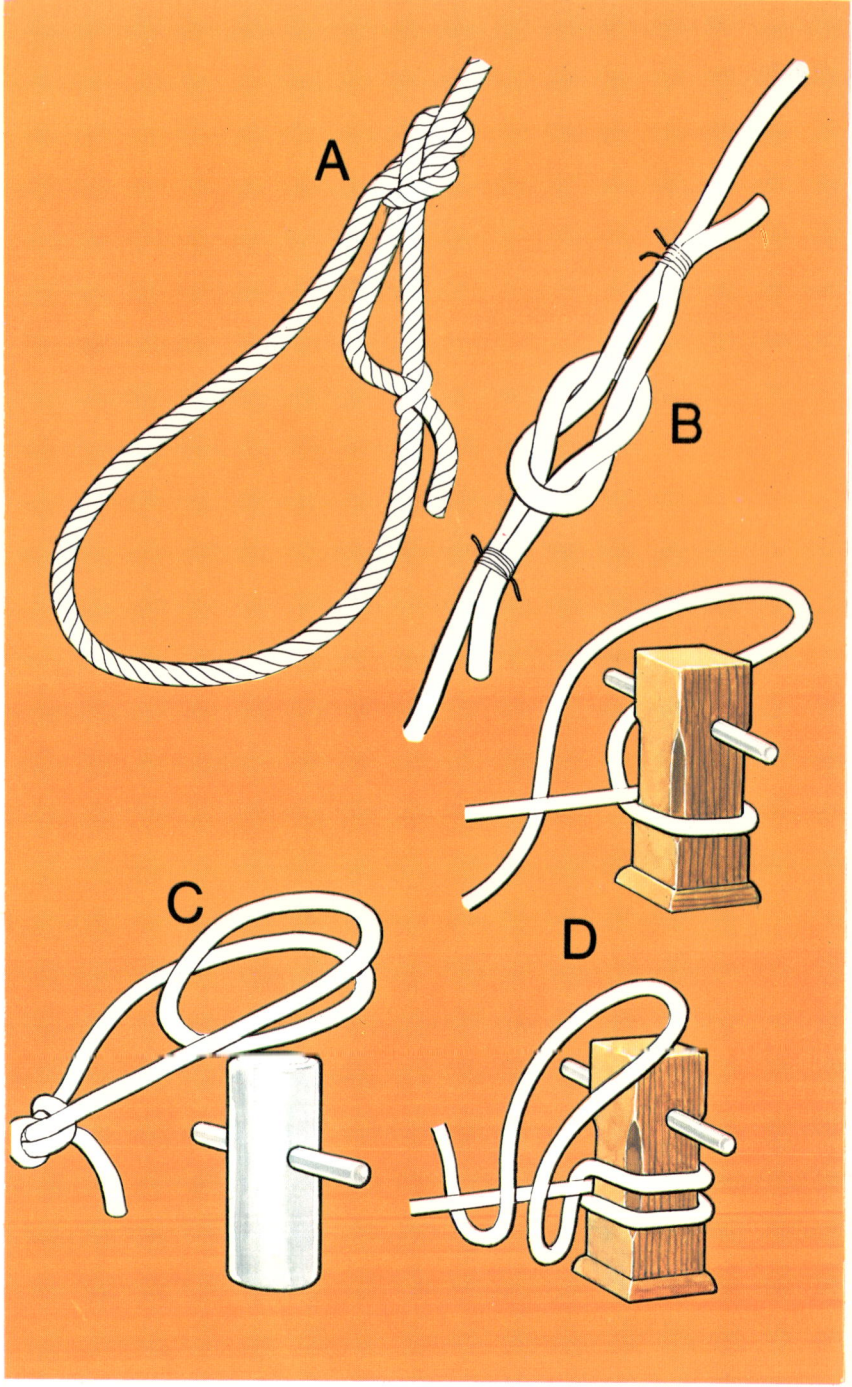

Das Aufschießen
von Leinen

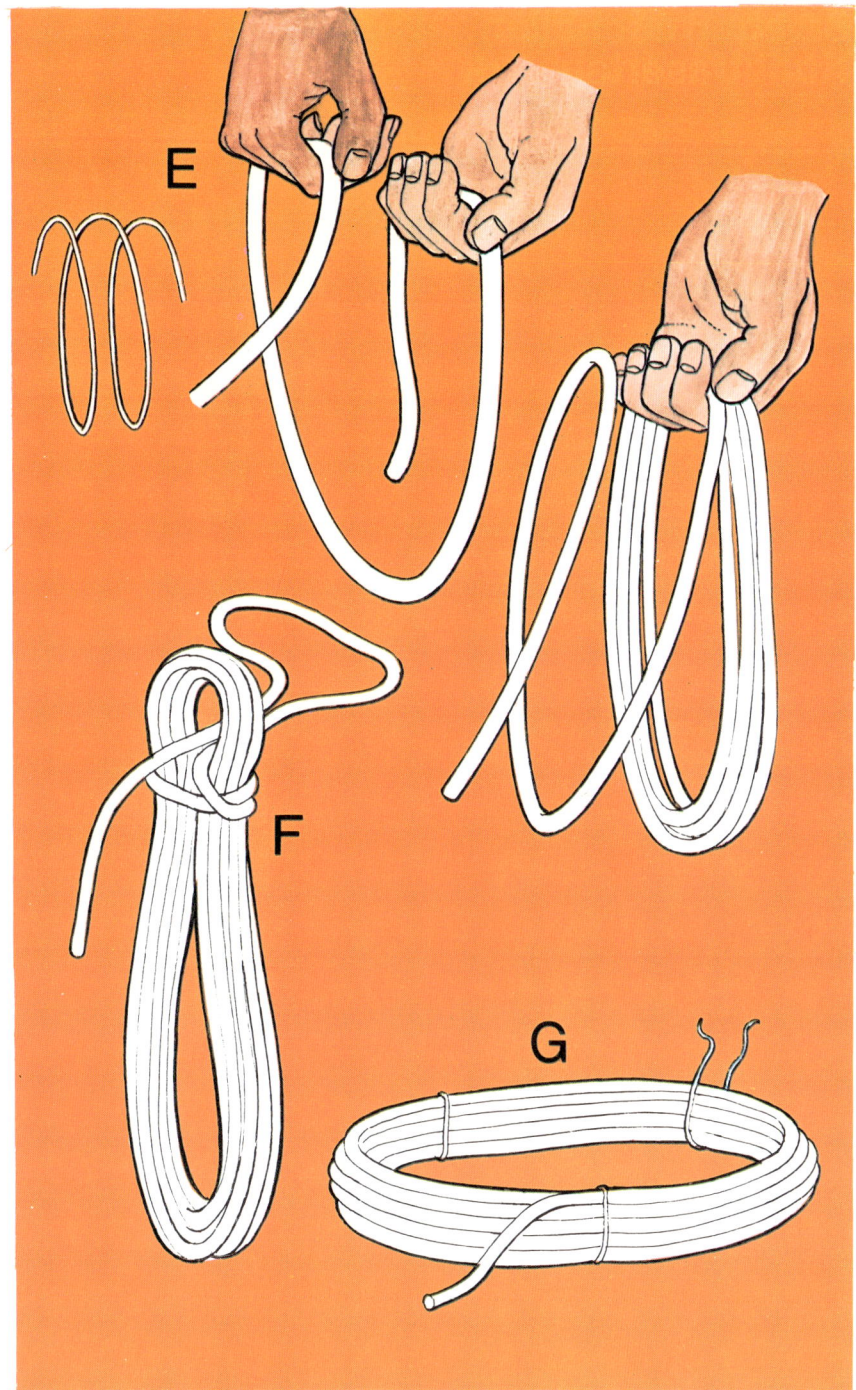

E. Die meisten Leinen werden rechtsherum (im Uhrzeigersinn) geschlagen; sie müssen daher in gleicher Richtung aufgeschossen werden. Die Törns werden von einer Hand in die andere gelegt und dabei die Kinken herausgedreht. Anders wird es gelegentlich bei doppelt geflochtenen Leinen gemacht, die man nicht aufschießt, sondern in Achten legt.

F. Mit einem Flaggleinenknoten gesichert, legt man einen Bunsch Tauwerk für späteren Gebrauch weg. Die Bucht wird über die obere Hälfte des Bunsches gelegt.

G. Immer dann, wenn eine aufgeschossene Trosse oder Leine innerhalb von Sekunden gebrauchsfertig sein muß, bändselt man sie mit Garn. Man nimmt dazu Garne, die aus altem Tauwerk herausgezogen wurden oder so alt sind, daß sie leicht zerreißen.
Drahttauwerk und Material, das sich nicht verdrehen läßt, z. B. Wasserschläuche, schießt man so auf, daß man abwechselnd eine Bucht und ein Auge legt, dadurch werden Spannungen beseitigt.

Belegen der Fallen

Man macht nie ein Fall nur mit kreuzweise gelegten Törns um eine Klampe fest; die Törns ziehen sich fest und bekneifen sich (A). Vielmehr legt man erst einen vollen Rundtörn um die Klampe und dann die Achttörns (B). Der Tampen muß fest zwischen Fall und oberem Teil der Klampe geklemmt werden. Der Bunsch kann dann wie in C gezeigt aufgehängt werden. Man holt eine Bucht durch den Bunsch und hängt sie über das obere Horn der Klampe. Noch sicherer ist es, wenn man die Bucht erst zwischen Fall und Mast hindurchnimmt und dann über das Horn legt (D).

Für Fallen benutzt man entweder vorgerecktes Tauwerk geringer Elastizität oder weiches Drahttauwerk, das bei gleichem Umfang bruchfester ist als Fasertauwerk und gegen Abrieb unempfindlich ist. Wenn das Fall nicht an der Trommel einer Fallwinsch befestigt ist, muß ein Steert aus Fasertauwerk im Tampen eingespleißt werden, weil sich das dünne Stahltauwerk sonst nicht mit den Händen holen läßt. Vielfach wird auch ein Klappläufer an der holenden Part angebracht, weil sich das Fall sonst nicht steif durchsetzen läßt.

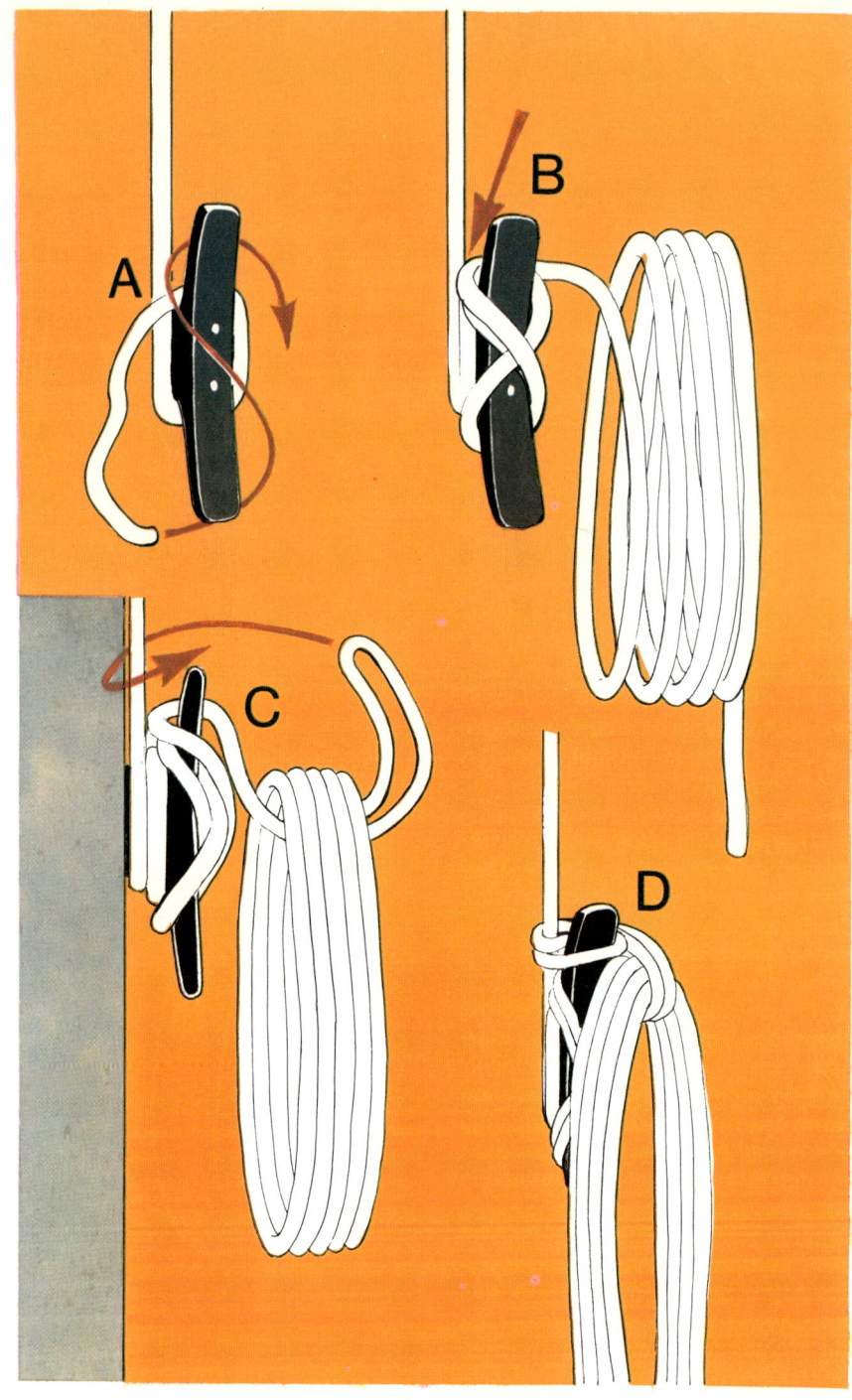

Das Werfen einer Leine

Man schießt verhältnismäßig eng auf, denn eine in großen Buchten gehaltene Leine kann nicht geworfen werden, ohne daß sie unklar kommt. Bevor man wirft, werden die Buchten auf beide Hände verteilt (E). Den größeren Teil hält man in der einen Hand, während man mit der anderen wirft.

F. So soll die Leine fliegen. Man schleudert sie gerade so hoch, daß sie ihr Ziel erreicht, nicht höher, sonst entfaltet sie sich schon auf halbem Weg. Wenn man irgendwo längsseits geht, muß eine Leinenverbindung ohne lange Versuche zustandekommen. Das erfordert viel Übung, und die Crew sollte es auch können.

Gute Seemannschaft ist, stets eine Wurfleine klar zum Gebrauch zu haben, um z. B. Schleppleinen oder Festmacher übergeben zu können. Eine Wurfleine erhält am besten einen birnenförmigen Lederbeutel, der mit Sand oder Bleischrot gefüllt ist; dieser Beutel erhält einen kurzen Stropp mit Auge. Der Tampen der Wurfleine wird gesichert, evtl. mit einem Pahlstek um das linke Handgelenk. Als Material ist am geeignetsten eine geflochtene Leine aus synthetischem Material, die keine Kinken bildet.

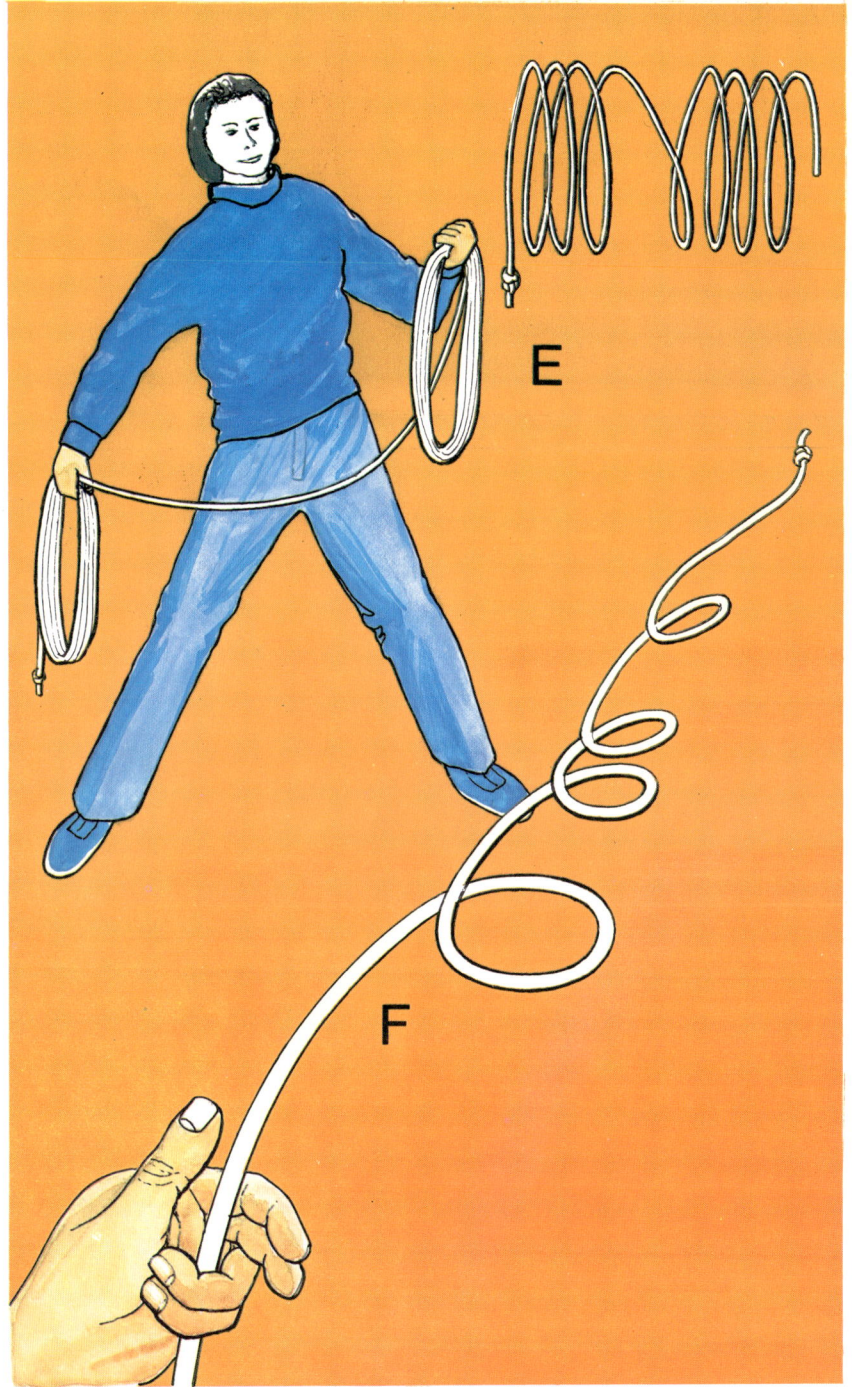

E

F

Die Besatzung

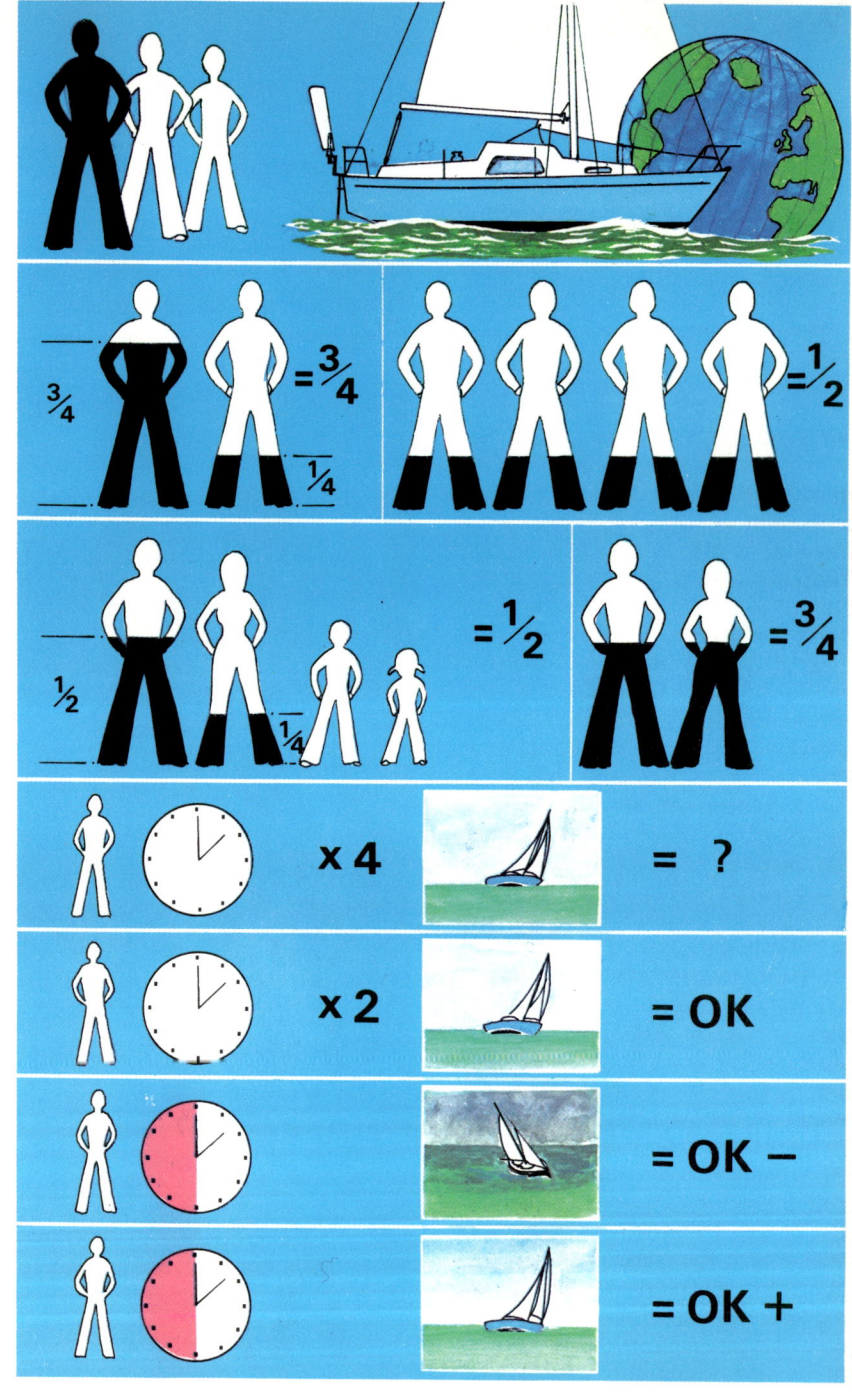

Jemand, der über Erfahrung verfügt und gesund ist, kann nonstop um die Welt segeln, allein oder mit einer Crew. Setzt man ihn hinsichtlich seiner Erfahrung mit 100% Leistungswert an, könnte man meinen, daß zwei Mann, von denen einer 75% und der andere 25% Wert hat, dem ersten gleichwertig sind. In Wirklichkeit ist das nicht der Fall. Auch vier Mann mit je 25% wiegen ihn nicht auf. In der Praxis würden die zwei Mann vielleicht 75% und die vier Mann nur 50% des Wertes eines Hundertprozenters erreichen.

Die Diagramme zeigen, wie verschiedene Familienkombinationen zu bewerten sind. Die unteren Zeichnungen beziehen sich auf die Zeit, die ein gesunder Mann ohne Unterbrechung wach bleiben kann. Es sind bei gutem Wetter vielleicht 48 Stunden (mit verminderter Urteilsfähigkeit), 24 Stunden bei gutem Wetter ohne Einschränkung, aber vielleicht nur 12 Stunden bei schlechtem Wetter unter Belastung. Bei gutem Wetter ist eine 12-Stunden-Wache keine besondere Anstrengung, sie kann höchstens ermüdend sein.

Wacheinteilung

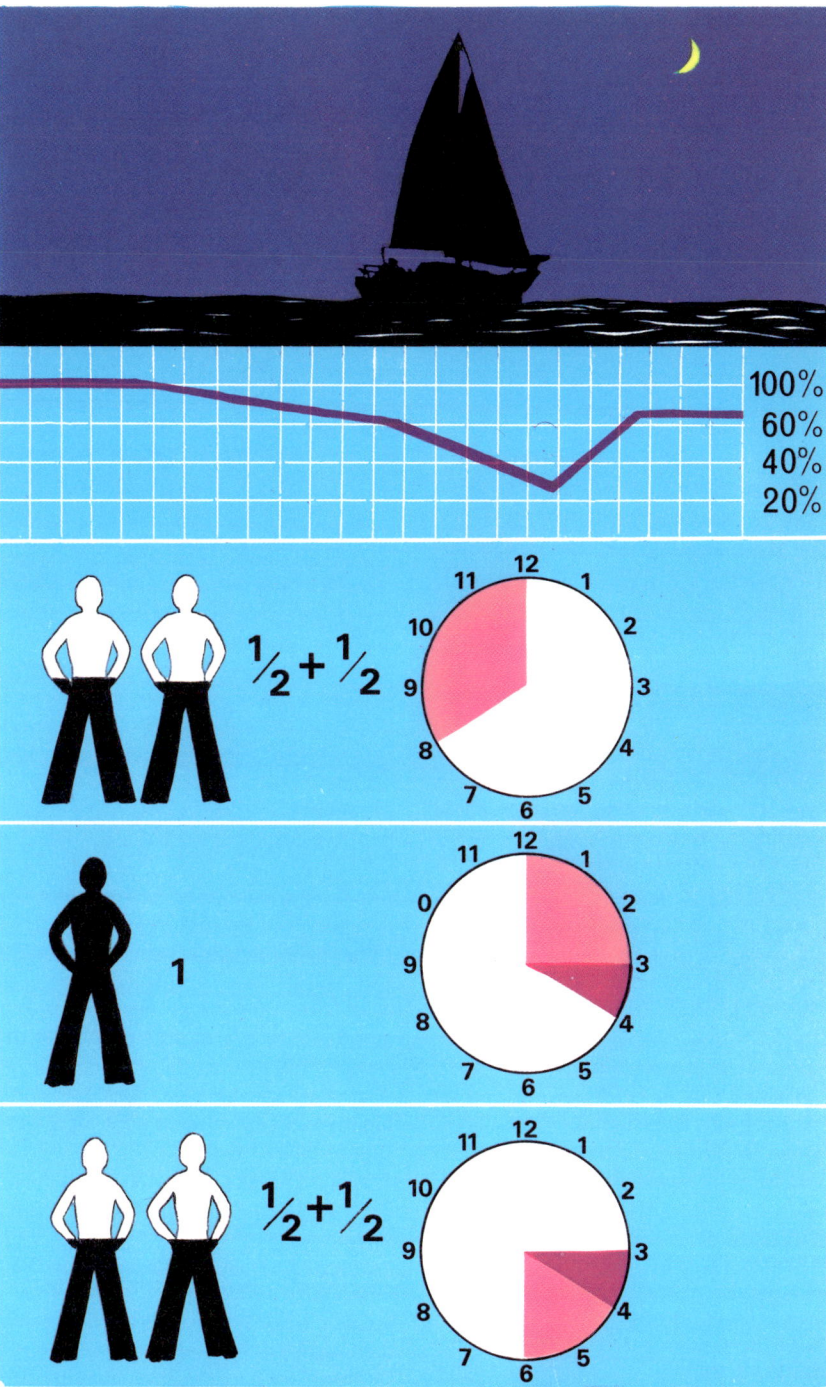

In einer Nacht auf See fällt die Aufmerksamkeit der Besatzung — meist nach Mitternacht — auf einen Tiefpunkt ab. Mit Tagesanbruch steigt sie wieder steil an, fast auf den anfänglichen Wert.

Eine Besatzung, die aus einem vollwertigen Skipper und zwei anderen Mitgliedern mit halb so großer Erfahrung besteht, kann folgenden Wachplan einhalten:

    2 Mann von 20.00 bis Mitternacht

    Skipper allein von Mitternacht bis 03.00

    03.00 Skipper weckt einen Mann der Besatzung

    04.00 Skipper weckt den zweiten Mann und geht von Wache.

Dieses System deckt die Periode herabgesetzter Aufmerksamkeit ab, weil der um 04.00 auf Wache kommende Mann voll und ganz „da" ist. Es gibt viele Möglichkeiten, die Wachen zeitlich und leistungsmäßig einzuteilen. Das beste System ist das, welches den Bedürfnissen der Crew am meisten entspricht, wobei das Boot aber ständig von einer Wache geführt werden muß, die in jeder Beziehung wach und einsatzfähig ist.

Die Besatzung und ihre Möglichkeiten

Ein Boot ist auf See so gut wie seine Besatzung. Plant man einen Seetörn, ist deren Einsatzfähigkeit und zumutbare Belastung von entscheidender Bedeutung.

Ein kleiner Kreuzer mit einer Höchstgeschwindigkeit von 5 bis 6 kn, der einen Durchschnitt von 3 kn erreicht, hat vielleicht eine Familie an Bord, von der der Vater das einzige (75%) erfahrene Besatzungsmitglied ist. In zwei Wochen könnte diese Familie 100 bis 200 Seemeilen zurücklegen. Die Zeichnung zeigt, wieviel Stunden pro Tag das Boot unter Segel sein müßte. Das gleiche Boot könnte mit zwei erfahrenen, kräftigen Männern 300 bis 500 Seemeilen zurücklegen.

Der schnelle Kreuzer mit 7 bis 9 kn Höchstfahrt und 5 kn Durchschnitt könnte eine Familie an Bord haben, die aus einem Vater mit 75% Erfahrungswert, zwei Jungen mit 50% und einer weniger erfahrenen Mutter besteht. Sie machen in den zwei Wochen eine Passage von 36 Stunden und eine von 24 Stunden und legen 400 bis 500 Seemeilen zurück.

Für die Jungen ist damit wahrscheinlich die Grenze erreicht. Zwei Männer und zwei Frauen, die alle über einige Erfahrung verfügen, werden mehr Meilen hinter sich bringen, denn sie sind eine bessere Besatzung für Nachtwachen und können mehr Nächte auf See verbringen.

Der Motorsegler läuft 6 bis 7 kn und im Mittel 4 kn. Weil die Besatzung gern segelt, würde ein erfahrenes Ehepaar als Besatzung genügen. Es könnte 400 bis 500 Seemeilen schaffen, aber bei längeren Passagen wird das Wachegehen Mühe machen. Wäre ein zweiter, ebenso erfahrener Mann an Bord, könnten in aller Bequemlichkeit mehr Tag- und Nacht-Passagen gemacht und wenigstens 500 bis 600 Seemeilen erreicht werden.

Den Zeiten und Entfernungen sind normale Wetterverhältnisse mit Winden zwischen 2 und 5 Beaufortstärken zugrunde gelegt. Schweres Wetter und Tage, die in Schutzhäfen zugebracht werden, können die Reisestrecken erheblich verkürzen.

Kinder brauchen Hafentage, um sich an Land zu amüsieren und Bewegung zu verschaffen. Aber auch Erwachsene haben solche Bedürfnisse, denn nach mehreren Nächten in See summiert sich die Ermüdung. Der Skipper sollte das berücksichtigen.

Erfolg oder Mißerfolg eines Seetörns hängen ganz entscheidend von der Besatzung ab. Ein Skipper muß viel Zeit und Sorgfalt aufwenden, um seine Besatzung richtig auszuwählen und auszubilden. Es gibt ein altes Sprichwort: „Auf jedem Schiff, das dampft und segelt / ist einer der die Sache regelt." Das gilt auch für eine kleine Fahrtenyacht. Die Besatzung muß jederzeit die Anordnungen des Skippers ausführen, und zwar sofort und in vollem Umfang. In schwierigen Situationen ist eine parlamentarische Debatte undenkbar. Ein Skipper tut gut daran, das seiner Besatzung am Anfang der Reise klipp und klar zu sagen, damit Unklarheiten gar nicht erst aufkommen.

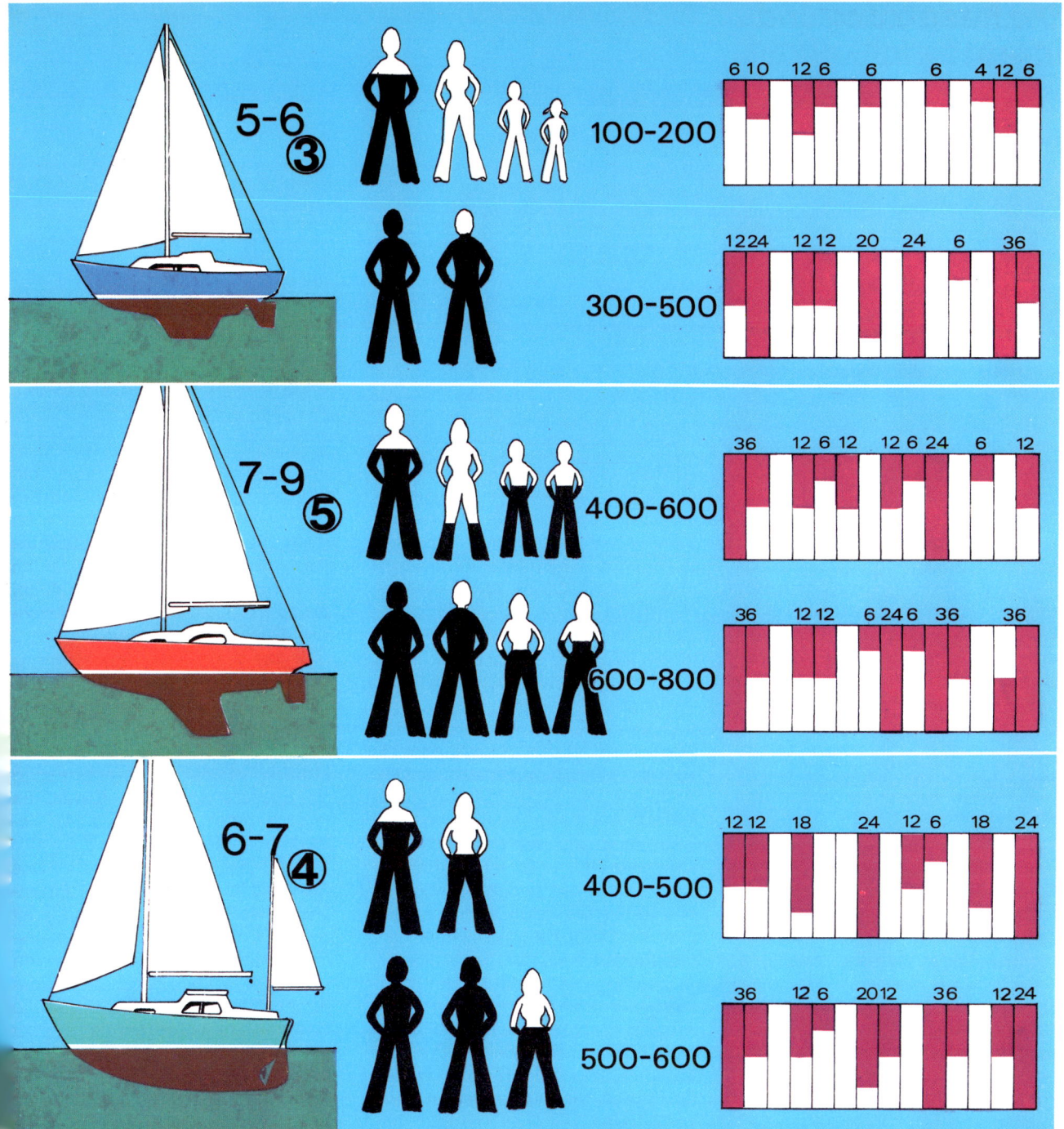

89

Planung einer Kreuzfahrt

Vergnügliches Kreuzen unter Segeln hängt nicht von der Entfernung ab, die in einer vorgegebenen Zeit bewältigt wird. Man muß vielmehr das richtige „Tempo" für sein Boot und für seine Besatzung herausfinden. Man kann mehr Spaß ein paar Meilen vom Heimathafen entfernt haben, als wenn man riesige Distanzen zurücklegt.

Wie weit – in welcher Zeit?
Hier ist ein erdachtes Revier, das die verschiedenartigsten Fahrstrecken ermöglicht. Man achte auf die Pfeile, die die zu erwartenden Winde nach Richtung und Stärke erkennen lassen. Hafen A ist ungeeignet, weil Leeküsten überwiegen. Von ihm aus lassen sich aber zwei Orte erreichen. Die Route A1 ermöglicht insgesamt 520 sm, A2 560 sm und A3 640 sm. Alle drei bieten Raum- oder Vormwind-Kurse und lange Schläge nach Hause. A1 erfordert zum Schluß eine kurze Kreuzstrecke.

Hafen B bietet kürzere Distanzen bei der Küstenhopserei. B1 erfordert jeden Tag kurze Kreuzkurse und bietet dafür einen langen Raumkurs nach Hause mit insgesamt 210 sm. B2 bietet zu Anfang einen langen Raumkurs und kurze Schläge gegen den Wind nach Hause, insgesamt 200 sm.

Boote, die B als Ausgangspunkt wählen, können außerdem längere Törns zur Insel oder zu entfernteren Küsten machen. Die Qualität der Besatzung und die zur Verfügung stehende Zeit – in dieser Reihenfolge – müssen den Ausschlag geben. Bei schlechtem Wetter könnte eine Yacht im Hafen einwehen und gezwungen sein, am Ende des Urlaubs das Risiko einer harten Rückfahrt auf sich zu nehmen. Eine Kreuzfahrt sollte Spaß und Erholung bringen. Sie sollte nicht nach Fahrplan und unter Zeitnot verlaufen – das tut das Leben an Land zur Genüge.

Bei einer Kreuzfahrt gibt es nur einen Faktor, der über allem anderen steht, die Sicherheit der Besatzung. Die Sicherheit für das Boot, mögliche Verzögerungen bei der Rückkehr, auch die Tatsache daß das Boot unter Umständen nie dorthin kam, wo es hin sollte, alles dies ist der Notwendigkeit untergeordnet, daß alle Mann an Bord heil und gesund wiederkommen. Leider sterben in jedem Jahr Menschen auf See, die auf kleinen Booten fuhren, nur wegen nachlässiger Vorbereitung und Planung.
Ein wichtiger Gesichtspunkt bei der Planung einer Kreuzfahrt ist die Durchschnittsgeschwindigkeit, mit der man rechnen kann. Ein kleiner Seekreuzer kann zwar manchmal mit sechs Knoten dahinjagen, aber es kann auch bei Flaute und im Gegenstrom festliegen, daher ist es vernünftig, wenn man nur mit zwei bis drei Knoten Durchschnitt rechnet. In Revieren mit vorhersehbaren stetigen Winden vielleicht etwas mehr

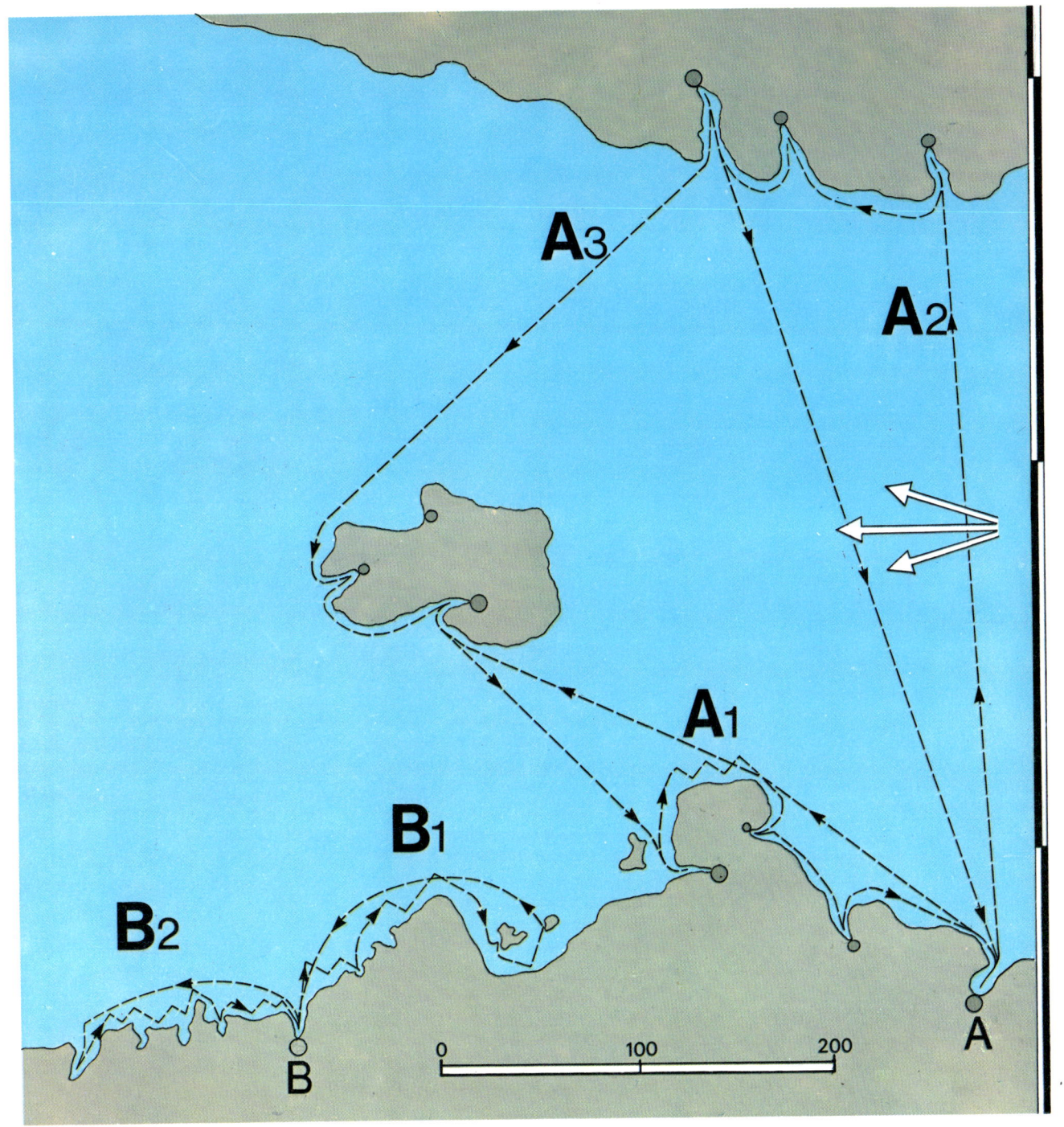

A₃　　　　　A₂

A₁

B₁

B₂

0　　　　　　100　　　　　　200

B　　　　　　　　　　　　　　　　A

Vorbereitungen für einen Seetörn

A

Man braucht ein solides und geeignetes Boot mit der entsprechenden Ausrüstung, Vorräte, Ersatzteile und Navigationsunterlagen.

A. Seekarten, Seehandbücher, Jahrbücher und Leuchtfeuerverzeichnisse müssen auf den letzten Stand sein, Tafeln, Instrumente und Zeichenutensilien einsatzbereit. Der Skipper muß die Grundlagen der Navigation beherrschen. Unabdingbar sind Kompaß, Log und Lot (Blei- oder Echolot). Aber diese Instrumente sind nur so lange etwas wert, wie sie genau anzeigen, und im übrigen auch nur, wenn der Benutzer mit ihnen umzugehen versteht.

Eine Seekarte, die nicht auf den letzten Stand berichtigt ist, ist eine echte Gefahrenquelle. Gefährlich ist es auch, zu wenig Karten zu haben. Man braucht Seekarten großen Maßstabes für Häfen und Flußmündungen und solche kleineren Maß-

stabes zum Koppeln auf See. Schon einige Tage vor dem Auslaufen verfolgt man alle Wetterberichte, damit man die Wetterentwicklung beurteilen kann. Man sollte alles, was man über das Segelrevier finden kann, lesen, damit einem die Segelanweisungen unterwegs vertraut klingen. Besonders wichtige Informationen werden gekennzeichnet. Es ist ratsam, auch Kurse und Distanzen, Gezeitenströme und mögliche Routen vorher auszuarbeiten. Zwar wird man sich wahrscheinlich nicht daran halten können, weil sich die Umstände inzwischen geändert haben, aber man kennt dann wenigstens die Probleme.

Zur Planung gehört, daß man alle auf dem Weg zu meidenden Gefahren kennzeichnet und die Passierabstände festlegt. Diese hängen von der erreichbaren Genauigkeit der Navigation, Wetter und Stromverhältnissen ab.

Genaue Instrumente

B. Kompaß und Log müssen regelmäßig kontrolliert werden. Besonders einfach ist eine Kompaßkontrolle, wenn man sich im (unmagnetischen) Schlauchboot schleppen läßt und den Peilkompaß immer dann abliest, wenn sich Achterstag und Mast decken. Die Yacht läuft dazu nacheinander in die Hauptkompaßrichtungen — Nord, Nordost, Ost, Südost usw. Man notiert jeweils die Differenz zwischen den Kursen am Steuerkompaß und den Peilungen. Das Log läßt sich mit dem einer anderen Yacht vergleichen. Man kann auch, wenn kein Strom läuft, eine Meßstrecke zwischen Tonnen durchfahren.

C. An vielen Küsten gibt es Baken für Meilenfahrten. Sie sind auf den Karten eingezeichnet. Man läuft bei Stauwasser an ihnen vorbei oder mittelt nach mehreren Durchgängen.

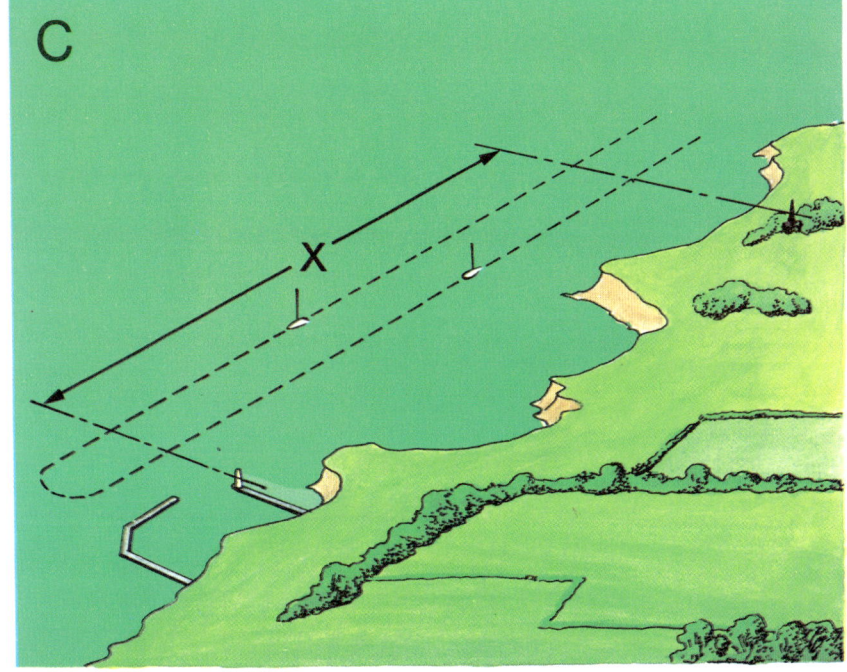

Das Wetter

In einigen Regionen der Erde folgt das Wetter saisonbedingten Mustern, in anderen wechselt es ständig. Es gibt auch Gebiete, in denen im Sommer Windstillen vorherrschen, die von Stürmen unterbrochen werden; diese haben für jedes Klima und jede Zone einen ganz besonderen Charakter, wie die „Buster" aus dem Süden bei den Antipoden oder der Mistral im westlichen Mittelmeer. Der Fahrtensegler muß sein Klima kennen und wissen, was er zu erwarten hat.

In Gebieten, wo Hochs und Tiefs aufeinander folgen, muß der Wechsel zwischen schönem und schlechtem Wetter, das „Bild" des Wetters also, schon einige Tage vor dem Auslaufen beobachtet werden. Man kann den Vorhersagen weit besser folgen und sich darauf einstellen, wenn man etwas über den Trend der Wetterentwicklung weiß.

In der hier sehr vereinfachten Wetterkarte stehen die Zahlen für eine Periode von 5 Tagen. In 1 zieht die Depression Y durch, es flaut ab, das Wetter bessert sich. Am nächsten Tag (2) entwickelt sich ein Hochdruckkeil, der bis zum folgenden Tag anhält (3), wobei es auf See sonnig und ruhig ist. Der Unerfahrene könnte versucht sein, jetzt zu einem längeren Seetörn auszulaufen. Die Tage 4 und 5 bringen aber eine neue Depression X und wieder windiges Wetter. Der erfahrene Skipper, der das tägliche Wetter studiert, wird erkennen, daß die schönen Tage nichts anderes waren als die Folge eines Hochdruckrückens zwischen zwei Tiefs. Er wird entweder so auslaufen, daß er den Rücken für eine Fahrt über See ausnutzen kann, oder warten, bis das zweite Tief durchgezogen ist.

Nicht nur die Stärke des Windes und dementsprechend der Zustand der See sind vom Wettergeschehen abhängig, sondern auch die verschiedenen Richtungen, aus denen der Wind weht, und alles zusammen sollte bei der Planung eines Törns berücksichtigt werden. In Gebieten, wo sommerliche Windstillen die Regel sind, muß man seine Passagen den thermischen Winden des Tages und der hereinbrechenden Nacht anpassen — oder seine Tanks mit Brennstoff füllen.

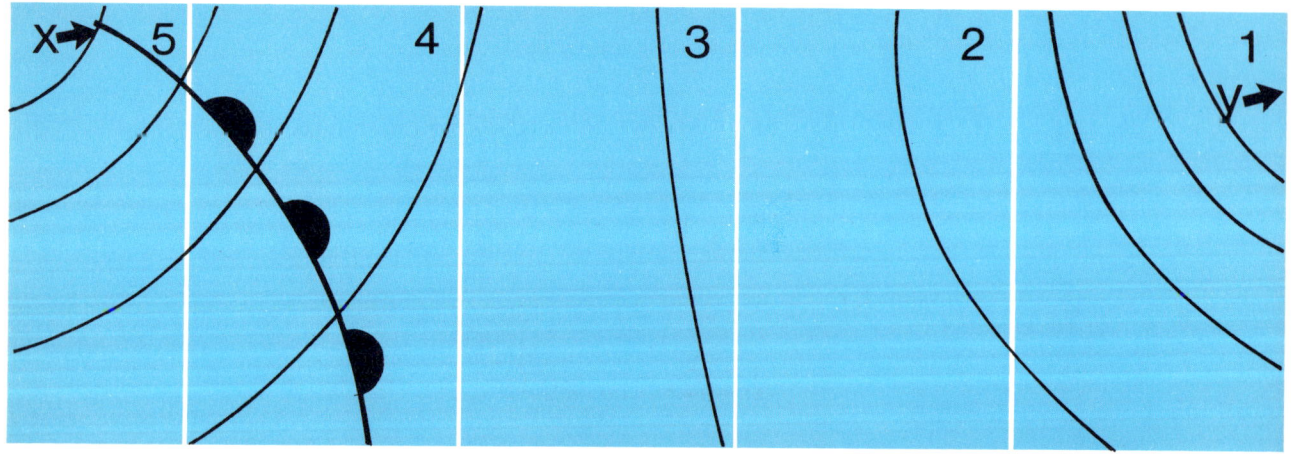

Der Wind und die Planung

Normalerweise vermeidet man bei einem längeren Seetörn nach Möglichkeit das Gegenanknüppeln und plant seine Route dementsprechend. Man kalkuliert auch ein, daß man seine Pläne ändern muß, wenn der Wind umspringt. In einigen Klimazonen ist es unmöglich, Seetörns nach bestimmten Windrichtungen zu planen, weil die Luftbewegungen dort zwischen Stille und frischen bis starken Winden ständig schwanken und zudem aus allen denkbaren Himmelsrichtungen kommen.

Die Karte zeigt eine typische Planung für einen mit relativ großer Wahrscheinlichkeit zu erwartenden Wind. Das Ziel ist die Insel vor der Küste. Anstatt sie aber hart am Wind anzusteuern, was vielleicht 48 Stunden oder länger dauern würde, macht der Skipper erst einmal zwei Tagestörns von 45 und 75 sm an der Küste entlang nach B und C, wo jeweils die Nacht im Hafen verbracht wird. Er kann dann bequem mit raumem Wind die 130 sm zum Hafen D ablaufen. Der Rest des Törns besteht aus einem kurzen Kreuzschlag nach E, einem Raumkurs zum Inselchen F und einem geruhsamen Heimweg (punktierte Linie).

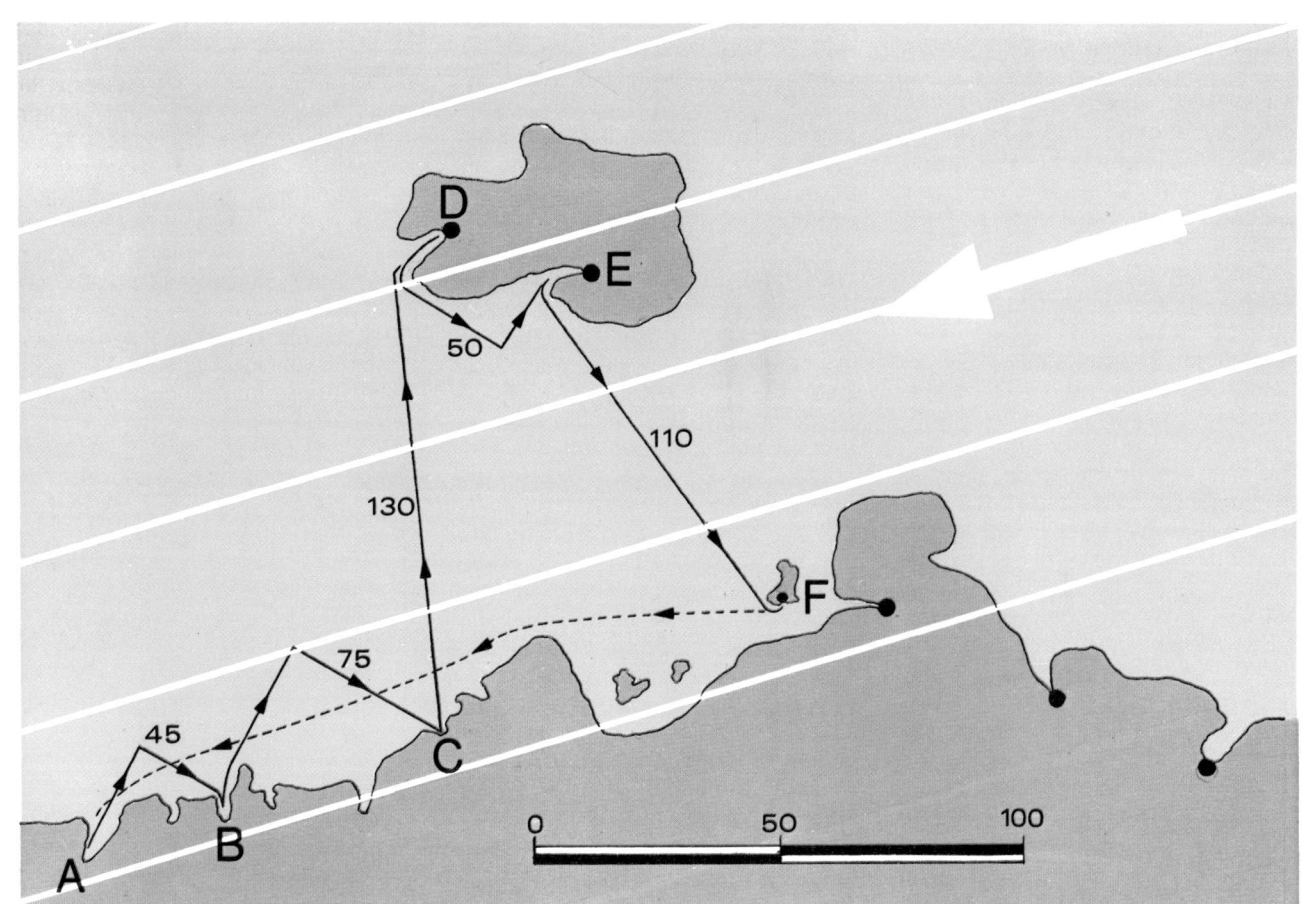

Kreuzen zum Ziel

Es gibt eine gute alte Regel, wenn man kreuzen muß, vor allem bei längeren Distanzen über See. Und das ist: Segle stets den direktesten Weg zum Ziel. Damit meint man, daß man sich nicht auf große Abenteuer weit seitwärts vom Hauptkurs einlassen soll und seine Schläge immer so legt, daß man das Ziel in Luv vor sich hat. Dann wird jede Änderung der Windrichtung zum Vorteil, was sie vielleicht nicht wird, wenn man zu weit nach der einen oder anderen Seite abgewichen ist. Will man das in ein System bringen, so spricht man von der sogenannten 10°-Regel.

Kurz gefaßt besagt diese Regel, daß man seine Kreuzschläge in einen Sektor legen soll, der seine Winkelspitze im Zielpunkt hat. Die Abbildung zeigt, wie das funktioniert:

Bei A starten zwei Boote, nennen wir sie „Eins" und „Zwei". Sie wollen beide zum Punkt B, der direkt im Wind liegt, segeln. Wir wollen annehmen, daß beide Boote am besten mit 45° am Wind segeln und beide 5 kn laufen.

Beide Boote segeln zuerst nach C. Dort wendet „Eins", da der Skipper nach der 10°-Regel segeln will. „Zwei" will dagegen die ganze Distanz mit zwei Schlägen schaffen und hält daher bis zum Punkt D durch, wo es über Stag geht. Bleibt der Wind konstant in der Richtung V1, sollten beide Boote gleichzeitig

nach 8½ Stunden in B eintreffen. Die tatsächliche Distanz ist dann ADB = 42,6 sm. In diesem Fall gibt die Regel keinem einen Vorteil.

Nehmen wir nun an, daß der Wind plötzlich in Richtung V2 dreht, wenn die Boote bei F bzw. bei E liegen und in 5½ Stunden 27,3 sm gesegelt haben. Jetzt wird die Situation für „Eins" bedeutend günstiger als für „Zwei". „Eins" kann hoch am Wind bis B, eine Distanz von 10,6 sm, anliegen, was es in gut zwei Stunden schaffen sollte. „Zwei" dagegen muß auch weiterhin kreuzen, muß bei G über Stag gehen und hat von E aus gerechnet 21,6 sm zu segeln und braucht 4½ Stunden, um B zu erreichen.

Dreht der Wind auf V3, kann „Eins" wiederum die 10,6 sm bis B anliegen. „Zwei" dagegen hat den längeren Weg von E, ca. 15,3 sm. Laufen beide Boote gleichviel, so sollte „Eins" eine knappe Stunde vor „Zwei" am Ziel sein. In Wirklichkeit wird der Vorsprung etwas kleiner sein, weil „Zwei" ja halben Wind hat und etwas höhere Fahrt laufen wird.

Die Regel kann auch angewendet werden, wenn das Ziel nicht direkt im Wind liegt. Die Kreuzschläge werden dann natürlich nicht gleich lang. Man beginnt mit einem langen Streckbug, denn wie gesagt, soll man immer so direkt wie möglich zum Ziel hin segeln.

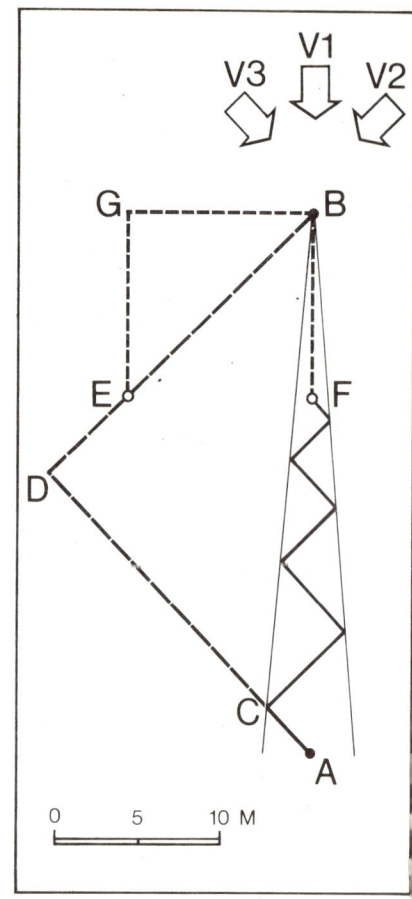

Gezeitenstrom-strategie

In der Ostsee braucht man nicht mit Gezeitenströmen zu rechnen. In anderen Seegebieten können solche Ströme zu einem nur schwer zu meisternden Problem werden. Aber auch in der Ostsee gibt es permanente Ströme, auf die man Rücksicht nehmen muß.

In der Abbildung trifft man bei einem Törn von 36—38 Stunden auf einen sechsmaligen Gezeitenwechsel. Mit dem Anfang von unten in der Abbildung treibt das Boot mehrmals mit dem Strom W aus dem Generalkurs V und wieder zurück. Der Skipper hat einen Überschlag gemacht, wann er am Ziel sein könnte und hofft nach 36 Stunden so zu stehen, daß der Strom ihn elegant vom Punkt X nach Luv direkt vor die Hafeneinfahrt setzt.

Es kann natürlich passieren, daß der berechnete Zeitplan nicht eingehalten werden kann und daß man nach 36 Stunden erst bei Y liegt (kleine Skizze). Man hat immer noch einen Gezeitenstrom, der nach Luv setzt und auf den man seine Hoffnung setzen kann. Die Annäherung an die Küste geschieht aber gerade im Zeitpunkt, in dem der Strom kentert und einen nach Lee vom Ziel versetzt. Man legt daher den Kurs in der Zeit, in der der Strom nach Luv vom Generalkurs versetzt, höher an den Wind und erreicht Z im Luv vom Generalkurs, wenn der Strom kentert.

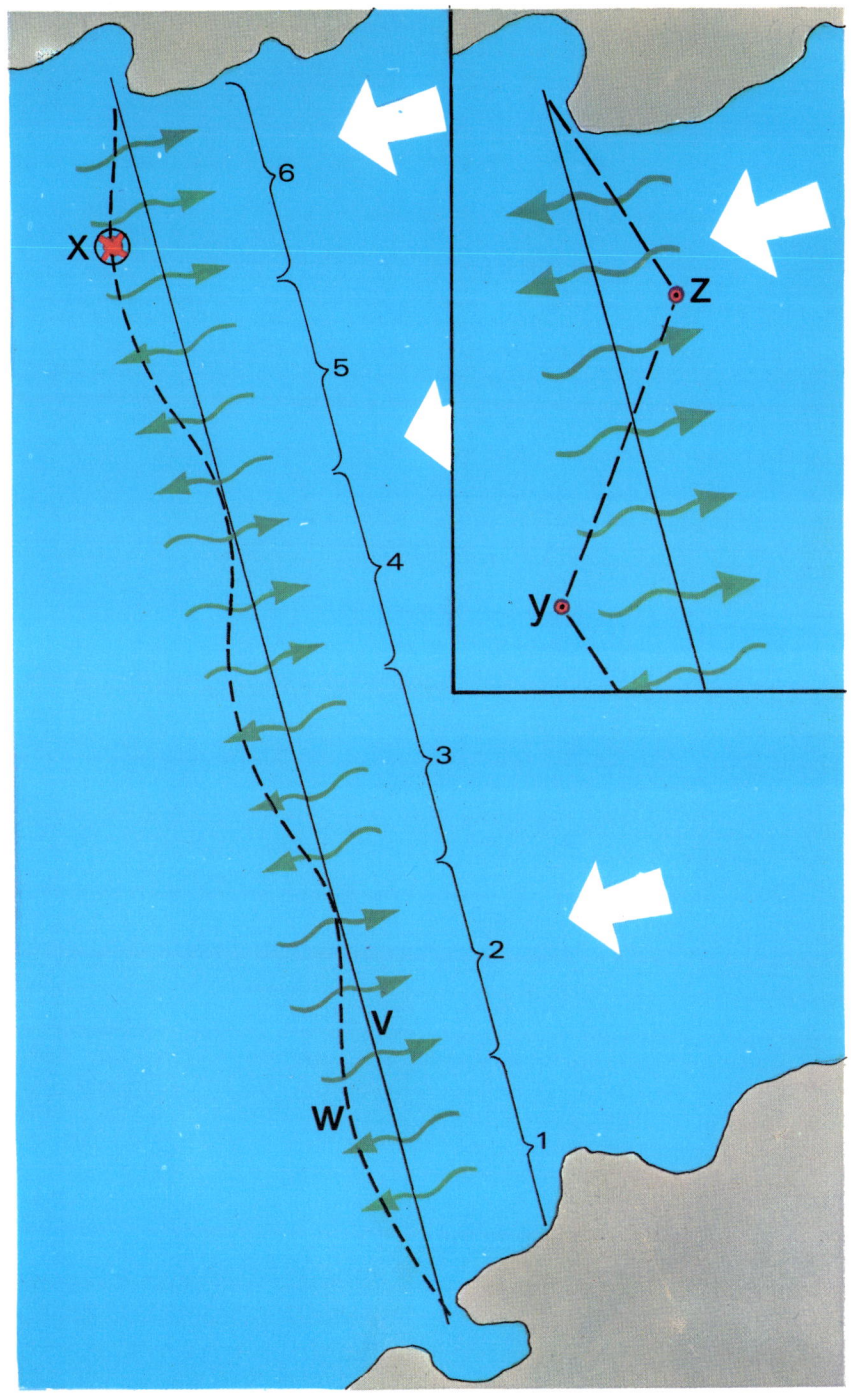

Der Landfall

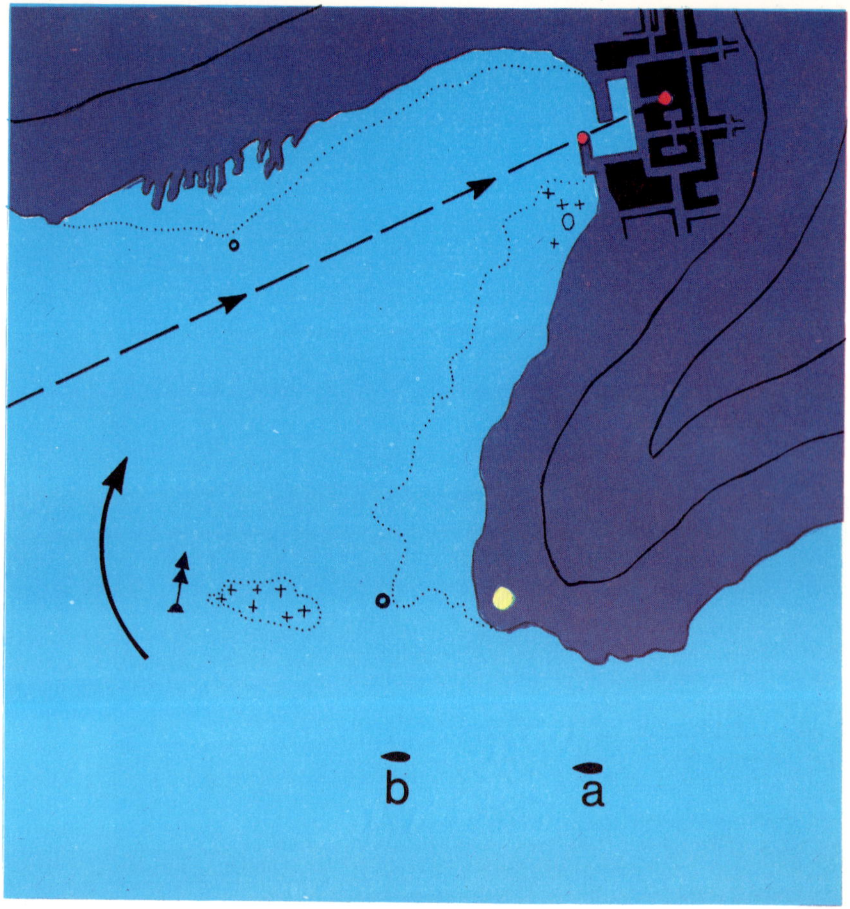

Wenn man den angesteuerten Hafen nicht kennt und die Fahrt dorthin lang und anstrengend war, muß man bei der Annäherung besonders vorsichtig sein. Das Boot in der Abbildung steht in a oder b, und es ist Nacht. Von a aus sieht man den Widerschein der Lichter einer Stadt und ein oder zwei Feuer. Von b sieht man ein Lichtermeer. Man könnte versucht sein, direkt darauf zuzuhalten. Der Navigator muß indessen die Befeuerung eindeutig identifizieren und die Feuer heraussuchen, die für das sichere Einlaufen am wichtigsten sind. In diesem Fall müssen zwei Richtfeuer von einer Position ziemlich weit außerhalb der Bucht in Linie gebracht werden. Wenn er die Handbücher vor Fahrtbeginn studiert hat, weiß der Navigator, auf was er achten muß. Wenn aber irgend etwas nicht eindeutig klar ist oder irgendwie nicht zu stimmen scheint, darf man unter keinen Umständen einlaufen, bevor das Rätsel gelöst ist. Vielfach werden an Land auch starke Feuer mit Kennung sichtbar, die nicht für die Schiffahrt bestimmt sind, sondern zu einem Flughafen gehören.

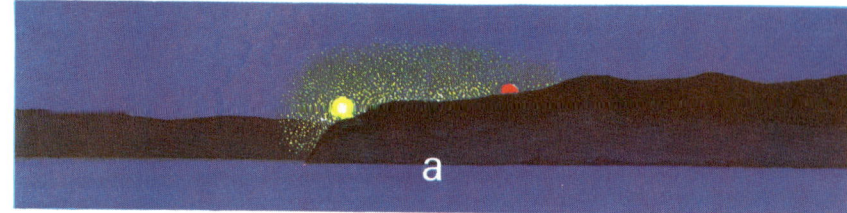

a

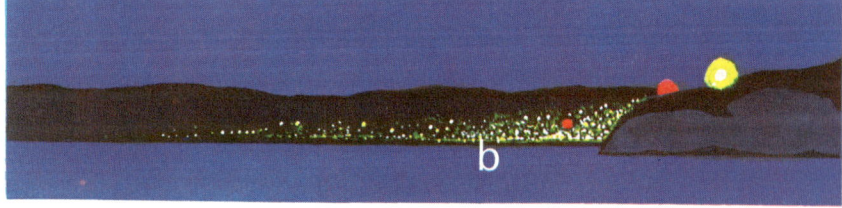

b

Hafenfeuer

Wo es keine Richt- oder Begrenzungsfeuer für das sichere Einlaufen gibt, müssen die Hafenfeuer genau ausgemacht werden. Außerdem sollte man die Karte sorgfältig nach wenig auffallenden Gefahren absuchen, die möglicherweise nur durch unbeleuchtete Tonnen oder Baken gekennzeichnet sind.

Sehr oft sind die Einfahrtsfeuer grüne und rote Festfeuer. Leider sind sie oft sehr schwach im Verhältnis zu den roten und grünen Lichtern der Stadt — Tanzlokalen, Garagen,

Neonreklamen usw. Man steuert dann nur zu leicht ein falsches Licht an. Man bestimmt so gut es geht seinen Schiffsort und stellt fest, in welcher Peilung das *richtige* Feuer liegen muß. Wenn man seine Position nicht genau festlegen kann, darf man nur mit äußerster Vorsicht weiterfahren und muß Lotungen mit den Kartenangaben vergleichen. Man entnehme der Karte die Lage der Gefahrenpunkte und nehme die Ansteuerung so vor, daß man solche Gebiete meidet, bis man die richtigen Feuer herausgefunden hat.

Navigationsfehler

Auch wenn man die einfachen und grundlegenden Regeln der Navigation beherrscht, kann es zu falschen Ergebnissen kommen. Das ist indessen nicht so schlimm, wenn man die möglichen Fehlerquellen ebenfalls kennt.

Ein Kursfehler von einem Grad entspricht nach 60 Seemeilen einer seitlichen Abweichung von einer Seemeile (A). Fehler von drei und mehr Graden sind aber wahrscheinlicher: Der Navigator sieht auf seiner Fahrt von Hafen zu Hafen in B zwei Kaps vor sich, als er seinen Landfall machen will. Wenn er jetzt die möglichen Fehler nicht kennt, weiß er nicht, welches von beiden er ansteuern soll, und es ist nicht ausgeschlossen, daß er voller Zuversicht auf eine Stelle zuläuft, von der er glaubt, daß dort der Hafen liegt, während er in Wirklichkeit auf einen gefährlichen Küstenstreifen zuhält. Durch überschlägiges Abschätzen aller möglichen Kursfehler (Steuerfehler, Kompaßfehler, Stromversetzung, Logfehler, Abtrift usw.) ergibt sich ein „Kasten", in dem die Yacht stehen muß (C). Das ist zwar keine exakte Navigation, führt aber bei einem Landfall zu etwas mehr Sicherheit.

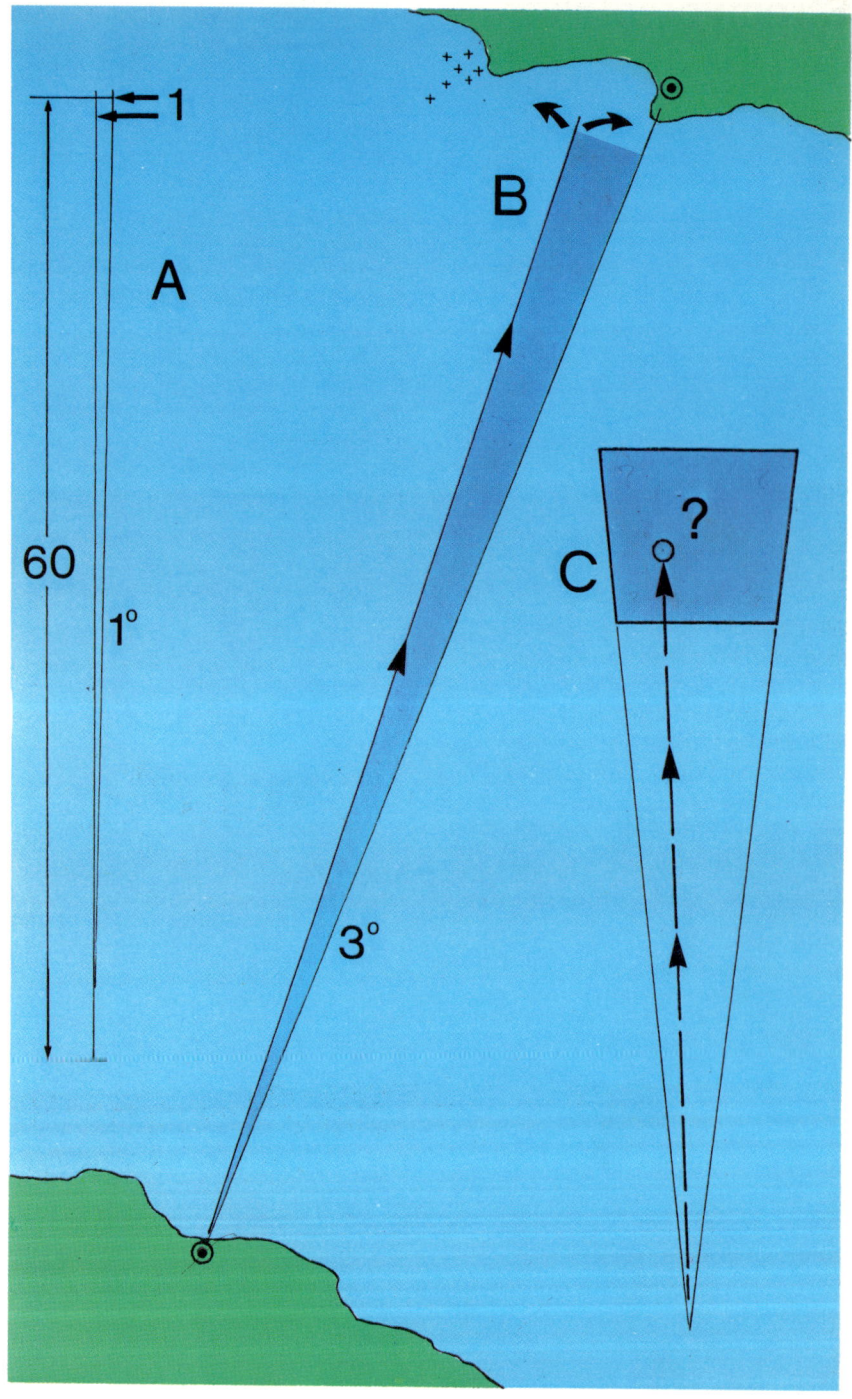

Stromversetzung und Abtrift

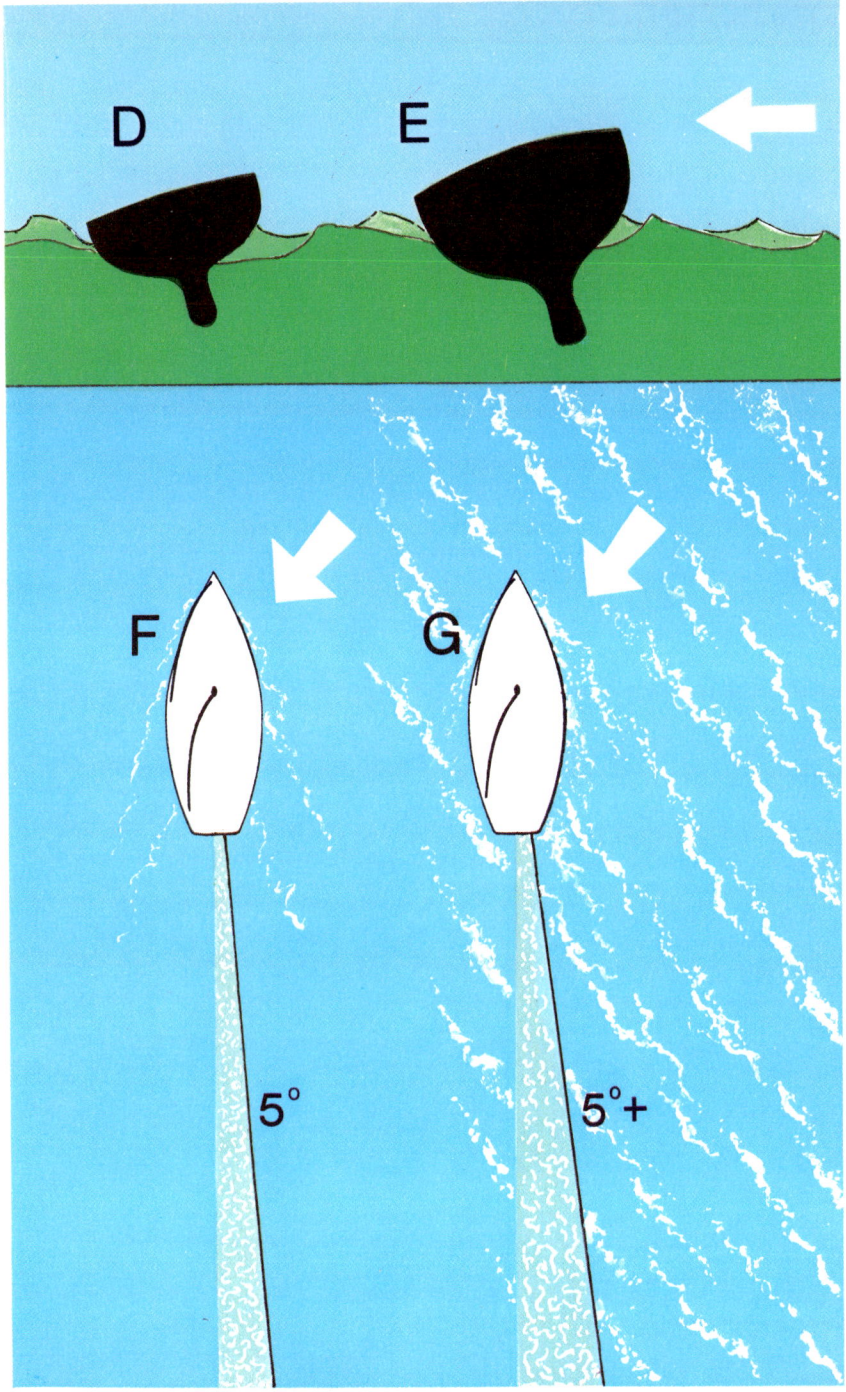

Bei schwerem Wetter entsteht durch den Wind eine Wasserbewegung nach Lee. Sie beeinflußt leichte, flachgehende Fahrzeuge mehr als tiefgehende und schwere. D treibt schneller als E. Die direkte Windabtrift hängt von der Bootsform ab, vom Kurs zum Wind und von der Höhe der Wellen. Boot F hat bei glattem Wasser 5 Grad Abtrift, sie kann aber bei seitlicher See und mehr Wind auch doppelt so groß sein (G).

Die Abtrift läßt sich schätzen. Man peilt das Kielwasser und vergleicht mit dem gesteuerten Kurs. Am genauesten geht das mit einem am Heck aufgestellten Peildiopter, dessen Null auf die verlängerte Mittschiffslinie eingestellt wird.

Die Stromversetzung durch Gezeitenströme spielt bei der Navigation in Tidengewässern eine außerordentlich große Rolle. Man findet die Stromrichtung und Stärke in den Gezeitenatlanten, in englischen Karten auch in der Karte selbst. Wenn man bei der Planung die Gezeitenströme außer acht läßt, verliert man ganz unnötig viel Zeit. Das Ausnutzen der Gezeiten kann andererseits große Vorteile mit sich bringen.

Steuerfehler

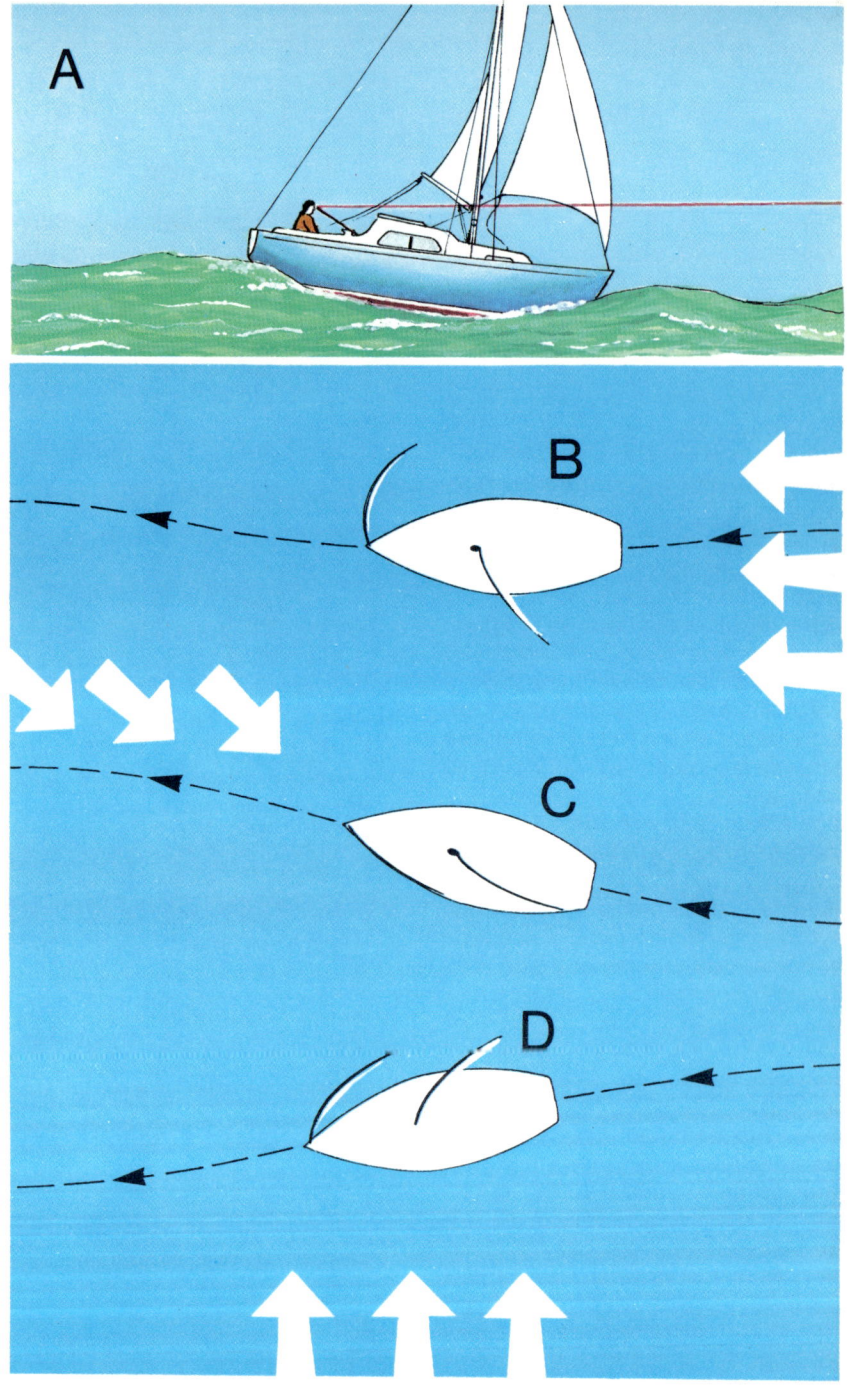

Wenn der Rudergänger immer nur auf den Kompaß starrt, wird er leicht müde, und ungenaues Steuern ist die Folge. Er sollte abwechselnd auf den Kompaß, den Bug des Bootes und den Horizont, beziehungsweise bei Nacht auf die Sterne blicken. Dadurch wird er ganz unbewußt das Abweichen des Bootes von seinem Kurs korrigieren. A braucht nur selten zur Kontrolle einen Blick auf den Kompaß zu werfen.

Steuert ein Rudergänger genau vor dem Wind, wird er unbewußt stets ein wenig nach Luv halten, um sich vor dem unbeabsichtigten Halsen zu schützen (B). Ein Bullenstander dient zur Beruhigung des Rudergängers, und die Folge ist ein genauer Kurs. Wenn See steht und der Mann am Ruder nicht viel Erfahrung hat, ist es besser, ihm einen Kurs aufzugeben, den er gut steuern kann, statt eines, den er nur selten einhält. Der Rudergänger in C segelt hart am Wind; in den Böen wird er zum Anluven neigen, und die Folge wird ebenfalls ein Steuerfehler nach Luv sein. Segelt ein stark luvgieriges Boot auf raumem Kurs, wird auch leicht ein Kursfehler nach Luv entstehen (D).

Logfehler

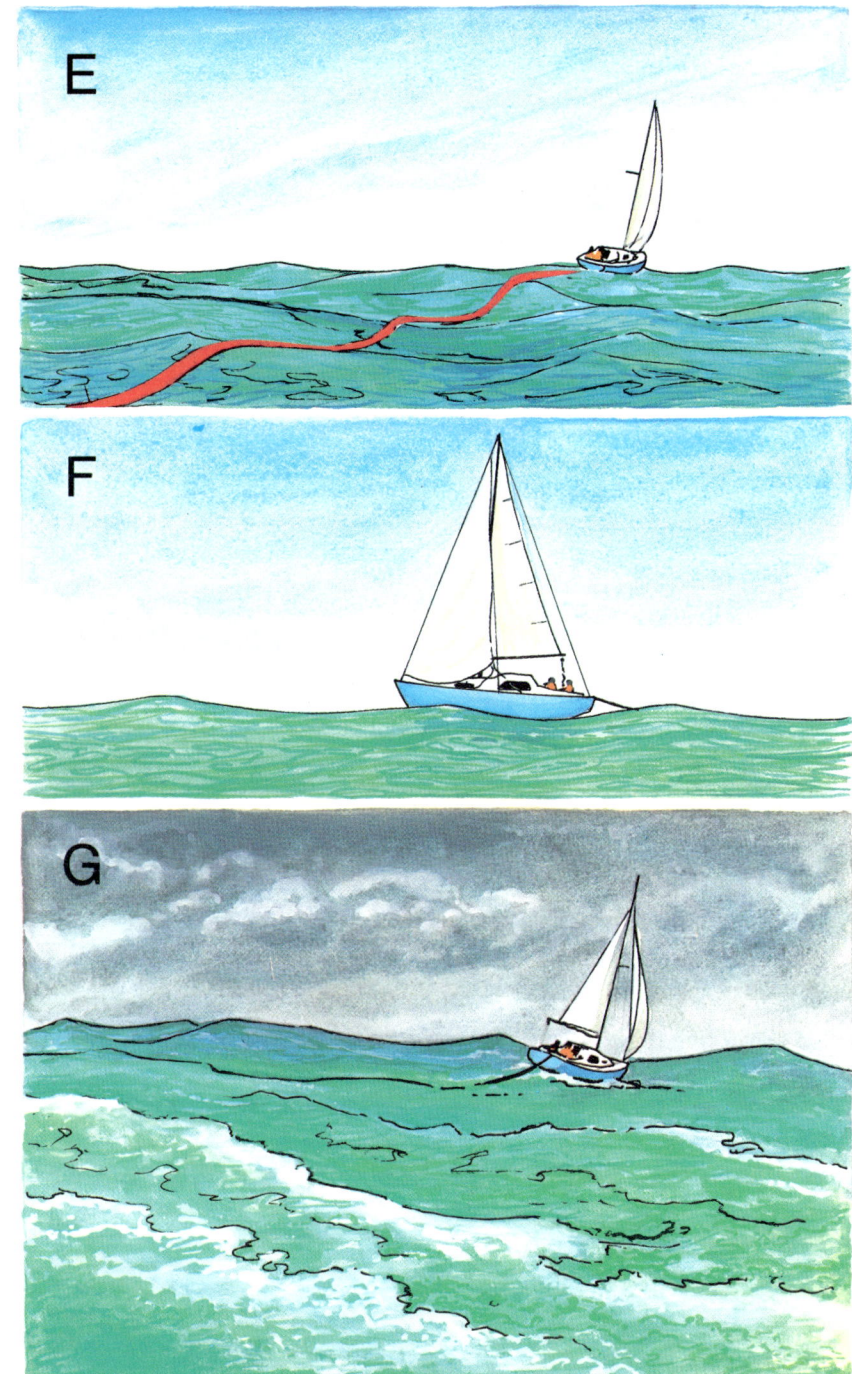

E

F

G

Steuern nacheinander mehrere un-
aufmerksame Rudergänger unge-
naue Kurse, wird das Log eine zu
große Gesamtdistanz anzeigen (E).
Bei sehr schwachem Wind, wenn
das Boot nur wenig Fahrt macht
(F), zeigen viele Logs, besonders
nachgeschleppte, zu wenig an. Bei
steiler, nachlaufender See zeigt ein
Log manchmal zuviel an (G). Am
stärksten sind davon nachgeschleppte Logs betroffen, aber
auch andere Typen, darunter elek-
tronische Logs, können zu hohe
Zahlen zeigen. Im Idealfalle sollten
die Logs an der Außenseite des
Rumpfes zwei Impeller haben, weil
auf den beiden Seiten des Kiels
der Druck ständig wechselt.
Es kann lebenswichtig sein, genau
zu wissen, wie viele Seemeilen
man abgelaufen hat, wenn man
sich bei schlechtem Wetter und
schlechter Sicht einer Küste nähert. Funkpeilungen sind nicht immer verläßlich und die Angaben
des Echolotes stimmen nicht immer mit der Seekarte überein.
An vielen Stellen der Küste finden
sich Baken, die eine genaue Distanz für Meilenfahrten anzeigen.
Man sollte jede Gelegenheit zu einer
solchen „Meilenfahrt" ausnutzen.

Erwartung als Fehlerquelle

Ein lang erwartetes Feuer kommt plötzlich in Sicht, genau da, wo es sein soll. Der Navigator wird in seinem Glauben bestärkt, daß er auf Kurs B segelte und die Leuchttonne Y sieht. Vielleicht sieht er sogar Hafenlichter genau dort, wo er sie erwartet. Er ändert Kurs und hält darauf zu.

Tatsächlich war er jedoch auf Kurs A und steuert auf die Tonne x zu. Der Hafen ist gar kein Hafen. Er muß jetzt viel Glück haben, um nicht zu stranden. Man muß ein Feuer *immer* nach Art und Kennung identifi-

zieren, auch wenn man ganz sicher glaubt, daß es das gewünschte Feuer ist. Dann muß man die Karte zu Rate ziehen, um deren Angaben mit der Wirklichkeit zu vergleichen. Wenn man erschöpft ist, muß man besonders gut aufpassen, denn Übermüdung gaukelt einem leicht Halluzinationen von Lichterscheinungen vor.

Es wurde schon gesagt, daß vielfach Feuer großer Stärke und deutlicher Kennung auftauchen, die gar keine Seezeichen sind, sondern der Luftfahrt dienen.

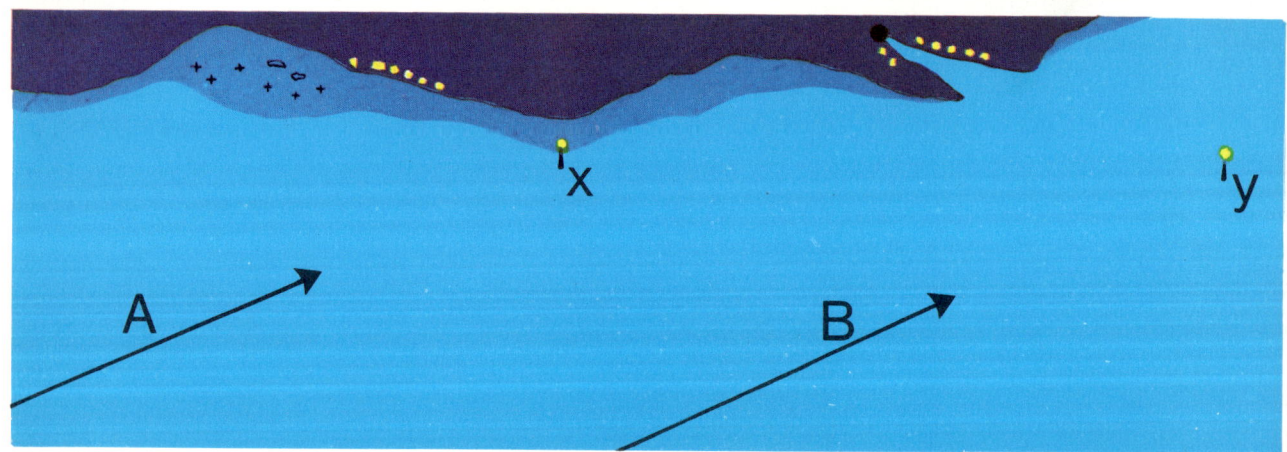

Horizontfehler

Von der Augeshöhe einer kleinen Yacht ist der Horizont nur etwa 3,5 sm entfernt. Alles, was weiter entfernt ist, ist teilweise oder ganz unsichtbar. Die Tonne C kommt von Zeit zu Zeit in Sicht. Nachts wird ihr Licht unter Umständen von Wellenkämmen abgedeckt, so daß man eine falsche Kennung sieht. Man muß die Kennung entfernter Tonnen mehrere Male ausmachen; am besten bedient man sich dazu einer Stoppuhr. Erst wenn man absolut sicher ist, sieht man in die Seekarte. Man vermeidet, daß Wunschdenken das Feuer passend macht. Bei

Tage sieht man nur den Berggipfel D. Auf sehr große Entfernung sieht eine Küste möglicherweise aus wie in E; der Vordergrund liegt noch unter dem Horizont. Bei schlechter Sicht kommt dieselbe Küste erst in Sicht, wenn man dicht davor steht (F). Sie sieht dann völlig anders aus, weil die Klippen im Vordergrund die Berge dahinter abdecken. So kann sich eine Küste ganz verschieden darbieten: als hohe, weit entfernte Berggipfel, als graue Wand — oder als Wand — oder als eine plötzlich in Sicht kommende Brandungskette.

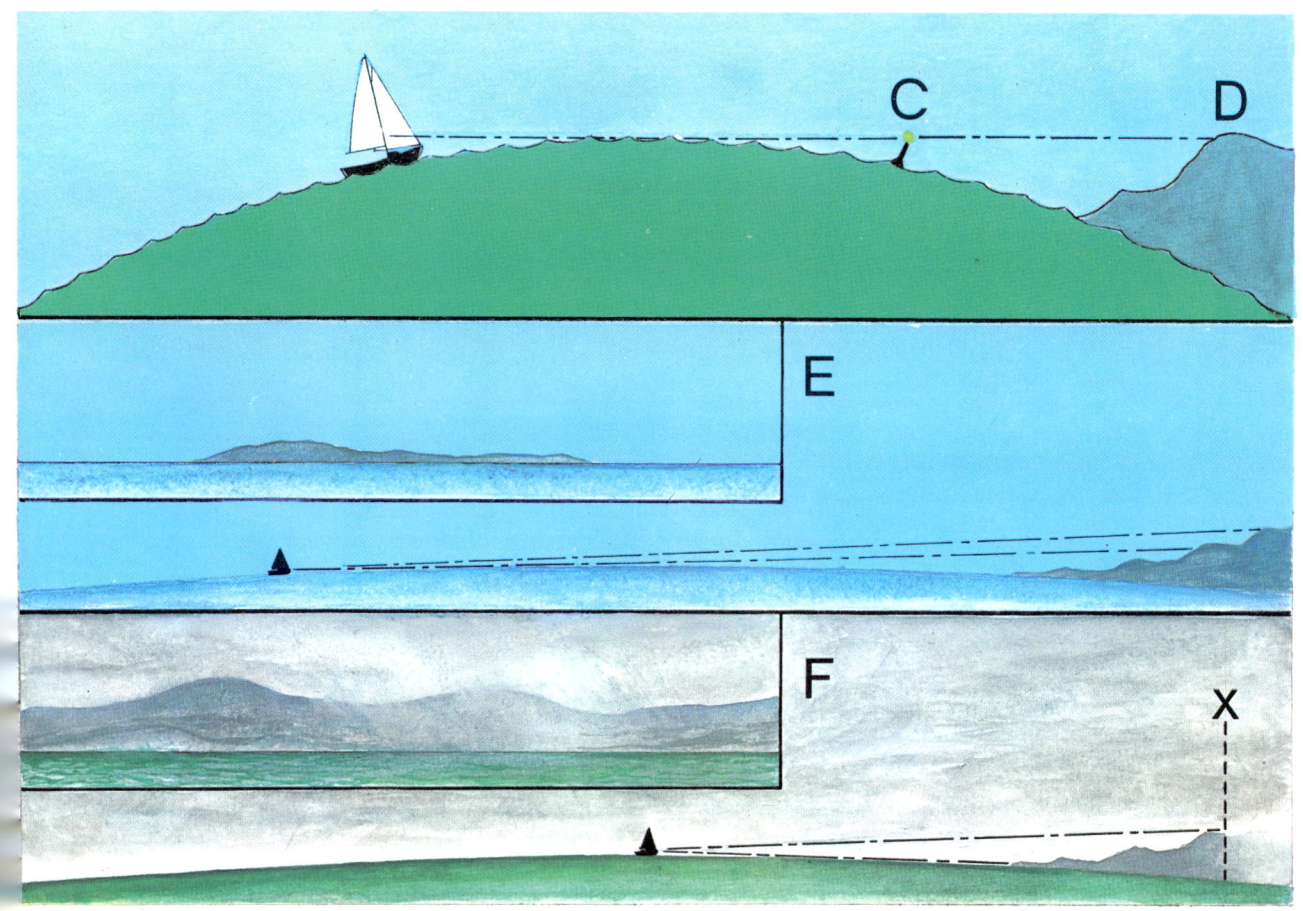

Falsche Kaps

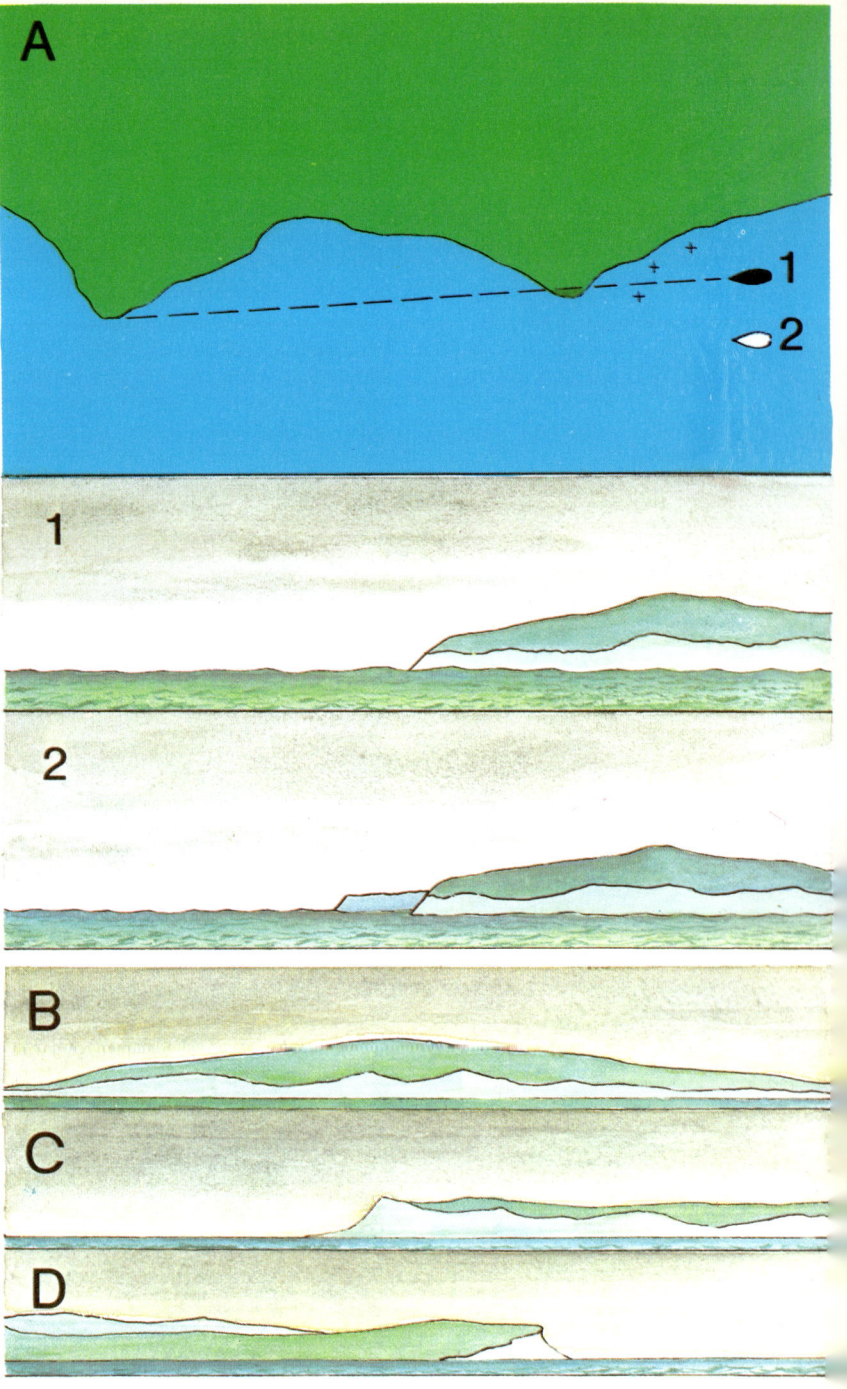

Kaps beherrschen jede längere Küstenfahrt. Starker Strom, hoher Seegang, vorgelagerte Klippen, alles das kann jedes zu einem kleinen Kap Hoorn machen. Sie können auch sehr in die Irre führen.

Ein Skipper, in Position A1 stehend, könnte denken, er wäre in 2 und damit in freiem Wasser; die Küstenkontur sieht in Landnähe aus wie ein Kap. Sobald er aber seewärts in 2 steht, wird das echte Kap dahinter sichtbar.

B, C und D zeigen drei Gesichter ein und desselben Kaps, je nach der Seite, von der man es sieht. Als Navigator hat man gelegentlich durch einen früheren Besuch eine vorgefaßte Meinung, wie ein Kap aussehen sollte. Kommt man beim nächsten Mal aus einer anderen Richtung, erkennt man es nicht — oder hält irrtümlich ein anderes Kap für das erwartete, weil es einem vertraut vorkommt.

Winkel können irreführen

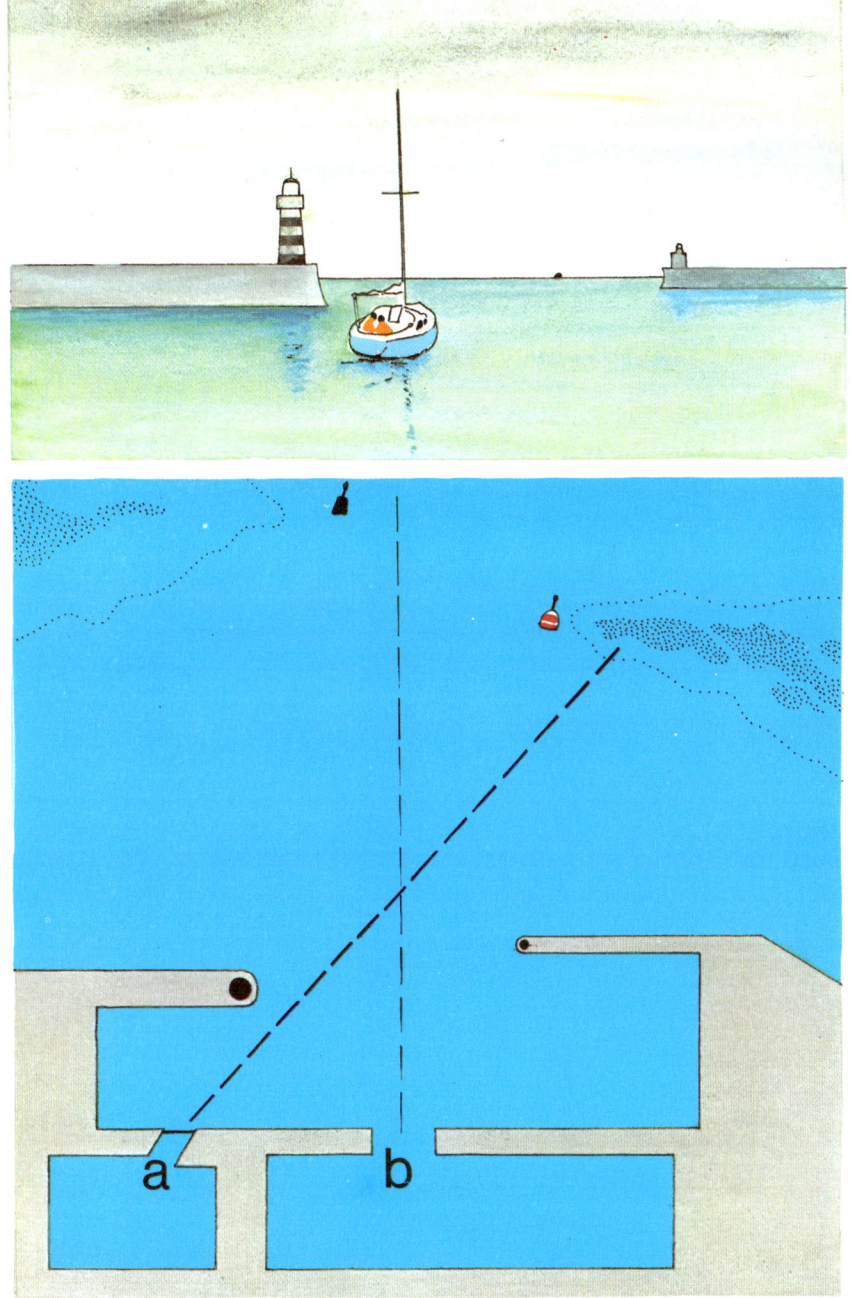

E. Das Boot läuft aus dem Hafen aus. Der Navigator weiß, daß die Tonne, die er ansteuern muß, genau seewärts von der Einfahrt liegt; deshalb macht er sich nicht die Mühe, den Kurs aus der Seekarte zu entnehmen.

Das Boot lag im Hafenbecken a. Wenn es ausläuft, fährt es nicht senkrecht zwischen den Molenköpfen hindurch; dennoch hat der Skipper das Gefühl, als führe er schnurgerade aus dem Hafen nach See, so als ob er aus Becken b käme. Er sieht die am nächsten liegende Tonne, die eine Untiefe bezeichnet, und läßt sie an Backbord, weil er sie für die weiter entfernt liegende Ansteuerungstonne hält. Er läuft auf Grund! Man muß seinen Kurs immer mit dem Kompaß kontrollieren und nie irgendwelche Annahmen machen.

Auf See verliert man unweigerlich jedes Gefühl für Entfernungen.

Weitere Fehler bei der Ansteuerung

Daumennavigation erfordert ein sehr ausgeprägtes Gefühl für Richtung, Position und Orientierung. Sie ist eine Kunst, die man nur schwer erlernt.

In der unten gezeigten Situation sind drei Baken: a steht auf einem weit entfernten Felsen, b an der Begrenzung eines überspülten Wellenbrechers und c auf dem sichtbaren Überwasserteil des Wellenbrechers. Der Navigator sieht sie so, wie es in der oberen Zeichnung dargestellt ist, aber er nimmt keine Notiz von der entfernten Bake a. Leichtsinni-

gerweise hält er b für die Markierung des entfernt liegenden Felsens. Er rundet den Wellenbrecher C und läuft genau über dessen gefährlichen, unter Wasser liegenden Teil hinweg — beziehungsweise, er versucht es.

Was klar und eindeutig zu sein scheint, erweist sich oft als Falle für Leichtsinnige. Das Geheimnis sicherer Navigation liegt im genauen Studium der Seekarte und in der Fähigkeit, die Küstenformationen und sonstige Einzelheiten der Karte mit dem in Übereinstimmung zu

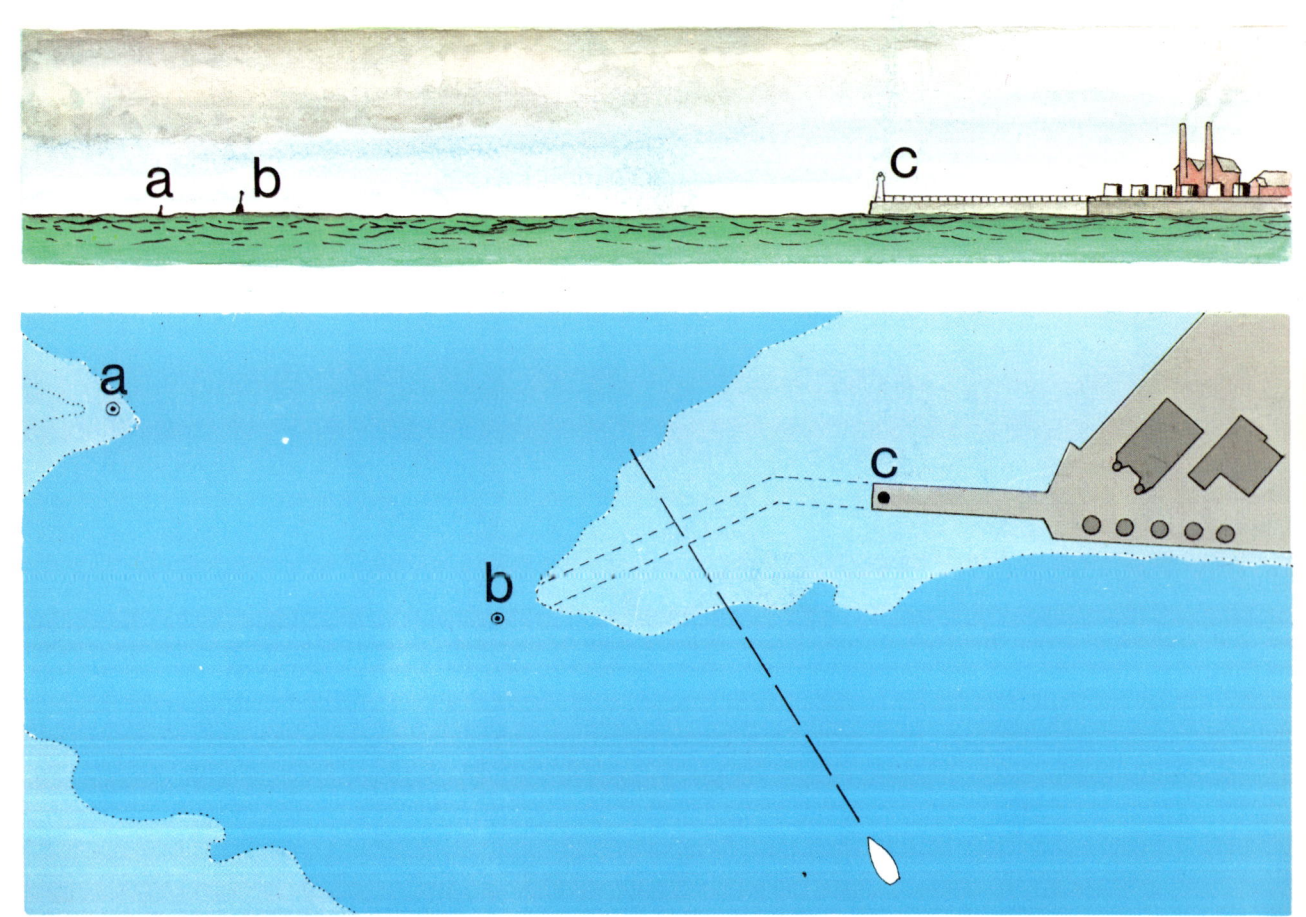

bringen, was das Auge sieht; aber auch darin, den Kurs des Schiffes in eine Beziehung zum Küstenverlauf zu bringen. Wenn man mit starker Strömung rechnen muß, ist es besonders gefährlich, allein mit dem Auge zu navigieren; das Zeichnen eines Stromdreiecks ist dann unerläßlich.

Ein Skipper steuert nach Sicht. Er will das Feuerschiff an Steuerbord lassen und hat es unterlassen, einen Kompaßkurs zu errechnen. Die Karte unten zeigt, daß von Backbord her starker Querstrom setzt. An Steuerbord liegen Untiefen. Der Skipper fährt mit dem Motor, das Gefühl des Windes hilft seinem Richtungssinn nicht. Er wird langsam aber sicher auf die Untiefen versetzt, erst nach a, dann b, dann c. Es ist nur eine Frage der Zeit, wann er auf flachem Wasser sein wird.

Selbst dort, wo sich Tonnen, Baken und Küstenverlauf dem Auge als ganz unproblematisch darbieten, nimmt ein erfahrener Skipper Instrumente zu Hilfe: Kompaß und Peilscheibe.

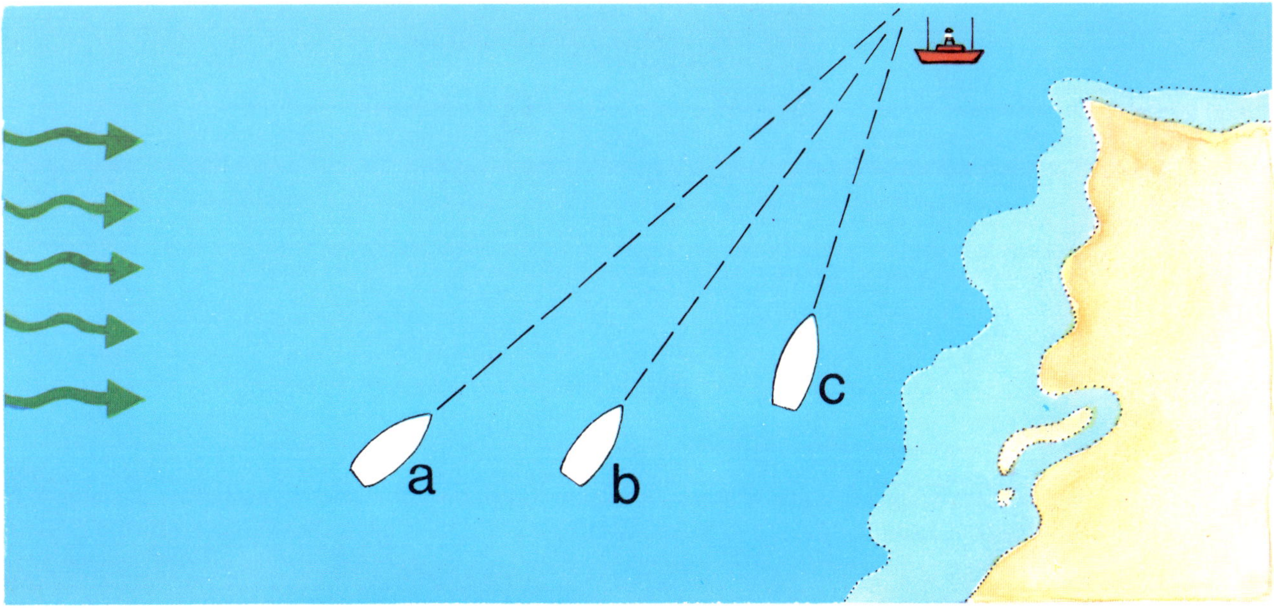

Falsche Peilungen

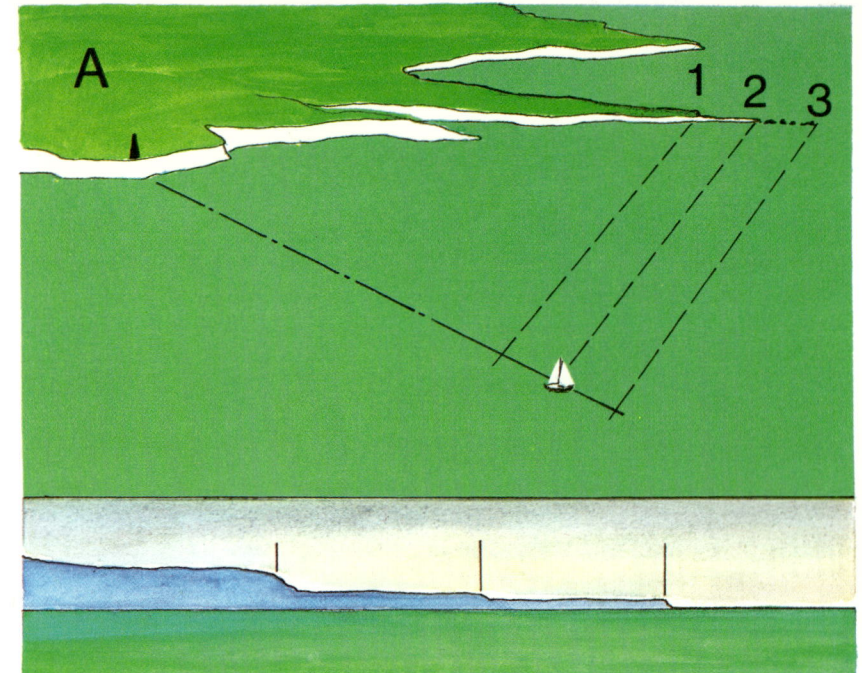

Nur solche Objekte sollten für eine Peilung ausgewählt werden, die klar definiert und zweifelsfrei ausgemacht worden sind. In A ist dies der Fall, aber die Peilung auf ein Kap ist ungenau. Je nach Tide und Sicht kann die Spitze des Kaps in 1, 2 oder 3 sein. Wenn irgend möglich, sollte man drei Objekte zum Peilen heraussuchen.

In B ist der Winkel für einen genauen Schnittpunkt zu klein. Die kleinste Ungenauigkeit des Kompasses oder Seegang kann einen gewaltigen Fehler bewirken. Die Standlinien sollten sich möglichst in einem Winkel von 90° schneiden. In C ist die Zone eines möglichen Fehlers viel kleiner.

Peilungen auf Objekte, die in der Seekarte als „auffallendes Haus" oder ähnlich bezeichnet sind, sollte man unterlassen. Überall an den Küsten sind in den letzten Jahren Neubauten, z. B. von Hotels, entstanden.

Die meisten Fahrtensegler haben sich noch nicht mit den erstaunlichen Möglichkeiten beschäftigt, die ein Sextant in der terrestrischen Navigation bietet: Abstand aus dem Höhenwinkel, Doppelwinkel und anderes mehr.

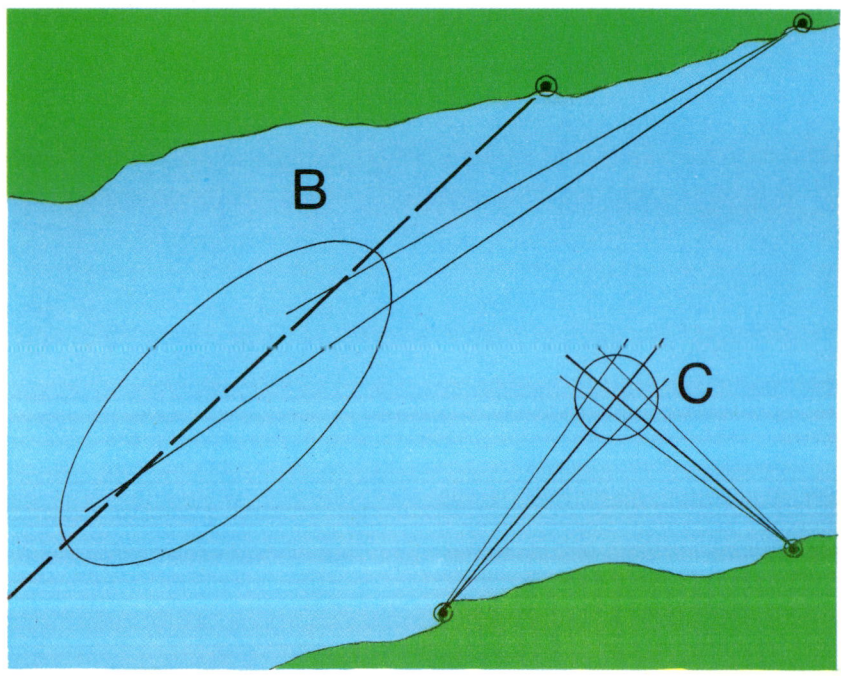

Unzuverlässige Lotungen

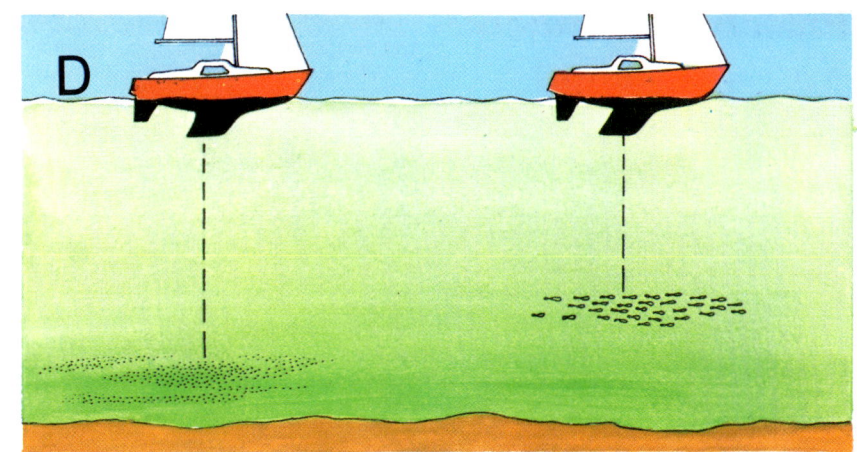

D. Schichten von feinem Schlamm, die im Wasser suspendiert sind, oder große Fischschwärme können dazu führen, daß das Echolot eine falsche Tiefe anzeigt. Auswertungsfehler (E) sind jedoch häufiger. Das Boot findet auf dem Schlag nach Backbord ein sanfteres Ansteigen des Flußbodens vor als bei dem nächsten nach Steuerbord, wo das Flußbett steil abfällt und das Echolot kaum warnen kann. Daher läuft das Boot unter Umständen in 2 auf. Der zweite Schlag nach Backbord führt nach 3, wo das Lot immer noch tiefes Wasser anzeigt, aber nur, weil das Boot hier in eine Senke hineingesegelt ist. Beim Überstaggehen wird es festkommen.

In F hat eine Yacht einen Landfall bei Nebel gemacht. Die Karte zeigt beim Vergleich mit den Lotanzeigen, daß das Boot bei 4 sein könnte, während es in Wirklichkeit in 5 steht.

Bei Annäherung an eine Küste von See her kann eine Reihenlotung in Verbindung mit einer einzelnen Peilung einen brauchbaren Schiffsort geben. Wichtig ist nur, daß der Meeresboden ganz gleichmäßig ansteigt und nicht zerklüftet ist.

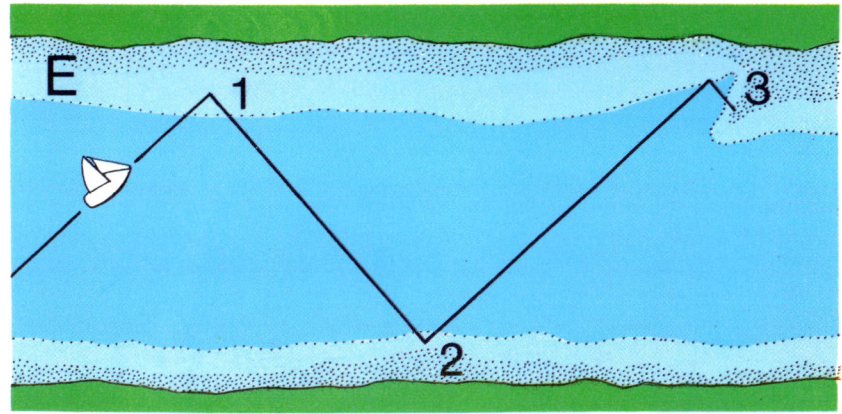

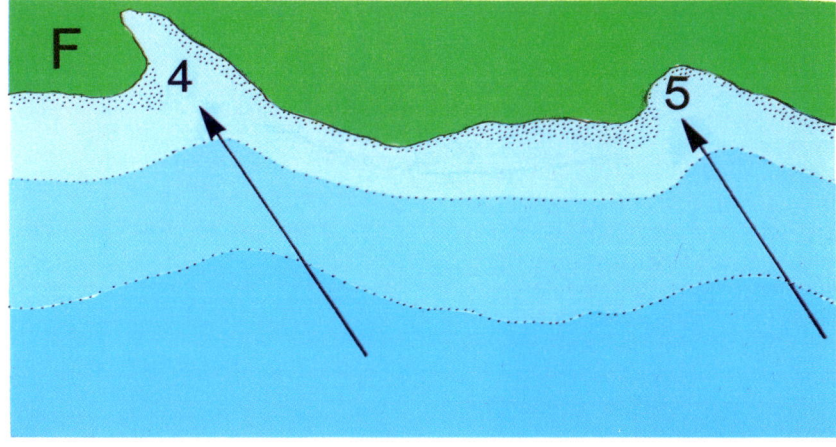

Irreführender Kartenmaßstab

A. Auf einer Karte kleinen Maßstabes sieht eine Gruppe von Tonnen leicht so aus, als lägen sie alle dicht beieinander, es sei denn, man achtet genau auf den Maßstab. Der Skipper, der eine Untiefe rundet, vor der drei Tonnen warnen, wird bei einem oberflächlichen Blick auf die Karte zum Glauben verführt, er könne alle drei Tonnen gleichzeitig sehen. Tatsächlich sieht er vielleicht nur die nächstliegende Tonne, während die beiden anderen noch wie Nadelspitzen aussehen (unten). Man sollte sich stets vorher darüber klar werden, was man erwarten kann.

Beim Suchen nach einer Tonne ist es falsch, immer nur in die Richtung zu starren, in der man *meint,* daß die Tonne liegen müßte. Man suche vielmehr den Horizont systematisch ab, selbst in Richtungen, wo das Auftauchen der Tonne ausgeschlossen zu sein scheint. Kursfehler und kleine Navigationsirrtümer spielen einem leicht übel mit, so daß die Tonne plötzlich an einer Stelle auftaucht, wo man sie am wenigsten erwartet hat.

Irreführende Betonnung

B. Die aufkreuzende Yacht kann in dem gekrümmten Fahrwasser keinen geraden Kurs steuern. Dies verwirrt den Richtungssinn des Navigators. Es wäre besser, er ginge über Stag und machte einen kurzen Schlag (a). Er könnte dann nämlich nach erneutem Überstaggehen das Fahrwasser hinauf segeln. Statt dessen sieht er jetzt die Tonnen alle in einer Reihe (wie unten gezeigt) und steuert geradeaus, wodurch er eine Ecke abschneidet und ohne es zu ahnen auf flaches Wasser gerät (b).

Es gibt nur eins, wenn man einem betonnten Fahrwasser folgt: Man muß jede einzelne Tonne nacheinander identifizieren, bevor man sich ihr nähert, und muß sie mit der Karte und mit dem Kurs des Schiffes vergleichen. Notiert man den Kompaßkurs nicht, kann der Navigator, wenn er nur nach dem Auge geht, übel getäuscht werden. So kann ein Rudergänger, der am Wind segelt, bei einer Bö anluven, wodurch zum Beispiel eine Backbordtonne vorübergehend an seine Steuerbordseite gerät.

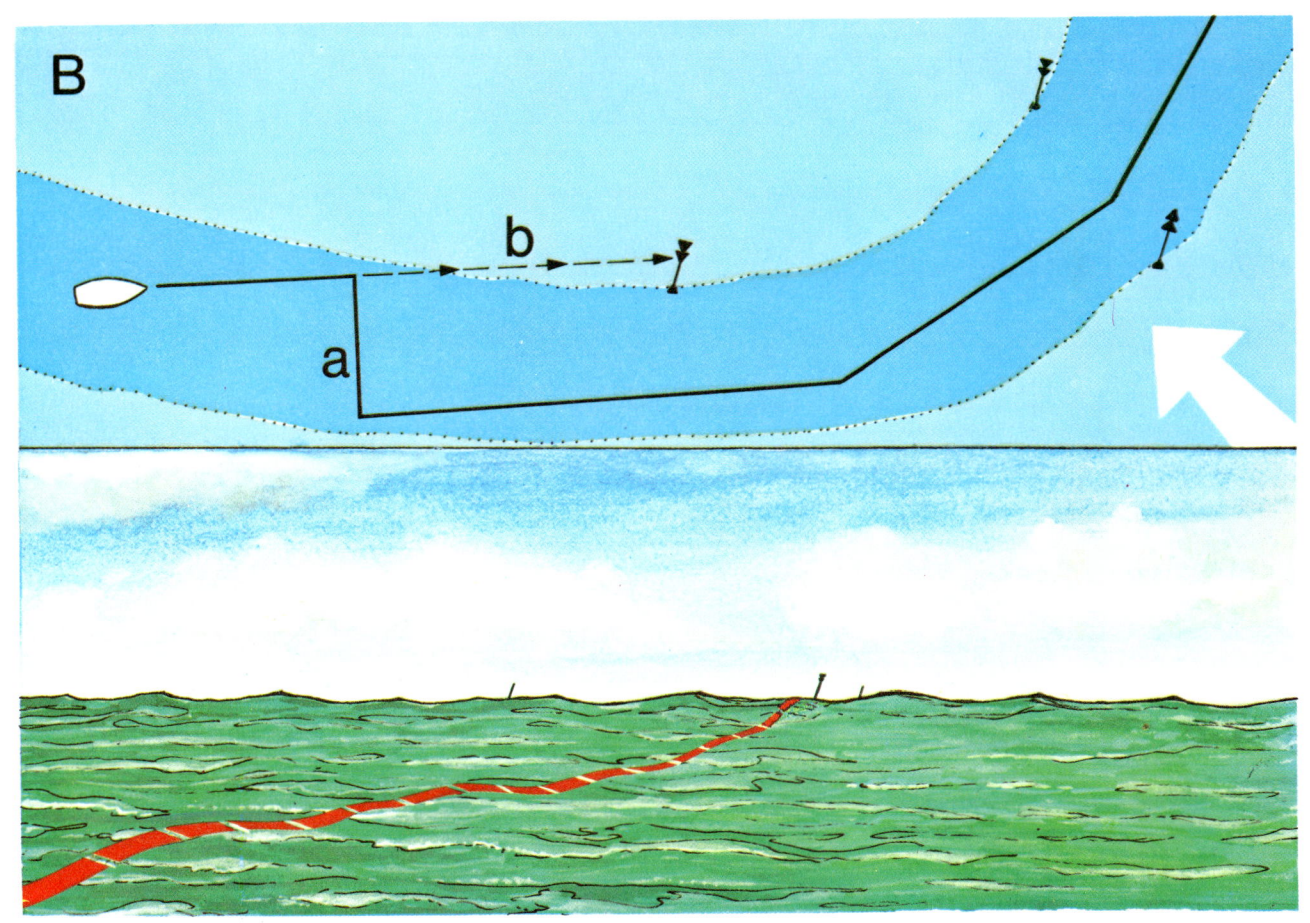

Komplikationen beim Küstensegeln Scheinbarer Wind

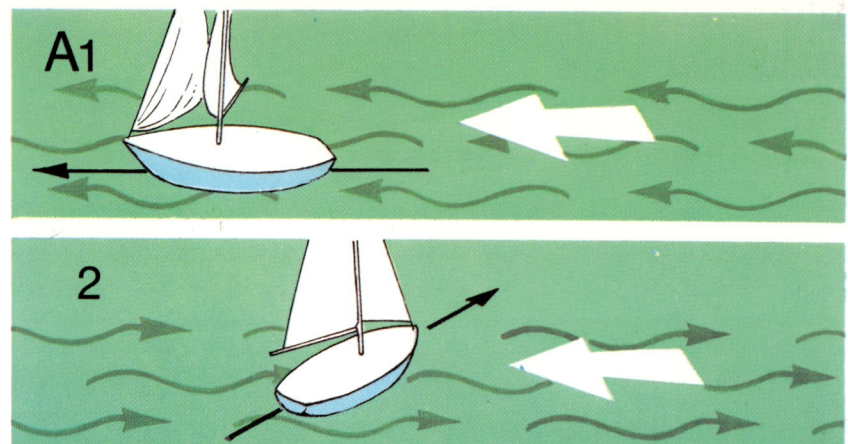

Der wahre Wind ist der Wind, den man fühlt, wenn das Boot sich nicht bewegt, der scheinbare Wind ist das, was aus dem wahren Wind wird, wenn das Boot Fahrt aufnimmt.

A1. Ein 2-kn-Wind wird zu *scheinbarer* Windstille, wenn der Strom das Boot mit 2 kn nach Lee versetzt. Wenn Strom und Wind gegeneinander wirken und das Boot mit durchgeholten Schoten 2 kn läuft, ist der scheinbare Wind, der auf dem Boot gemessen wird, ungefähr 6 kn (A2).

B. Man stelle sich einen 24-kn-Wind vor. Das Boot segelt am Wind mit 6 kn Fahrt, ein Strom von 4 kn versetzt es nach Luv. Der resultierende scheinbare Wind mißt 34 kn — das ist schon Sturm.

C. Nun stelle man sich den gleichen Wind und Strom vor, diesmal in gleicher Richtung, und lasse das Boot mit 6 kn vor dem Wind laufen. Jetzt ist der scheinbare Wind an Bord nur eine mäßige Brise von 14 kn.

Wenn an einem Kap viel Strom läuft und der Wind frisch gegenan weht, muß man sich auf sehr rauhes Segeln gefaßt machen.

Windbeugung

Ein Wind, der an einer Küste entlang weht, wird am Ufer „gebeugt". In Abbildung D ist 1 der wahre Wind und 2 der vom Ufer abgelenkte Wind. In 3 fegt der Wind dagegen wie durch einen Trichter das Tal hinunter, während in 4 in Lee des Steilufers Windschatten sein kann.

Wo mehrere Luftströmungen zusammenfließen, entstehen Verwirbelungen, und man findet vielfach eine verwirrende Fülle von umspringenden Winden, heftigen Böen und kurzen Windstillen vor. Man achtet auf der Wasseroberfläche auf die Anzeichen von Böen, aber man muß daran denken, daß in der Nähe von hohen Steilufern Fallböen ohne Vorwarnung auftreten. Man sollte auch nach anderen Booten, Rauchfahnen, Bäumen an Land usw. Ausschau halten, um nicht überrascht zu werden.

Jeder Mittelmeersegler kennt die Erscheinung, daß eine kleine Insel keinerlei Lee bietet. Statt dessen folgt der Wind an beiden Seiten der Insel dem Küstenverlauf und kann an einem Kap, wo die Strömungen zusammenlaufen, schlagartig um 180° umspringen.

Komplikationen beim Küstensegeln Kaps

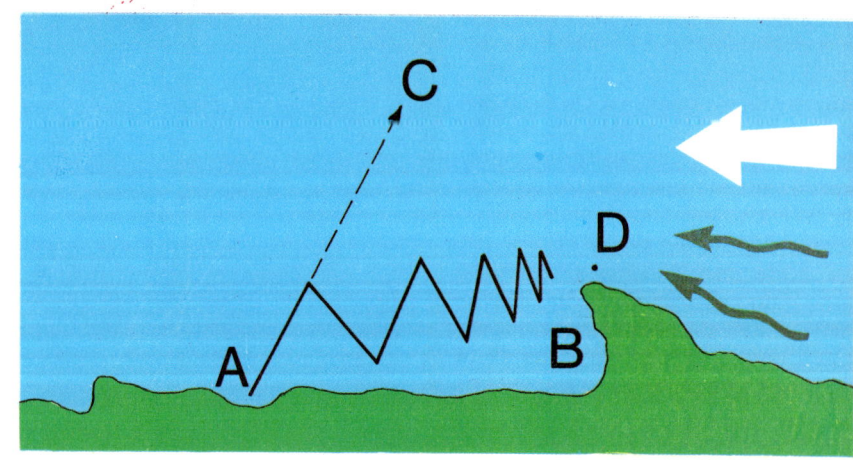

Wenn ein Kap nur durch Aufkreuzen gerundet werden kann, braucht man in Gezeitengewässern einen günstigen mitlaufenden Strom. Bei frischem Wind und viel Strom wird es eine nasse Segelei.

Sollte beim Erreichen des Kaps der Strom ungünstig sein, gibt es mehrere Möglichkeiten. Bricht die Nacht herein und ist die Crew erschöpft, ist es am klügsten, zum Schutzhafen A zurückzulaufen. Man kann auch nach See zu ablaufen, bis man in ein Gebiet mit weniger hartem Strom und ruhigerem Wasser kommt (C). Manchmal ist es vernünftiger, in B zu ankern, bis der Strom nachläßt, statt zu knüppeln, ohne viel voranzukommen (D). Die Crew kann derweil etwas ausruhen, und mit dem Einsetzen des günstigen Stroms kann dann ein neuer Anlauf unternommen werden, weil dann der Strom noch schwach ist und das Wasser weniger kabbelig als später.

Dort, wo es keine Gezeiten gibt, laufen manchmal dennoch Ströme, die ihre Richtung nicht ändern. Hier kann man entweder den Motor zu Hilfe nehmen oder gut seewärts ablaufen, je nach Stärke des Windes.

Thermische Winde

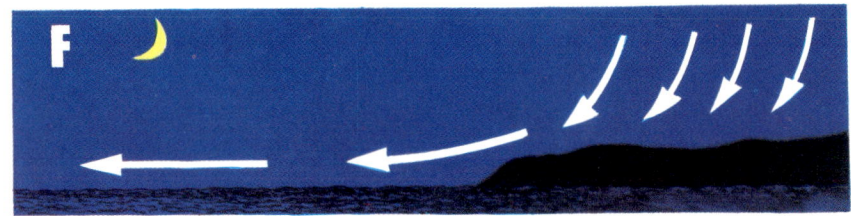

Bei großer Hitze heizt sich das Land schneller auf als die See, und die aufsteigende Luft saugt von See her kühle Meeresluft an (E). Nachts bewirkt die Abkühlung, daß es umgekehrt ist, es weht Landbrise (F). Der Effekt läßt sich noch 10 bis 12 sm von Land beobachten. Wenn ein vorherrschender oder aus örtlicher Druckverteilung resultierender Wind auf die Küste zu weht und dazu ein thermischer Wind von 10 kn (mittlere Zeichnung), findet eine Yacht unter der Küste möglicherweise einen starken 20-kn-Wind. Nach Einbruch der Nacht wehen die beiden Winde gegeneinander. Es ist nicht unmöglich, daß während des größten Teiles der Nacht vor der Küste ein Gürtel vollständiger Windstille liegt (unten). Das Auftreten großer flauschiger Kumuluswolken über dem Land ist ein Zeichen für Wärmeströmungen, und die Unregelmäßigkeiten der auf die Küste zu wehenden Winde sind vielfach eine Folge solcher Windkombinationen. Auch die Ungleichförmigkeit der Temperatur an Land führt zu örtlichen Winden, die warnungslos Sturmstärke erreichen können, vor allem in warmen Klimazonen.

Komplikationen beim Küstensegeln Fischereifahrzeuge

Es ist sehr wichtig, daß ein Navigator die Lichter, die von anderen Schiffen geführt werden, kennt und erkennt. Er sollte Unterlagen über Lichter, die ungewöhnlicher Art sind, stets greifbar zur Hand haben, zum Beispiel von geschleppten Schiffen, selten vorkommenden Fahrzeugen und vor allem über die Lichter, die Fischereifahrzeuge dann führen, wenn sie fischen und Wegerecht haben. In den verschiedenen Gegenden gibt es viele Arten der Fischerei. Nur einige der gebräuchlichsten sind hier abgebildet.

Eine Yacht kann plötzlich mit einer Fülle von weißen und farbigen Lichtern konfrontiert sein und muß dementsprechend handeln. Es muß stets damit gerechnet werden, daß Fischer nicht die vorschriftsmäßigen Lichter führen. Man muß nicht nur den Schiffen selbst ausweichen, sondern auch ihren Leinen und Netzen, die oft noch in weiter Entfernung von ihnen liegen. Wohin sie sich erstrecken, wird von der Anordnung der Lichter angezeigt — oder sollte es wenigstens.

In A1 zeigt ein Treibnetzfischer Richtung und Entfernung seiner Netze durch ein tieferstehendes weißes Licht an.

2. Gespannfischer richten vielfach Lichtstrahler auf ihr Geschirr.

3. Ein Schleppnetzfischer (Trawler) kann in Fahrt sein und im Gespann fischen, er zeigt dabei ein grünes über einem weißen Licht. Hier holen Gespannfischer ihr Netz ein, während der einzelne Trawler in Fahrt ist und zusätzlich Positionslaternen zeigt.

Krabbenfischer (4) arbeiten bei Tage und zeigen Tagessignale wie alle anderen Fischereifahrzeuge auch. Wenn sie ihre langen Leinen mit Hummerkörben auslegen, steht ihnen absolutes Wegerecht zu.

Ein besonderes Problem sind im Mittelmeer die Langleinenfischer, die vielfach ihre Leinen mit Tausenden von Haken über mehrere tausend Meter auslegen.

Schutz suchen

Oft braucht man vorübergehend Schutz oder eine ruhige Stelle, wo man warten kann, bis eine ungünstige Tide kentert.

Schutz vor Wind ist keineswegs immer gleichbedeutend mit einem ruhigen oder sicheren Liegeplatz. Die Wellen folgen dem Ufer und werfen in offenen Ankerbuchten Seegang auf.

1. Die Insel bietet einen dürftigen Ankerplatz für kurzen Aufenthalt, wenn die Yacht dicht unter Land in der Bucht liegen kann.

2. Die Bucht könnte ebenfalls brauchbar sein, vorausgesetzt, daß der Wind nicht dreht. Die Insel 3 bietet keinerlei Schutz und auch die flache Bucht 5 nicht. Die kleine, rundum fast geschlossene Bucht 4 ist gefährlich, weil ein Boot beim Umspringen des Windes gefangen werden kann. Ein Boot muß jederzeit seinen Ankerplatz verlassen und sich ohne Gebrauch des Motors freisegeln können. Man muß daran denken, daß man gegen eine kurze steile See viel schwerer ankreuzt als bei Glattwasser.

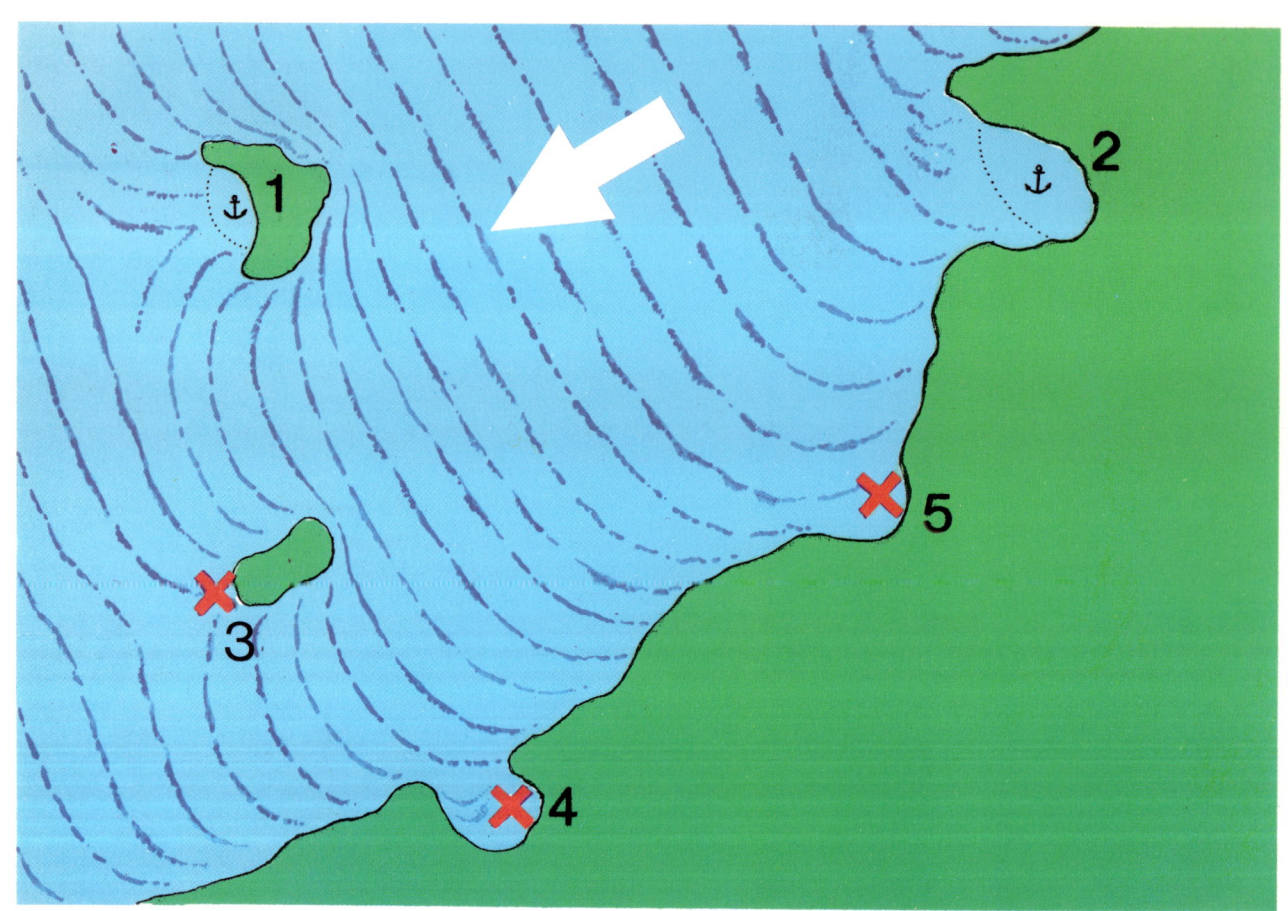

Die beiden Ankerplätze A und B bieten Schutz vor dem vorherrschenden Wind, aber wenn der Wind plötzlich wechselt und auf Land zu weht, würde sich B als Falle erweisen. Aus der Bucht A hingegen könnte die Yacht nach beiden Seiten leicht herauskommen. Boote, die für ihren Antrieb vorwiegend Segel benutzen, sollten stets darauf achten, daß sie auch unter Segel wieder wegkommen; der Gebrauch des Motors sollte nur eine Erleichterung sein, oft genug fallen Motore im entscheidenden Augenblick aus.

Auch wenn man nur vorübergehend einen Ankerplatz sucht, muß man Ankerwache gehen, die Wettervorhersagen in Betracht ziehen und das Barometer beobachten (wenn das in dem betreffenden Gebiet eine Rolle spielt). Außerdem müssen Boot und Besatzung klar sein zum augenblicklichen Auslaufen, und der Kompaßkurs muß dafür schon vorher ausgerechnet sein.
Fängt man erst im Durcheinander einer plötzlich hereinbrechenden nächtlichen Sturmbö an, in der Seekarte herumzuzeichnen, ist es zu spät.

Zeitweilige Ankerplätze

Es ist unerläßlich, entweder sorgfältig Peilungen zu nehmen oder Deckpeilungen an Land zu suchen, damit man sofort bemerkt, wenn das Boot ins Treiben gerät. Nachdem der Strom gekentert ist und die Yacht wieder auf Position liegt, muß man natürlich neue Markierungen festlegen. Durch Schwojen und andere Bewegungen des Bootes an der Kette werden sich die Markierungen leicht verschieben. Sollte die Yacht vom Umspringen und Auffrischen des Windes auf offener Reede überrascht werden, kann es sehr schwer sein, den Anker ohne Spill herauszubekommen. Kann man dann den Motor nicht zu Hilfe nehmen, muß man den Anker heraussegeln. Dazu setzt man passend gereffte Segel, nimmt hart am Wind Fahrt auf und schleift die Kette mit. Bevor das Kettengewicht die Fahrt abstoppt, geht man über Stag. Der nächste Schlag führt etwa auf den Anker zu, aber jetzt wird nur die lose Kette über Grund geschleift. Der beste Seemann an Bord muß auf dem Vordeck die Lose einholen, so schnell es geht, und dabei die Ver-

bindung zum Anker beobachten. In dem Augenblick, in den die Kette steif kommt, was anzeigt, daß sie fast kurzstag ist, muß er einen schnellen aber absolut sicheren Törn um einen Poller oder eine Klampe legen. Der Ruck wird bei viel Wind außerordentlich hart sein, aber er wird den Anker aus dem Grund reißen. Wer keine Erfahrung hat, darf dieses Manöver *keinesfalls* zum ersten Mal fahren, auch wenn das Wetter es eigentlich erforderlich macht. Es ist ein schwieriges Manöver, das unbedingt klappen muß,

anderenfalls gerät man in erhebliche Schwierigkeiten.

Die Auswahl eines zeitweiligen Ankerplatzes erfordert vom Skipper eine Reihe von Überlegungen. Er muß nicht nur die Wetterlage und die Wetterentwicklung im Auge haben, sondern in einem Tidengewässer auch, wie weit das Wasser an dem ausgewählten Ankerplatz fallen kann; dazu gehört ein Blick in die Gezeitentafel. Ein Ankerplatz muß daraufhin überprüft werden, ob er bei Windänderung See oder Fallböen ausgesetzt ist.

Diesiges Wetter

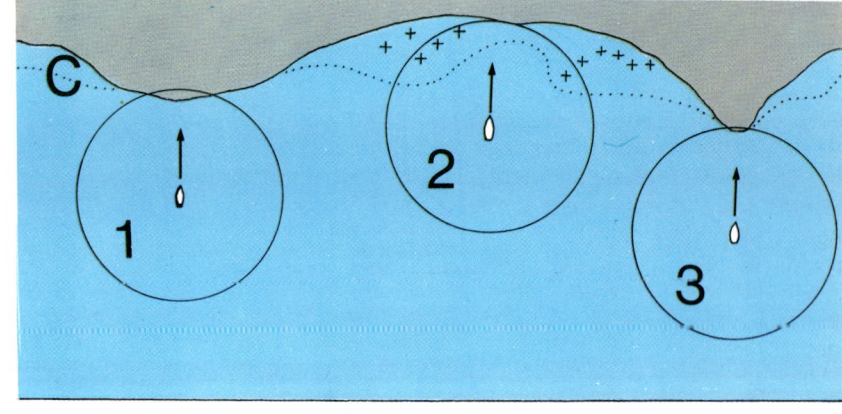

Dunst an einer Küste kann natürliche Ursachen haben oder die Folge von Industrieabgasen sein. Er kann auch örtlich auftreten. Wenn klare Sicht herrscht, kann man leicht in den kleinen Hafen (A) einlaufen, indem man Kirche und Hafenbake in Deckung bringt. Ist es diesig (B), wird die Kirche unsichtbar, aber man könnte ein Haus auf dem Hügel fälschlich für den Kirchturm halten.

Der Sichtkreis eines Yachtskippers, der sich einer im Dunst liegenden Küste nähert (C), ist klein. In D ist das, was er sieht, auch anwendbar auf 1, 2 und 3.

Man kann schätzen, wie weit man sieht, wenn man eine zusammengeknüllte Zeitung über Bord wirft und beobachtet, wo sie außer Sicht kommt. Allerdings muß man damit rechnen, daß der Dunst nicht überall gleich stark ist.

Auf die Küste setzender Strom

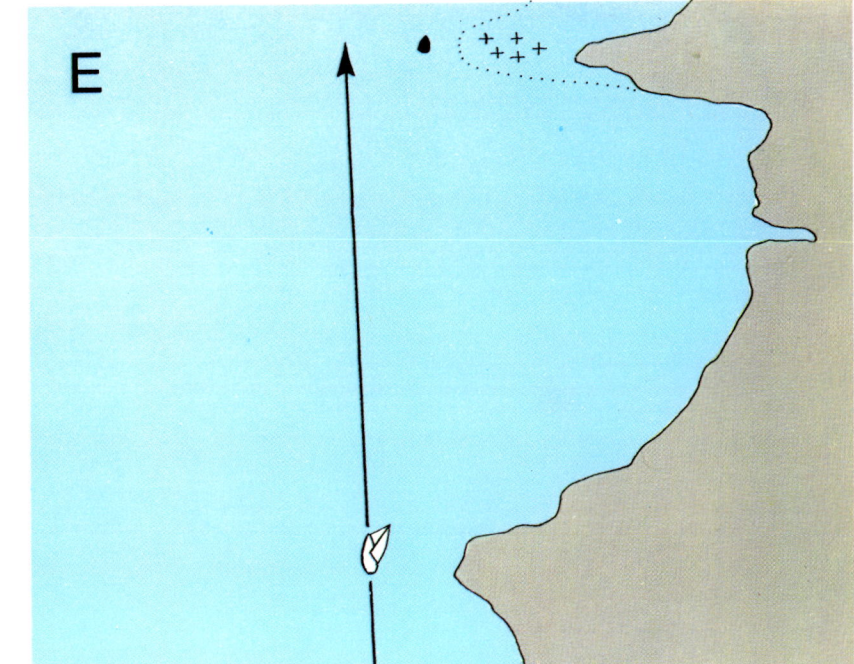

In Gezeitengewässern erlebt man
es oft, daß man bei diesigem Wetter
auf die Küste versetzt wird, ohne es
zu merken. Dies liegt daran, daß
der Strom zu bestimmten Zeiten
einer Tide stark auf Land setzt. In
E ist das Boot auf einem Kurs, der
es sicher um die Tonne führt, die
ein paar Meilen voraus liegt. In F
läuft starker Strom auf die Küste.
Obwohl die Besatzung weiter ihren
sicheren Kurs steuert, steht das
Boot jetzt weit innerhalb der Bucht.
Bei klarer Sicht würde man das sehr
schnell merken, aber bei diesigem
Wetter sieht man keine Landmar-
ken, und Funkpeilungen kann man
so dicht unter Land nicht trauen.
Auf die Küste setzender Strom ist
variabel und läßt sich nur schwer
genau voraussehen.
Manchmal finden sich Angaben
über solche gefährlichen Ströme in
den Seehandbüchern.

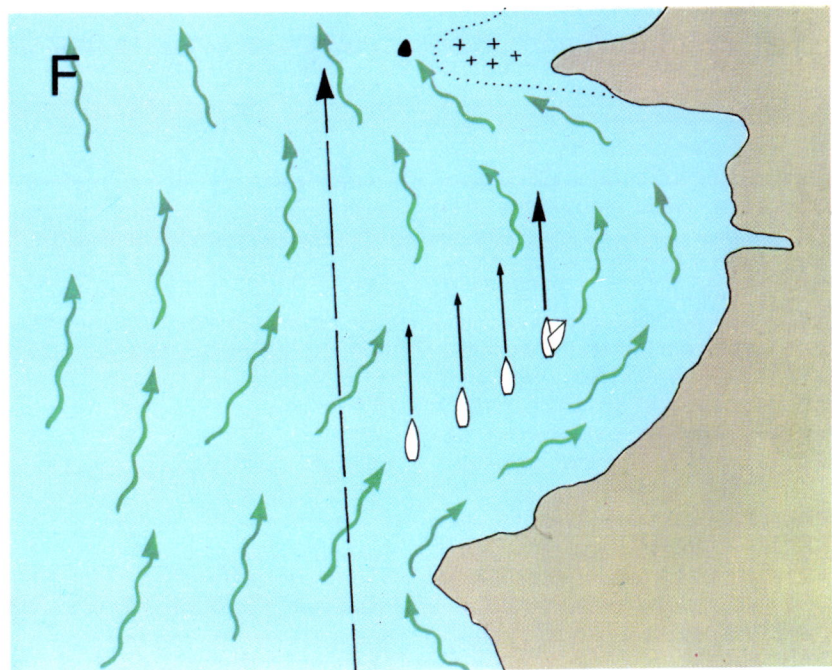

Nebel

Nebel wird durch plötzliche Temperaturveränderungen verursacht, zum Beispiel wenn Warmluft mit kaltem Seewasser oder mit Land in Berührung kommt. Winzige Wassertröpfchen kondensieren wie beim Dampf, der aus einem Kessel entweicht (A). Schlechte Sicht ist eine der weniger angenehmen Beigaben, wenn man sich auf ein Hoch zu bewegt.

Manchmal wird rechtzeitig vor Seenebel gewarnt, aber nicht immer. Auch das Eintreffen einer Warmluftströmung vor einer sich plötzlich vertiefenden Depression kann Nebel mit sich bringen. Im allgemeinen ist Nebel aber mit ruhigem Wetter und glatter See verbunden, zwei Dinge, die den Fahrtensegler dazu verführen, weit nach See zu laufen, nur um sich dort plötzlich in dichtem Nebel zu finden, weil er in einem Hoch segelt.

Nebel kann dicht sein oder nur stellenweise auftreten, er kann eine niedrige Schicht bilden oder hoch hinauf reichen, er kann örtlich begrenzt sein oder sich über weite Strecken ausbreiten. Jeder Nebel aber verzerrt den Schall. Eine Schiffssirene kann dann nicht mehr als Hinweis auf Entfernung oder Richtung angesehen werden. Eine Kollision mit anderen Schiffen wird zur ernsten Gefahr. Yachten sollten möglichst versuchen, die Hauptschiffahrtswege zu meiden und, wenn es gefahrlos ist, flacheres Wasser aufsuchen. Die Dickschiffe werden ihre Aufmerksamkeit darauf richten, sich gegenseitig aus dem Wege zu gehen; eine kleine Yacht dazwischen bleibt vielfach unbemerkt, sie kann auch in plötzliche Gefahr geraten, wenn Dickschiffe sich gezwungen sehen, Ausweichmanöver zu fahren.

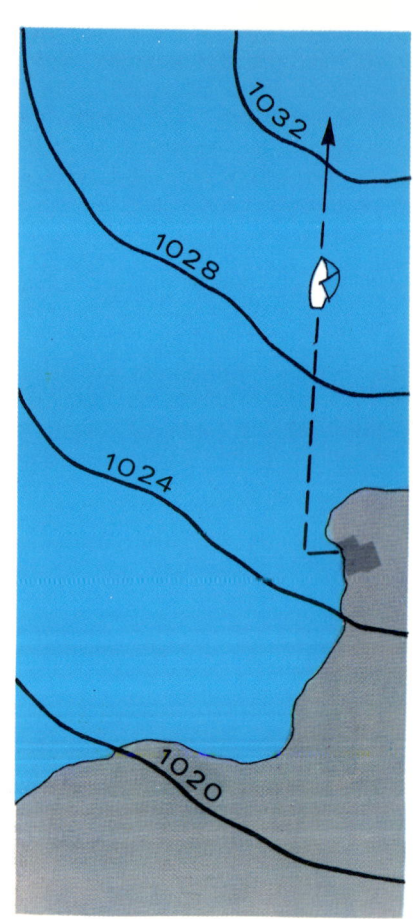

B. Örtlicher Strahlungsnebel füllt Bodenvertiefungen, Flußtäler und das Gebiet über Niederungen; auf See kann es dabei ganz klar sein. Solcher Nebel lichtet sich bei Sonnenaufgang.

C. Echter Seenebel ist daran zu erkennen, daß der Horizont weiß wird. Er kann ausgedehnt sein, aber es können auch klare Zonen dazwischen frei bleiben. Manchmal segelt eine Yacht nachts unter klarem Himmel, während ringsum Nebelhörner zu hören sind.

Die warme Luft vor einer Depression kann sowohl Nebel als auch Starkwinde mit sich bringen (D). Nebel beschwört für Yachten immer gefährliche Situationen herauf, weil das Radarsignal, das von einer kleinen Yacht reflektiert wird, nur ein ganz kleines und ungenaues Echo gibt.

Der Radarreflektor

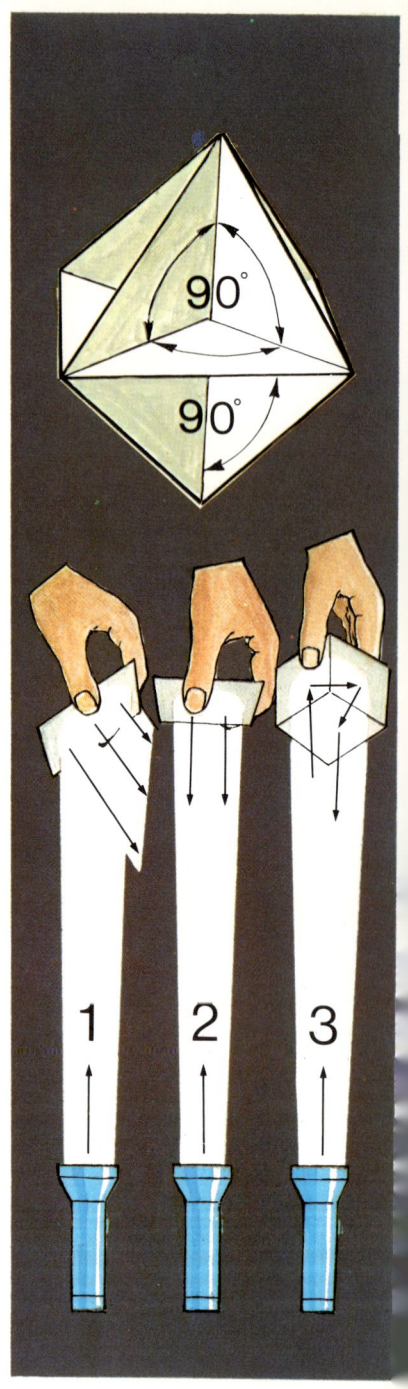

Ein Radarsignal ist mit einem Lichtstrahl vergleichbar. Es kann sich nur geradlinig fortpflanzen, und ein Radarreflektor, dessen Oberfläche genau rechtwinklig zum Strahl steht, wirft es wie ein Spiegel zurück. Die Zeichnung zeigt, wie der Lichtstrahl eines Scheinwerfers entweder abgelenkt (1) oder gespiegelt wird (2). Ist eine Gruppe von Spiegeln so angeordnet, daß sie alle rechtwinklig zueinander stehen, springt der Strahl zwischen ihnen hin und her und wird dann reflektiert (3). Der jedem vertraute achtwinklige Radarreflektor (oben) arbeitet nach diesem Prinzip: In welchem Winkel zum einfallenden Strahl er auch steht, er wird das Signal zurückwerfen. Die Spiegelwirkung ist nur dann einwandfrei, wenn die Flächen des Raumwinkels genau senkrecht stehen.

Aus diesem Grunde gibt ein Metallmast nur in den kurzen Augenblikken ein klares Echo, in denen er gerade rechtwinklig zum Radarstrahl steht. Auf dem Radarschirm erscheint es nur als verschmierte Kontur. Man darf sich keinesfalls darauf verlassen, daß ein Boot ein ständiges Echo erzeugt. Immer, wenn es sich in der See bewegt, wird es für den Beobachter unsichtbar. Verwirrend hinzu kommt noch das See-Echo (die Reflexe der Wellenkämme). Im übrigen paßt der Radarbeobachter vielleicht nicht so auf, wie er sollte, oder er hat sein Radar gerade auf die größte Reichweite eingestellt und nahe Objekte entgehen ihm. Sehr moderne Geräte in der Hand eines Experten werden die Yacht sicher aufspüren, aber darauf kann man sich nicht verlassen.

Eine Yacht ist auch dann für ein großes Schiff unsichtbar, wenn sie noch unter dem Horizont liegt (rechts oben). Ein Schiff, das sein Radar auf maximale Reichweite eingestellt hat (A), kann leicht die Yacht C übersehen, die innerhalb der kurzen Reichweite B segelt, und tiefe Wellentäler können ein kleines Boot so häufig ausblenden, daß das Echo als von Treibgut stammend unbeachtet bleibt (rechts unten).

Radarimpulse dauern nur etwa eine Zehntausendstelsekunde, ihre Frequenz beträgt etwa 3 Gigahertz. Gemessen wird die Laufzeitdifferenz zwischen Aussendung des Impulses und seiner Rückkehr, praktisch durch die Ablenkung eines Kathodenstrahls auf einer Art Fernsehschirm, in dessen Mitte das Schiff ist. 20mal und öfter in der Minute entstehen auf dem Schirm die Echos.

Die Anbringung des Radarreflektors

Jedes Boot, das gelegentlich die Schiffahrtswege der Großschiffahrt benutzt, sollte ständig einen Radarreflektor fahren. Der beste Platz dafür ist der Masttopp, denn das ist die höchste Stelle, und der Reflektor wird von keinem Segel abgedeckt (1). Der Reflektor sollte mindestens drei Meter über der Wasseroberfläche hängen, niedriger ist er für andere Schiffe sonst unter der Kimm (2). Eine Radarspiere am Bug ist eine brauchbare Alternative. Sie macht es möglich, in Gefahrensituationen einen besonders großen Reflektor zu zeigen (3). Wird der Reflektor in der Saling gesetzt, fliegt er herum, wenn er nicht gleichzeitig an einem Want festgemacht ist (4). Trockene Segel behindern einen Radarstrahl nicht sehr, aber wenn sie naß sind, decken sie ihn unter Umständen vollständig ab.

A

B

Es gibt keinen Ersatz für einen richtig konstruierten Reflektor. Man hat Versuche mit Metallkanistern (A), mit Kästen, die mit Alu-Folie ausgeklebt waren, und mit viereckigen Keksdosen gemacht, aber die von ihnen gelieferten Signale waren so unregelmäßig, daß ein Radarbeobachter sie nicht bemerken könnte. Als optimaler Wert für Yachten wurde in langjährigen Meßreihen ein Radarquerschnitt von 30 m² ermittelt. Einen Querschnitt von 30 m² besitzt ein Oktaederreflektor, wenn seine Kantenlänge, das ist die halbe Diagonale der zusammengefügten Quadrate, 30 cm beträgt. Ein Kugelreflektor aus drei zusammengefügten Kreisscheiben besitzt einen Querschnitt von 30 m², wenn der Radius der Kreisscheiben 22 cm beträgt.

Bei der „Yachtstellung" liegen die Symmetrieachsen zweier Raumwinkel eines Oktaeders parallel zur Wasseroberfläche. Dabei liegen die Reflektionsmaxima nach voraus und achteraus, also in die Richtung, bei der das Rigg ein Reflektionsminimum aufweist.

B. Je größer der Reflektor, um so besser. Völlig falsch ist die Meinung, daß ein kleiner Reflektor, der eine Kantenlänge von etwa 15 cm hat, die halbe Leistung eines Reflektors von 30 cm erbringe und deshalb für ein kleineres Boot vielleicht noch ausreichend sein könnte. Tatsächlich nimmt nämlich die Reflektionswirkung mit der 4. Potenz ab. Mit anderen Worten, der um die Hälfte verkleinerte Reflektor reduziert die Reflektionswirkung nicht auf 50, sondern auf 1,2 Prozent.

Wichtig ist, daß die Flächen genau senkrecht stehen.

Nebeltaktik

Man meide die Schiffahrtswege. Wird man unterwegs auf einem solchen Weg vom Nebel überrascht, sollte man ihn rechtwinklig verlassen, den Radarreflektor ausbringen, das Nebelhorn betätigen und auf dem Vordeck einen Horchposten aufstellen. Das Boot sollte immer ausreichend Fahrt laufen und die Besatzung Schwimmwesten tragen, aber keine Sicherheitsgurte. Wenn es möglich ist, nimmt man das Dingi in Schlepp. Man kann nicht damit rechnen, daß die Schiffssirenen einem etwas nützen, denn Nebel beugt Schallwellen, dämpft oder verstärkt sie. *Jedes* andere Schiff ist eine Gefahr. Vielleicht bleiben zwei Dickschiffe in sicherem Abstand, bis eines ein Ausweichmanöver fährt und einen gefährdet. Fährt man mit Motor, muß man von Zeit zu Zeit mit den Umdrehungen heruntergehen, um besser zu hören.

Obwohl die Abgabe von Nebelsignalen von der Seestraßenordnung vorgeschrieben ist, halten sich viele Dickschiffe nicht daran, sondern fahren ohne Signale allein nach Radar. Auch die Fahrt wird meist voll durchgehalten. Vielfach hört man aber die Motorengeräusche fremder Schiffe.

Ist der Nebel dick, neigen die Schallmembranen von Aerosol-Nebelhörnern dazu, „einzufrieren"; sie werden dann leiser. Man sollte daher zusätzlich ein Mundhorn an Bord haben. Mit ihm bläst man gleichmäßig nach allen Seiten — nur nicht in die Ohren der Crew, weil sie dadurch für eine Weile taub wird.

Das sicherste ist, auf flaches Wasser zu fliehen. Man sieht sich sorgsam die Karte an und prüft, ob man einen Navigationsfehler gemacht haben könnte und ob tiefes Wasser etwa bis dicht unter eine Klippenküste reicht.

Bei Nebel erkennt man ein Schiff, das auf einen zuhält, im allgemeinen an der weißen Bugsee. Liegt der Nebel dicht über dem Wasser, sieht man zuerst die weißen Brückenaufbauten, wenn auch manchmal nur als dunklen Schatten. Man hat nur wenige Sekunden Zeit, den Kurs des Gegenkommers im Verhältnis zum eigenen abzuschätzen. Vielleicht gewinnt man ein paar Sekunden hinzu, wenn man abdreht.

Niemand würde bei stürmischen Winden in See gehen. Man sollte nicht auslaufen, wenn Nebel herrscht — das ist noch gefährlicher.

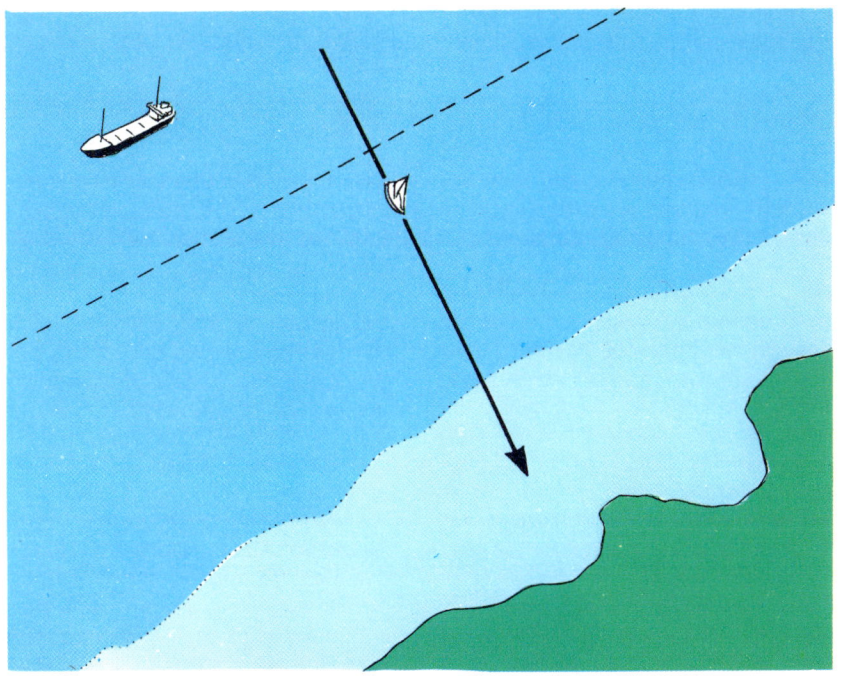

Einlaufen in Häfen

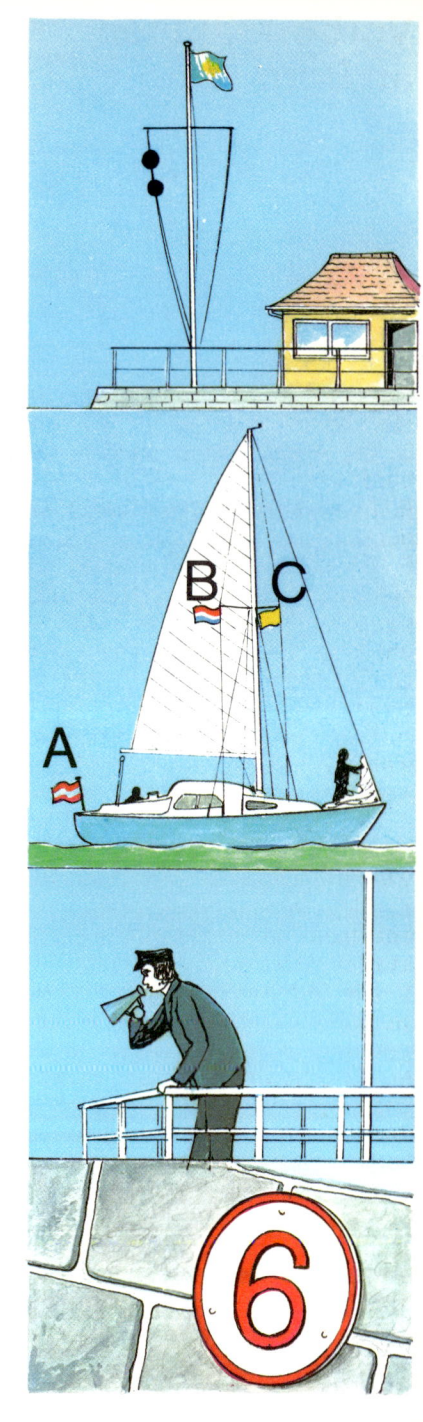

Die meisten Häfen haben Verkehrssignale, die die ein- und auslaufende Schiffahrt regeln. Man findet sie in den Handbüchern, die man vorher studiert haben sollte. Man warte auf ein Einfahrtssignal, selbst wenn die Einfahrt frei zu sein scheint.

Beim Einlaufen in fremde Hoheitsgewässer zeigt man seine eigene Nationale (A) und die Flagge Q des Internationalen Signalbuchs (C) (Ich bitte um „Pratique"). An Bord ist alles gesund). Pratique ist das Einklarieren durch Hafen-, Einwanderungs-, Gesundheits- und Zollbehörden. Es gehört zur Etikette, daß man eine kleine Ausführung der Handelsschiffsflagge des besuchten Landes als Gastflagge in der Steuerbordsaling setzt (B).

Man achte auf Liegeplatzanweisungen, wenn man die Anrufstation an der Hafeneinfahrt passiert. Vielleicht gibt es keine, wenn aber doch, muß man sich danach richten, denn der Hafenmeister hat absolute Autorität für alle Schiffsbewegungen innerhalb des Hafens. Auch Schilder, die die Fahrt begrenzen, sind natürlich zu beachten.

Weiß man, wo man festmachen will, berücksichtigt man Windrichtung und gegebenenfalls Strom. Man

überlegt sich, wie man sein Manöver anlegen will und läßt sich Zeit. Die Crew bekommt klare und unmißverständliche Anweisungen. Der Skipper bleibt möglichst ruhig dabei, sonst steckt seine Aufregung die Crew an. Es kann sein, daß Hafenbeamte herumschreien und einen zur Eile antreiben — sie kennen die Manövriereigenschaften des Bootes nicht so wie der Skipper. Man versuche nie das Unmögliche. Vernünftigen Anweisungen leistet man Folge, aber wenn sie unvernünftig sind, verläßt man sich lieber auf sein eigenes Urteilsvermögen.

Die Handelsschiffsflagge ist nicht immer gleich der Nationalflagge. In England wäre also der „Red Ensign" zu setzen, nicht etwa der „Union Jack".
Es ist gegen jede Etikette, außer der Gastflagge des besuchten Landes noch die Nationalflaggen vorher besuchter Länder zu setzen. Dies ist nur beim Einlaufen im Heimathafen nach Abschluß der Fahrt erlaubt.
Viele Hafenkommandanten vor allem in Mittelmeerländern achten auf das richtige Setzen der Gastflagge und legen Wert darauf, daß diese nicht zu klein und in einwandfreiem Zustand ist.

Vorbereitungen an Bord

Man bereitet sich auf alle Eventualitäten beim Anlegen vor.

D. Der Anker ist klar, aber binnenbords.

E. Eine Leine liegt auf dem Vordeck klar zum Gebrauch.

F. Der Mann mit der Wurfleine sitzt auf dem Vorschiff, damit der Skipper ungehinderte Sicht nach vorne hat.

G. Der Bootshaken ist aus der Halterung genommen.

H. Die Reservefender sind mit einem Schlippstek an den Griffleisten befestigt.

J. Zwei Fender sind auf jeder Seite klar, nach außenbords gegeben zu werden.

K. Die Manöver-Besatzung sitzt ebenfalls, damit der Rudergänger etwas sehen kann.

L. Die Freiwache hält sich dort auf, wo sie nicht stört, ist aber einsatzbereit.

M. Ein aufgeschossener Festmacher liegt achtern klar.

Wenn die Maschine nicht ganz zuverlässig ist, kann man das Großsegel festmachen, aber es muß klar bleiben zum augenblicklichen Setzen. Ein Vorsegel sollte angeschlagen und klar zum Setzen sein. Schleppt man das Dingi, muß die Schleppleine kurz geholt werden, damit beim Rückwärtsgehen die Leine nicht in den Propeller gerät.

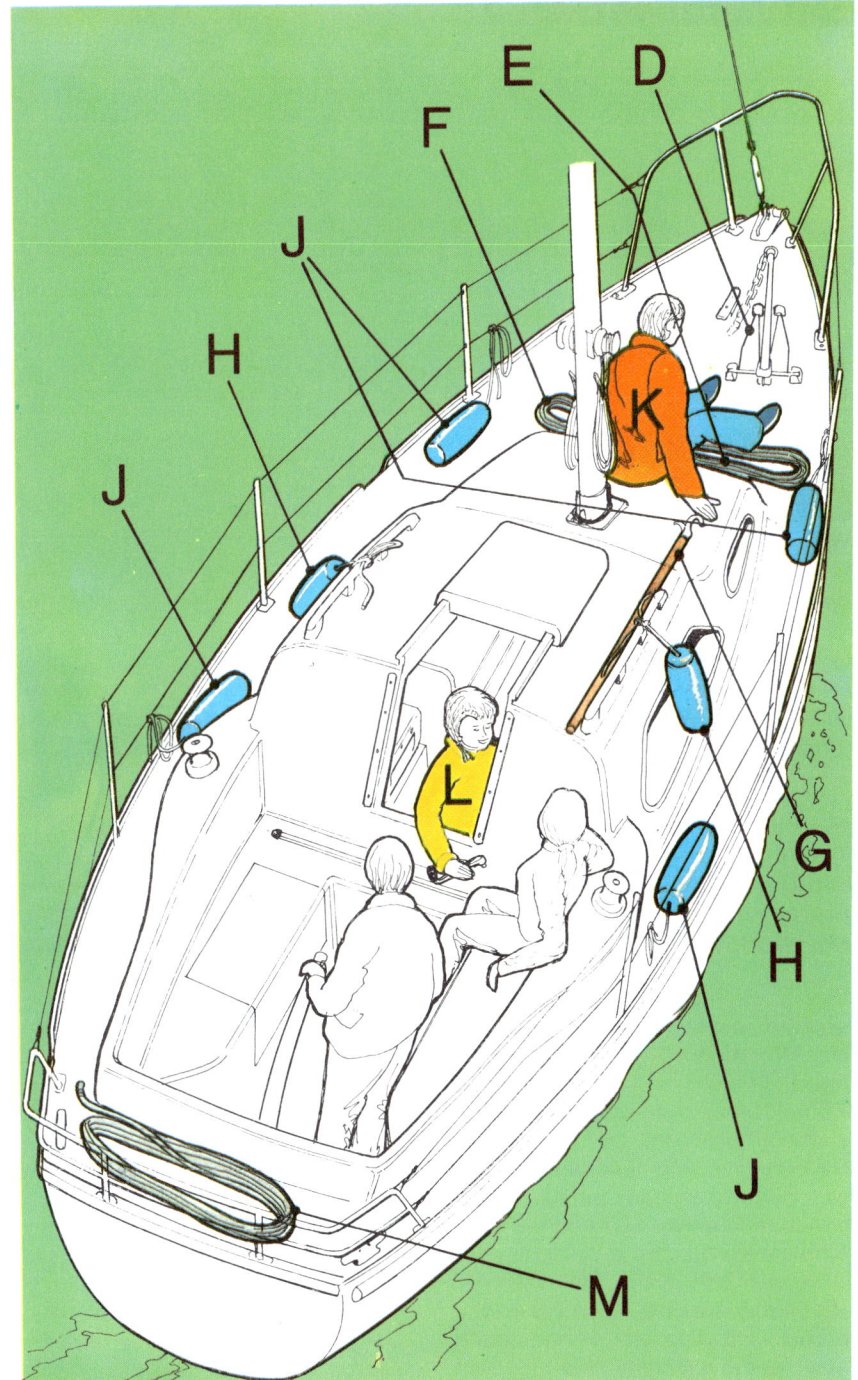

Schlechtwetter

Wer mit dem Fahrtensegeln anfängt, sollte nach Möglichkeit solange vermeiden, in schlechtes Wetter zu geraten, bis er ausreichende Erfahrungen hat und weiß, wie man damit fertig wird. Es ist gut, wenn er schon vorher als Crew bei schlechtem Wetter auf einem anderen, gut geführten Boot gesegelt hat. Man kann schlechtem Wetter nicht immer ausweichen, aber man kann Bücher darüber lesen und darüber nachdenken und vor allem dafür sorgen, daß das Boot gut ausgerüstet ist.

Bei ruhiger See gibt es keine Probleme. Schuld an ihnen ist der Wind, und das Meer ist ihm untertan. Wer den Wind studiert, kennt das Geheimnis der Wellen.

Stürmische Winde und schwere See sind die denkbar schwerste Prüfung für Mensch und Schiff. Jede schwache Stelle erzeugt neue Belastungen und läßt neue Schwächen offenbar werden. Bei heftigen Bewegungen, Lärm und allgemeiner Erschöpfung werden selbst einfache Arbeiten und primitive Navigation kompliziert. Seekrankheit bildet

eine zusätzliche Belastung. Man muß bei gutem Wetter lernen, alles wie im Schlaf zu machen, damit man es später instinktiv tut, weil es einem zur zweiten Natur geworden ist.

Ein Boot, das eine zuverlässige Maschine hat und bei dem Rigg und Segel in Ordnung sind, braucht bei schwerem Wetter wenig Fürsorge. Chaos unter Deck läßt sich vermeiden, wenn alles seinen festen Platz hat. Ein guter Kartentisch, in dessen Nähe auch Bücher und Instrumente ordentlich gehaltert sind, macht die Navigation für einen erschöpften Skipper sehr viel einfacher. Verfügt man über ein Funksprechgerät und weiß, daß Rat und Hilfe im Notfall zur Verfügung stehen, wird man weniger leicht beunruhigt sein und den Dingen gelassener ins Auge sehen. Ein Wind von Stärke 5 bis 6 (17 bis 27 kn) kann eine See aufwerfen, die die Kräfte der Besatzung bereits ernsthaft beansprucht; man braucht nicht erst einen Sturm, um in Schwierigkeiten zu geraten. Stürmische Winde von 34—40 kn sind fast doppelt so stark wie eine frische bis

starke Brise, aber Anfänger denken gern, sie wären bei Sturm draußen gewesen, nur weil für ihr Gebiet stürmische Winde angesagt waren. Ein Sturm von Windstärke 8 ist ein einziger Anprall von Wind und Wasser. Daraus kann sich leicht Stärke 9 entwickeln — noch einmal um die Hälfte mehr. Kleine Yachten können das überstehen und tun das in der Regel auch, wenn ihre Besatzungen nicht die Nerven verlieren. Wichtig sind ein gutes Boot mit guter Ausrüstung, freies Wasser und Platz nach Lee. Man sollte die Berichte darüber lesen, wie es anderen Leuten erging, was sie taten und was für Fehler sie machten. Man sollte nicht in Panik versuchen, an einer ungeeigneten Stelle Schutz zu finden. Nur zu oft ist es die Besatzung, die das Boot ins Unglück führt, nicht das Boot, das seine Besatzung im Stich läßt. Man muß damit rechnen, daß bei schwerem Wetter die leistungsfähigen Besatzungsmitglieder auf einen oder zwei zusammenschmelzen und plane entsprechend. Man sei optimistisch, halte die Moral hoch und gebe nie auf.

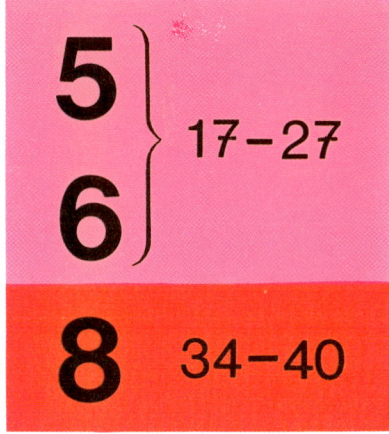

Gefahren

Die Wellen und das Land stellen die Gefahr dar. Die mächtigen Seen der offenen Ozeane sind nicht gefährlich, bis eine Monstersee, die aus Kreuzseen oder einer unstabil gewordenen Wellenfront entstanden ist, sie dazu bringt, aufzusteilen und zu brechen. Näher unter Land kann die abnehmende Wassertiefe (A) oder Gezeitenstrom an Kaps (B) dazu führen, daß die Seen kürzer und steiler werden und leichter brechen.

Flaches Wasser oder Ebbstrom in einer Flußmündung (C) kann das Einlaufen bei schwerem Wetter gefährlich machen. Mehr noch, wenn der Hafen an einer Leeküste liegt (D). Wenn die Sicht auf wenige hundert Meter zurückgegangen ist, kann der kleinste navigatorische Irrtum schwerste Folgen haben.

Bei fallendem Luftdruck und von Stunde zu Stunde höher laufender See ist die Versuchung groß, einen Hafen anzulaufen. Tatsächlich sind viel mehr Boote bei dem Versuch verlorengegangen, durch schwere Grundsee in einen Hafen einzulaufen, als im freien Seeraum. Harmlose, wenn auch hohe See wird in Landnähe zu Brechern.

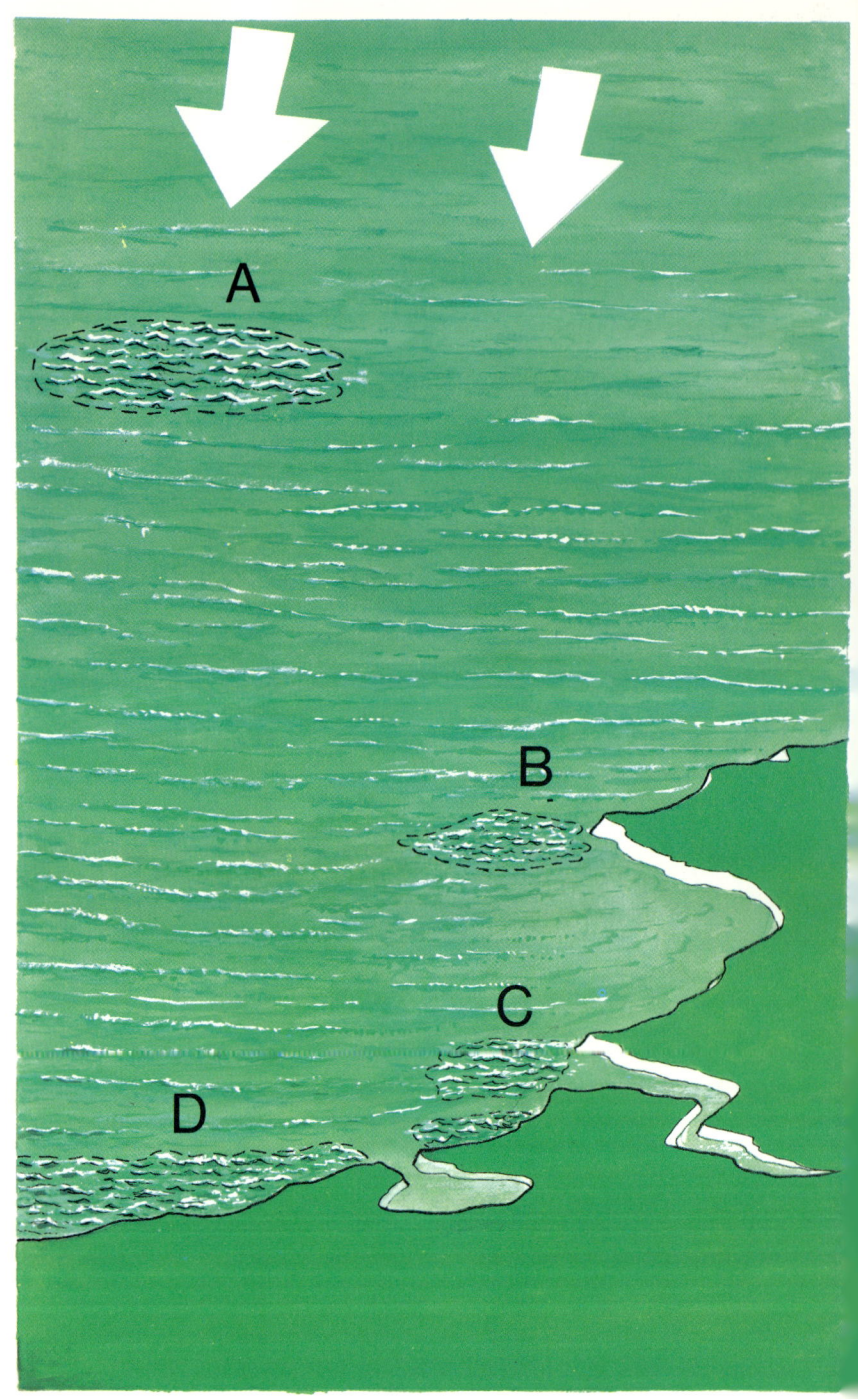

Schutz suchen

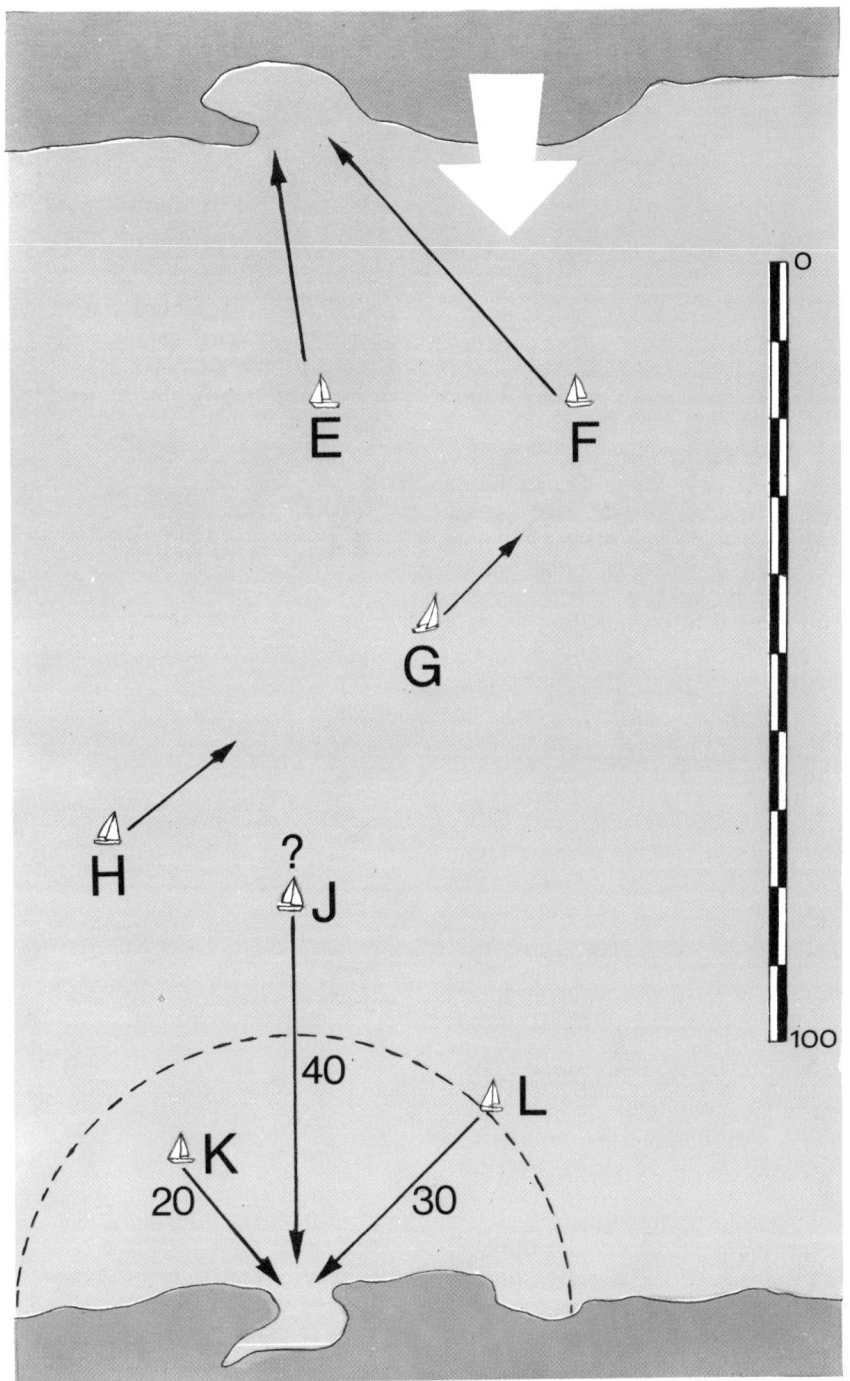

Ein Tiefdrucksystem wandert mit einer Geschwindigkeit von 20–25 kn. Ist es 200 sm entfernt, verbleiben bis zu seinem Eintreffen etwa acht Stunden, in denen es möglich ist, Schutz zu suchen. In dieser Zeit kann sich der Wind sehr schnell auf Sturmstärke steigern und die Sicht sich wesentlich verschlechtern. Kleine Fahrzeuge, die in See sind, müssen sich dann entscheiden, was sie tun wollen — Schutz suchen oder lieber weiter nach See hinaushalten.

Unter der Annahme, daß die Boote E bis L 5 kn Fahrt laufen, würden E, F und G möglicherweise auf Kurs zum schützenden Land gehen. E und F könnten es schaffen. Boot H versucht, mehr Abstand von der Leeküste zu gewinnen, aber Boot J weiß nicht recht, was es tun soll. Es ist 40 sm von Landschutz entfernt. Im Gegensatz zu K und L, die 20 bzw. 30 sm weit entfernt sind, besteht für J die Gefahr, das Land nicht erreicht zu haben, bevor die Sicht praktisch aufgehört hat. J sollte lieber nach See ablaufen.

Wind kann bei Sturm seine Richtung ändern und tut das auch. Man muß an diese Möglichkeit denken.

Land und See

Wie lange ein Sturm dauert, hängt sehr stark vom örtlichen Wettersystem ab. Er kann ein paar Stunden anhalten, wenn er in einer heißen Klimazone durch exzessive Seewinde verursacht wird, oder mehrere Tage, wenn ihm andere Faktoren zugrunde liegen. Eine Folge von Tiefdrucksystemen kann dazu führen, daß ein Sturm dem anderen folgt und nur Windsprünge und kurze Pausen dazwischen liegen.

In Bild A treiben die Boote x und y mit jeweils 3 kn. Für x dauert es 24 Stunden und für y 48 Stunden, bis sie in die Nähe der für sie gefährlichen Leeküste kommen. Wenn man nicht weiß, wie lange ein Sturm durchsteht, ist jede Meile Seeraum lebenswichtig.

Schwere See kann ein Boot überwältigen. Auf offener See wird man unter Umständen eine gefährliche Monstersee antreffen (B), aber das ist weniger bedrohlich als das Durcheinanderlaufen pyramidenförmiger Wellen in Stromkabbelungen. Schlechte Sicht (C) stellt für ein Boot, das dicht unter Land ist und Schutz sucht, eine erhebliche Gefahr dar.

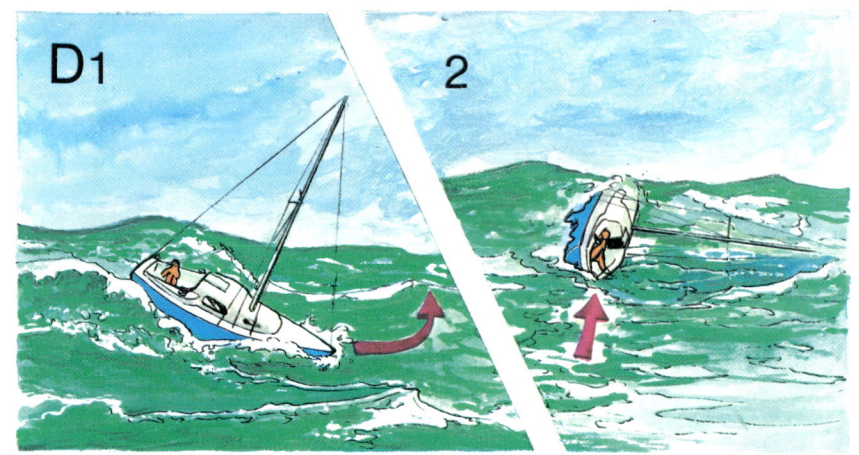

Hohe Wellen, die an sich harmlos sind, können für ein Boot gefährlich werden, wenn es zu lange oder zu schnell vor ihnen wegläuft (D1 und 2), und das Kielwasser die See zum Brechen bringt. Es kann querschlagen und kentern oder mit dem Bug unterschneiden und über Kopf gehen. Dabei werden mit Sicherheit Schäden entstehen und möglicherweise Besatzungsmitglieder über Bord gehen.

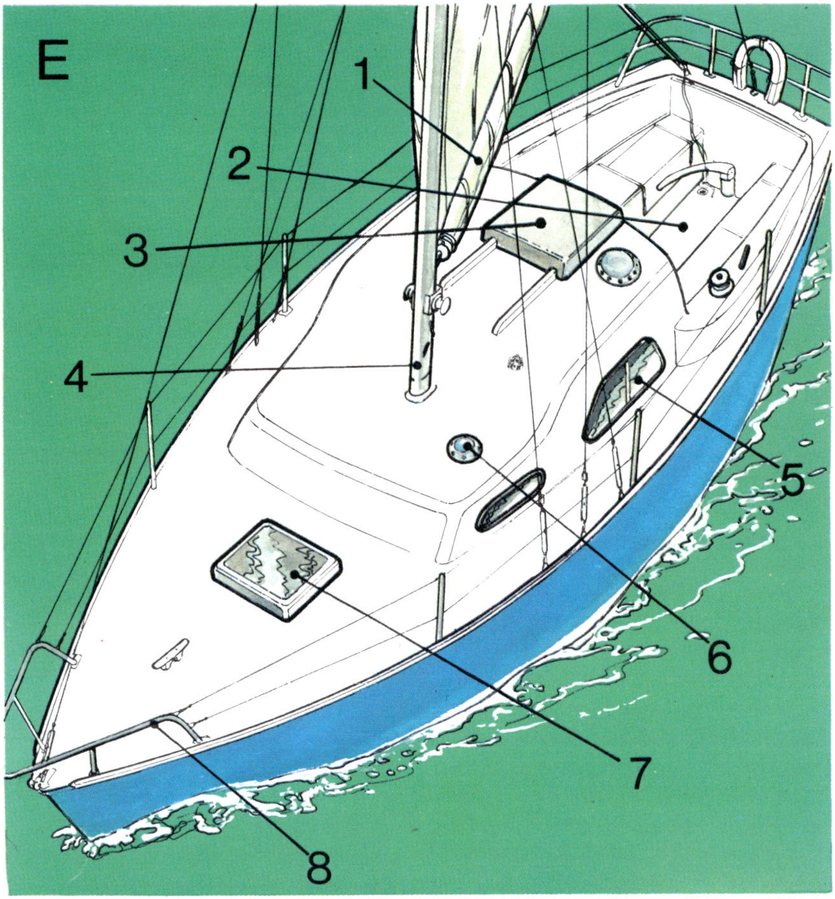

Stark und richtig konstruiert müssen vor allem sein (E):
1. Reffeinrichtungen
2. Cockpit und Wasserabflüsse
3. Schott zum Niedergang
4. Mast und Rigg
5. Oberlichter und Bullaugen hinsichtlich Größe und Stärke
6. Lüfter. Sie müssen verschließbar sein.
7. Vorluk, seine Stärke und Sicherung gegen Öffnen. Das Plexiglas muß schlagzäh und ausreichend stark sein.
8. Seereling und Bug- und Heckkorb. Die Seereling muß hoch genug sein und aushalten, daß man sich mit dem ganzen Körpergewicht darauf wirft.

Vollaufen

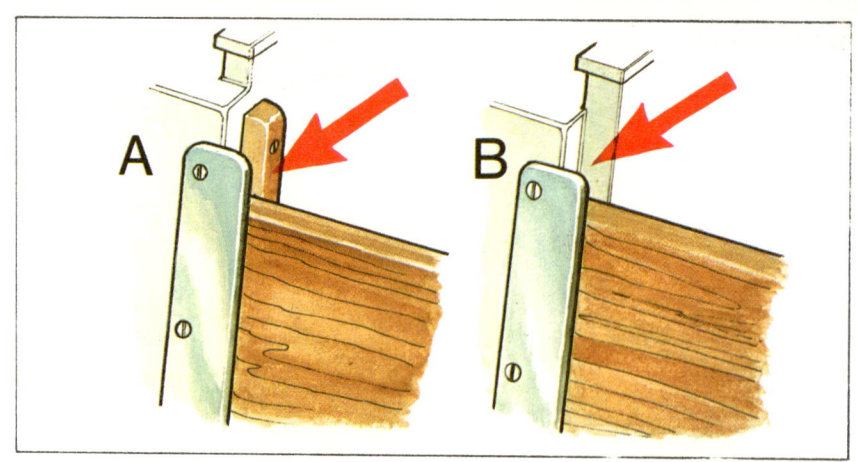

Durch ungesicherte Öffnungen im Rumpf können sehr große Wassermengen ins Bootsinnere gelangen. Lukenbretter sollten so angebracht sein, daß sie nicht seitlich wegrutschen oder nach unten wegbrechen können.

A zeigt eine verbreitete, aber schwache Einrichtung; die Steckbretter können nach innen gedrückt werden.

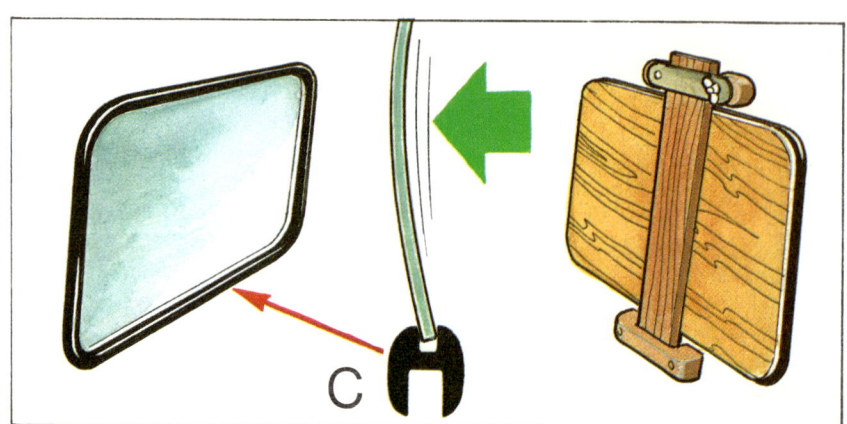

B ist besser, weil der Rumpf so geformt ist, daß eine sichere Auflage entsteht. Fenster aus Kunststoff, die in Gummiprofile eingesetzt sind, können bei Druck von außen durchbiegen und nach innen gedrückt werden.

Man muß für alle Fälle Sperrholzblenden parat halten (C).

Viele Vorluks werden nur durch kleine Bolzen geschlossen gehalten. Hartes Aufschlagen von Seen kann sie lösen. Eine brauchbare Vorkehrung gegen ungewolltes Öffnen ist eine Verschalkung, die von unten festgemacht wird (D).

Cockpit

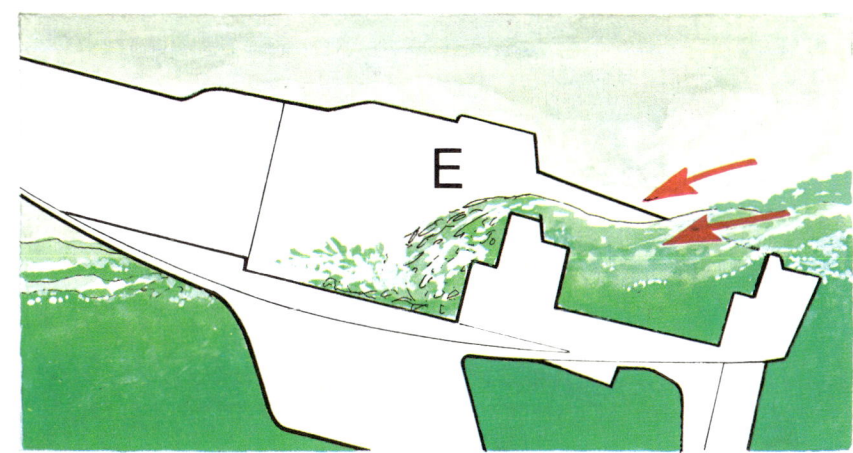

Nur wenige Cockpits lassen, wenn sie vollgeschlagen sind, das Wasser schnell genug wieder ablaufen, bevor die nächste See einsteigt. Wenn der Niedergang offen ist (E), läuft viel Wasser ins Boot.

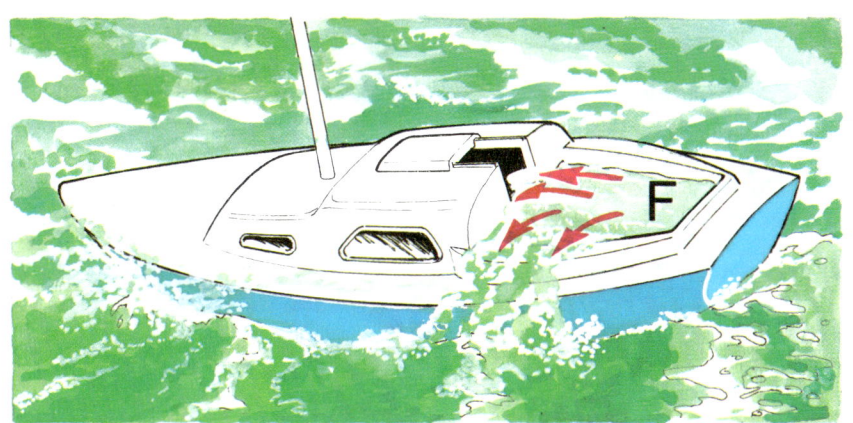

Ein großer Teil wird zwar durch die starken Bewegungen herausschwappen (F), aber das Boot wird schwerfälliger und hebt das Heck langsamer den nachfolgenden Wellenbergen entgegen.

Man sollte die Steckbretter einsetzen, eine Bilgepumpe an der geeigneten Stelle haben und eine Pütz griffbereit — damit läßt sich das Cockpit wahrscheinlich am schnellsten ausösen.

Wenn bereits viel Wasser unter Deck ist (G), läßt es sich beim Rollen und Stampfen nur schwer auspumpen. Es ist sicherer, das Boot mit dem Kopf in die See zu legen und beizudrehen, während man pumpt.

Ist wirklich viel Wasser eingedrungen, wird man mit einer Pütz der Lage schneller Herr als mit einer Pumpe.

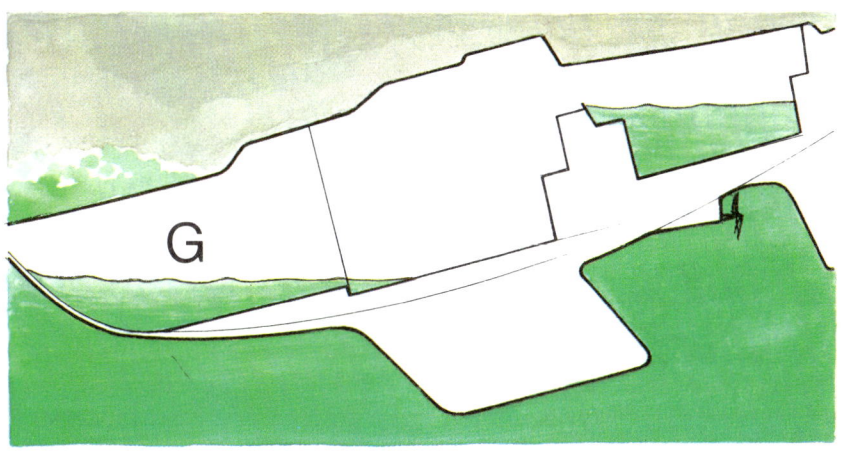

Verhalten in schwerem Wetter

A

Wegen der Unterschiede im Verhalten der Boote und der verschiedenen Umstände bei schwerem Wetter läßt sich nur ganz allgemein etwas über richtige Maßnahmen zum Abwettern eines Sturmes sagen. Wenn kein Schutz erreichbar ist, heißt es zu allererst, freien Seeraum zu gewinnen.

A. Lebenswichtig sind *rechtzeitiges* und ausreichendes Reffen sowie Zuhilfenahme des Motors, um von einer Leeküste freizukommen.

B

B. Bei Starkwinden unterhalb voller Sturmstärke genügt es vielleicht, wenn man beidreht. Am besten setzt man dazu ein richtig geschnittenes Trysegel und eine hart nach Luv geholte Sturmfock. Beigedreht liegt eine Yacht bei nicht allzu viel Wind ziemlich bequem. Wenn aber die Seen an Bord zu brechen beginnen, muß etwas anderes unternommen werden.

C

C. Es ist gefahrlos, vor Topp und Takel zu lenzen (vor dem Wind abzulaufen), solange das Boot noch nicht nahezu die Geschwindigkeit der Wellen erreicht; denn wenn das der Fall ist, kann es querschlagen oder über das Heck vollaufen. Bevor es soweit kommt, muß das Boot langsamer gemacht werden.

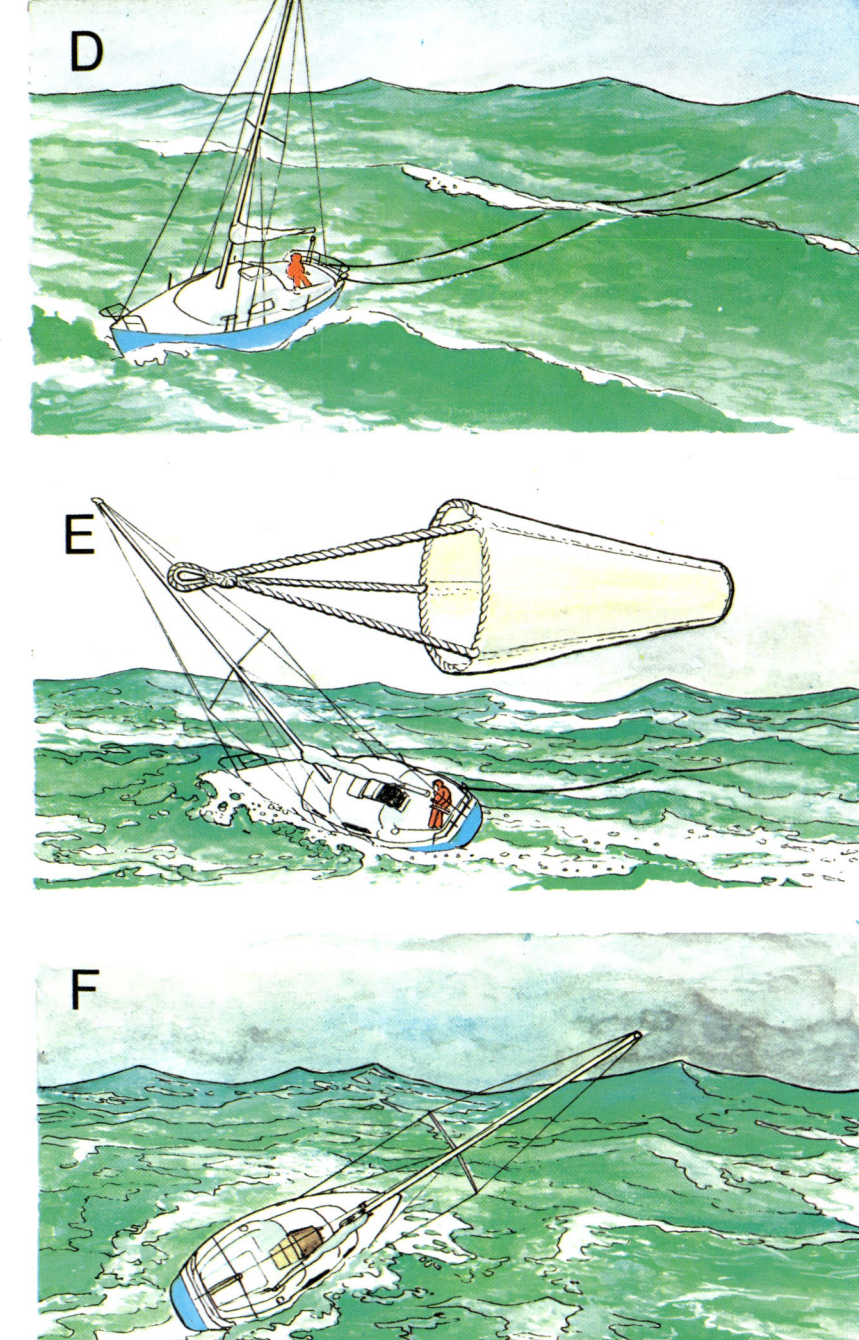

D. Zu diesem Zweck wird oft eine Trosse in einer großen Bucht nachgeschleppt. Sie muß mindestens 100 m lang sein, möglichst noch länger. Die Wellenkämme brechen dann gut achteraus, und die Fahrt wird gebremst.

E. Bei Bedingungen, wie sie bei einem Orkan herrschen, ist das Lenzen mit nachgeschleppter Trosse aber gefährlich, weil das Boot über Kopf gehen oder von einem Brecher zugedeckt werden kann. Ein Treibanker könnte Abhilfe schaffen, obwohl die meisten modernen Rümpfe nicht gut davor liegen, weil sie dazu neigen, quer zur See zu treiben. Viele Leute lehnen Treibanker rundweg ab, weil sie das Ankertauwerk enormer Belastung aussetzen, den Bug doch nicht im Wind halten. Außerdem wird das Ruder dabei überbeansprucht.

F. Eine letzte Möglichkeit besteht darin, mit mittschiffs festgelaschtem Ruder und gut verschalkten Öffnungen vor Topp und Takel zu treiben. Dann hängt alles davon ab, wie stark Deck und Aufbauten sind. Man braucht viel freien Seeraum, denn manche Boote treiben mit Geschwindigkeiten von 2 bis 4 Knoten.

Die Notausrüstung

Der Umfang der Notausrüstung für seegehende Yachten wird in einigen Ländern empfohlen, in anderen vom Gesetz vorgeschrieben. Die Listen sind nicht alle gleich, aber wichtige Dinge sind überall zu finden.

1. Zwei 15 kp Feuerlöscher, vom Hersteller regelmäßig gewartet

2. Mindestens zwei Rettungsringe (über andere wichtige Dinge siehe den Abschnitt über „Mann über Bord")

3. Eine starke Handlampe

4. Verbandskasten für Erste Hilfe

5. Mindestens 12 verschiedene Notsignale

6. Rauchtopf als Tagsignal

Der Gebrauch der Ausrüstung

Es ist sinnlos, die vorgeschriebene Ausrüstung an Bord zu haben, wenn nicht jedes einzelne Besatzungsmitglied weiß, wo sie verstaut und wie sie zu benutzen ist. Die Feuerlöscher, der Verbandskasten, die Notsignale und Handlampen, die Schwimmwesten und Sicherheitsgurte sollten jederzeit sichtbar sein, damit sie augenblicklich greifbar sind.

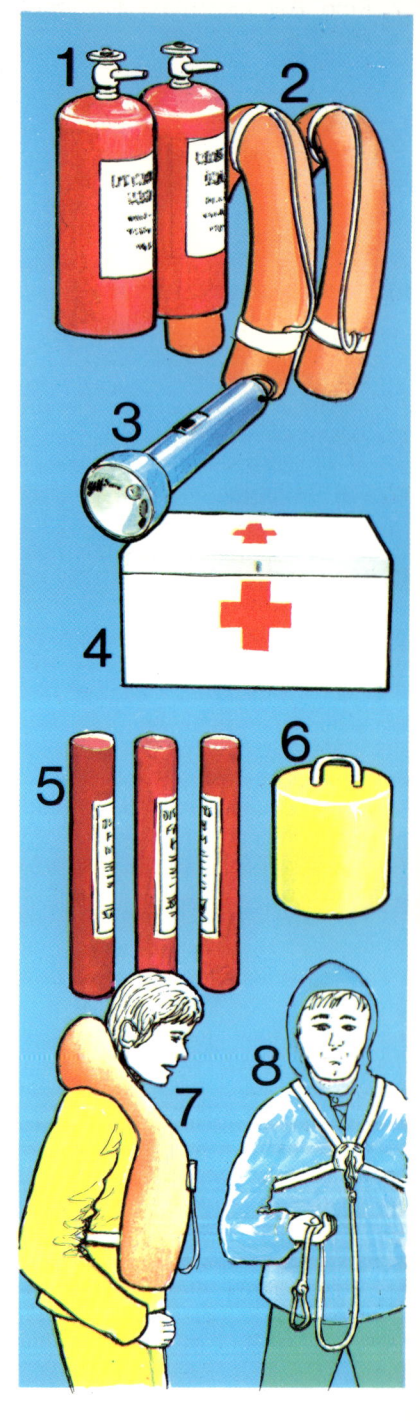

7. Eine Rettungsweste für jeden Mann an Bord

8. Sicherheitsgurt für jeden Mann an Bord

9. Ein Satz Schlüssel für die Maschine und ausreichend anderes Werkzeug

10. Positionslaternen mit Attest und eine Batterie ausreichender Kapazität, die jederzeit volle Lichtstärke garantiert

11. Brennstoffreserven

12. Ein Radioempfänger, noch besser ein Funktelefon

13. Eine automatisch aufblasbare Rettungsinsel oder mindestens ein Schlauchboot

14. Ein schwerer Bolzenschneider für das stehende Gut

15. Ausreichende Anzahl berichtigter Seekarten, Leuchtfeuerverzeichnis, Handbücher und Nautisches Jahrbuch

16. Gute Ferngläser mit vergüteter Optik (Nachtgläser)

17. Mindestens ein zuverlässiger und kompensierter Steuerkompaß.

Andere wichtige Teile:

Reservefallen,

Drahtklemmen für Wantreparaturen,

Reservekurbeln für Winschen.

Feuerlöscher und Notsignale lassen sich nicht „testen". Sind sie zu lange an Bord, feucht geworden oder unsachgemäß behandelt, werden sie im Notfall versagen. Beide nützen nichts, wenn an Bord eine Explosion stattfindet, weil leichtsinnig mit Flaschengas und Benzin umgegangen wurde. Eine der größten Gefahren an Bord stellt das Auslaufen von Gas oder Benzin dar.

Segeln macht Spaß. Hat man die richtige Sicherheitsausrüstung an Bord und auch sonst in vernünftiger Weise vorgesorgt, macht es noch mehr Spaß, weil man sich dann wirklich erholen kann und sich nur der angenehmen Aufgabe des Segelns zu widmen braucht.

Die Rettung

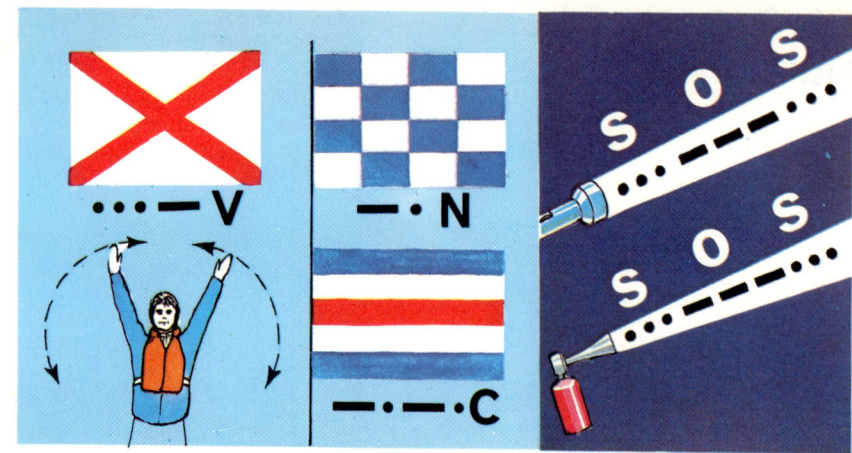

Die Flagge V des internationalen Signalbuchs („Ich benötige Hilfe") ist kein Notsignal. Man macht von ihr Gebrauch, wenn man Schlepphilfe braucht, Brennstoff leihen will usw. Armbewegungen wie gezeigt können bedeuten, daß Hilfe gebraucht wird, möglicherweise in einem Notfall. Die Flaggen NC sind Notsignale, ebenso NC gemorst. SOS mit einer Lampe oder dem Nebelhorn oder MAYDAY über Funk sind ebenfalls Notsignale.

Notsignale müssen mit Überlegung gegeben werden. Hochsteigende Raketen sind vergeudet, wenn die Wolkendecke niedrig hängt. Handfackeln, die im Schlauchboot gezündet werden, müssen weit herausgehalten werden, damit keine brennenden Funken auf die Kunststoffhaut fallen. Bei Tag ist ein Rauchtopf mit gelbem Rauch brauchbar. Sterne schießt man jeweils doppelt. Wer den ersten sieht, denkt vielleicht, er habe sich getäuscht und wird scharf hinsehen, wenn der zweite gefeuert wird. Bei Tage sind Sterne 1.5 sm, bei Nacht bis zu 6 sm weit zu sehen. Oft wartet man besser, bis es dunkelt.

Die Rettung durch Hubschrauber

Der Mast einer schwer in der See arbeitenden Yacht gefährdet einen an einem Drahtseil heruntergelassenen Retter. Wenn der Draht sich im Rigg verfängt, kann das zum Absturz des Hubschraubers führen. Man fährt mit Motor und ohne Segel langsam gegen den Wind. Vorhandene Backstagen sollten nach Möglichkeit losgenommen werden. Besser ist es, das Dingi an einer langen Leine nach Lee auszusetzen. Wenn ein Verletzter abtransportiert wird, muß ihn jemand begleiten. Sind ihm Medikamente gegeben oder ist ein Glied abgebunden, muß man einen Zettel mitgeben, auf dem die Einzelheiten vermerkt sind, vor allem die Zeit, wann der Druckverband angelegt wurde. Den Anweisungen der Besatzung des Hubschraubers sollte man folgen — sie besteht aus Fachleuten.

Yachten und Großschiffahrt

Man muß sich an die Seestraßenordnung halten, aber da die Schiffe immer größer werden, wird es für sie auch immer schwieriger, schnelle Ausweichmanöver zu fahren. Wenn zwei Schiffe sich gegenseitig ausweichen, kann eine Yacht leicht dazwischen geraten. Als Yachtskipper muß man mehr tun, als nur den Regeln gehorchen; man muß weit vorausdenken, denn eine Yacht manövriert zwar leicht, ist aber bei weitem der langsamste von allen Verkehrsteilnehmern.

Die Abbildung zeigt ein ausgebaggertes Fahrwasser vor einem betriebsamen Hafen. Große Schiffe haben ohne jede Frage Wegerecht vor Yachten und kleinen Fahrzeugen. Das Überqueren eines solchen Fahrwassers erfordert Urteilsfähigkeit: Man muß die Geschwindigkeit und verminderte Manövrierfähigkeit der großen Schiffe richtig einschätzen.

Die Yacht A, die zwischen den Schiffen w und x passieren will, fährt zu nahe am Bug von w und ist durch y gefährdet.

Yacht B will das Fahrwasser schräg überqueren. Das ist falsch, weil sie länger in der Gefahrenzone bleibt und verboten. Fahrwasser müssen rechtwinkelig gequert werden.

Yacht C kreuzt im rechten Winkel und setzt den Motor ein, sie benutzt einen kürzeren Weg und passiert gefahrlos zwischen x, y und z.

Yacht D läuft unter dem Heck von Schiff z, aber bis sie in Fahrwassermitte ist, kommt Schiff x auf sie zu. Sie muß sich dann entscheiden, noch eben hinüberzukommen, zu drehen oder ihren Kurs auf die Fahrwassermitte zu ändern, was aber den Lotsen auf Schiff x verwirren könnte.
Die Stellung der Masten auf sich nähernden Schiffen ist für den Skipper einer Yacht das Kriterium, welchen Kurs sie laufen. Ein Knick im Fahrwasser kann ihn dabei täuschen. Die Yacht in D sieht die Masten des Schiffes x in Deckung und denkt, sie kann in Sicherheit weitersegeln. In dem Augenblick, in dem die Yacht hinter z passiert, wird x im Fahrwasserknick den Kurs ändern und ist dann auf Kollisionskurs mit der Yacht.

Situation E zeigt eine Yacht in der Nähe von zwei kleinen Küstenmotorschiffen. Schiff 1 muß Schiff 2 ausweichen. 1 gibt einen Ton ab, um anzuzeigen, daß es nach Steuerbord dreht. Die Yacht gerät dadurch in Gefahr, es sei denn, sie handelt richtig und dreht ebenfalls nach Steuerbord.
Kleine Frachter weichen Segelbooten nicht immer aus. Auf See ist oft die Selbststeueranlage eingeschaltet und niemand hält während langer Zeiträume Ausguck. Oder der Wachhabende sieht (genau wie auf Großschiffen) nur auf den Radarschirm. Es ist besser, mit menschlichen Unzulänglichkeiten auf der Brücke des anderen Schiffes zu rechnen und aus dem Wege zu gehen.

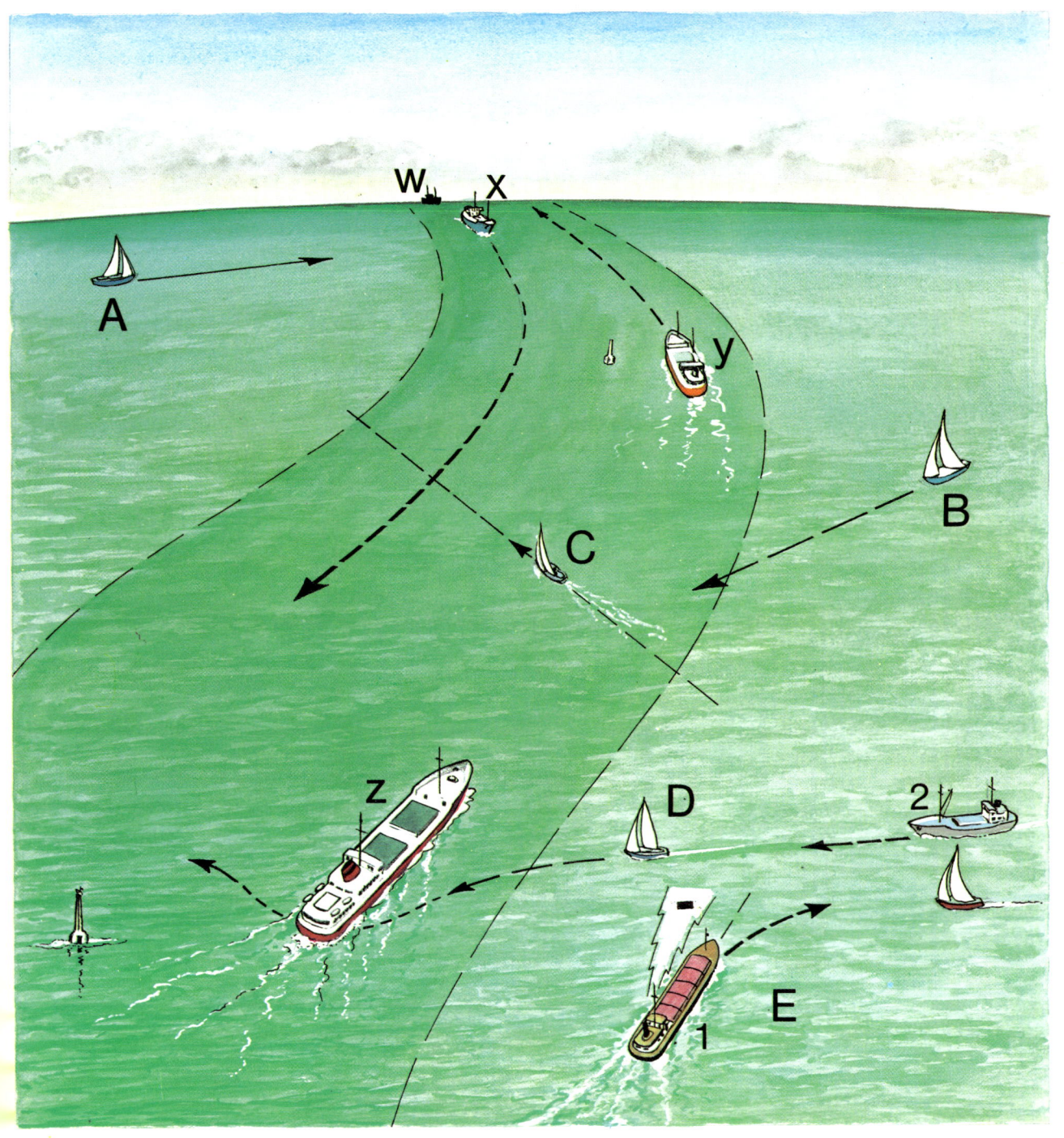

Auf offener See

Dickschiffe können weder schnell stoppen noch den Kurs ändern.

Schiff A braucht vielleicht 2 bis 3 Meilen zum Stoppen, selbst wenn seine Maschinen voll zurück arbeiten.

Schiff B dreht hart nach Backbord. Dabei schlägt das Heck weit aus. Auch wenn der Bug nicht kollidiert, könnte das Heck ein kleines Fahrzeug treffen.

In C macht ein Dickschiff einen weiten Bogen, um auf neuen Kurs zu gehen.

Die Yacht D sieht es genau von vorn und motort schnell weiter, um seinen Kurs zu kreuzen, aber das Schiff ist noch nicht auf den neuen Kurs eingesteuert und giert. Wenn es auf Kurs liegt (C2), ist eine Kollisionslage unmittelbar gegeben.

Ein vorsichtiger Skipper wird jedem Dickschiff aus dem Wege gehen, wenn er irgend kann, aber nicht erst im letzten Augenblick.

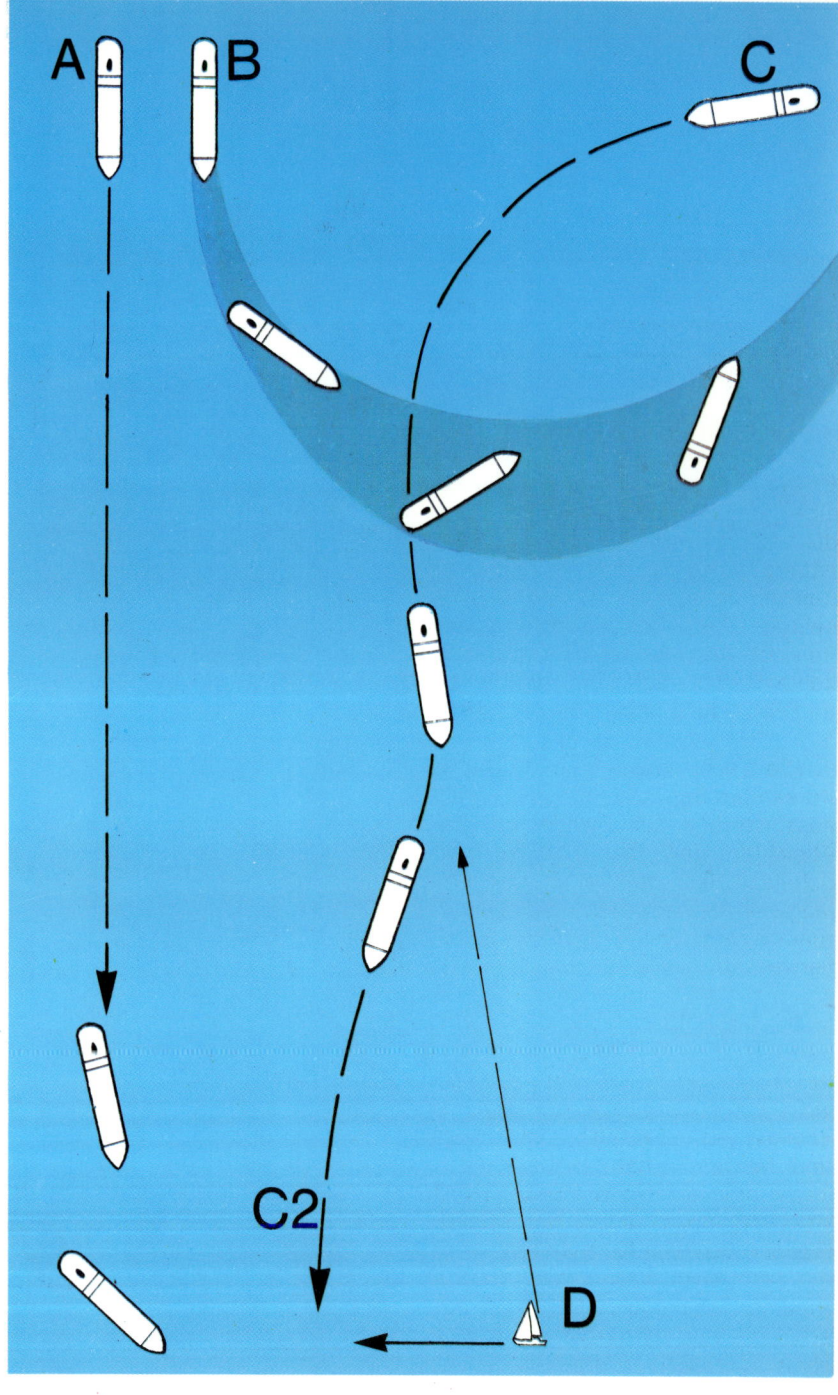

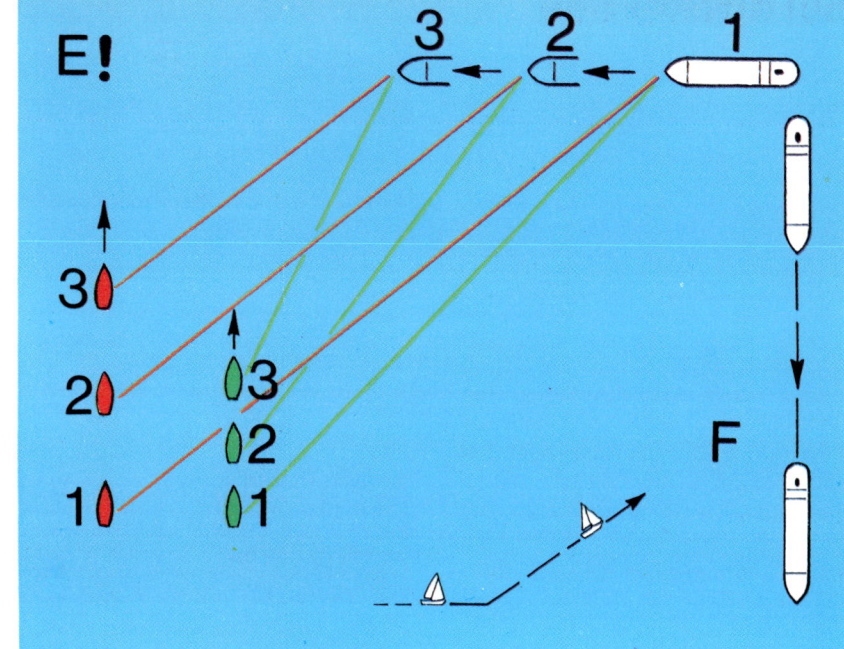

E. Die rote Yacht sieht das Schiff in einer Peilung, die steht, während die beiden Fahrzeuge sich einander nähern. Dies ist ein untrügliches Zeichen dafür, daß Kollisionsgefahr besteht. Die grüne Yacht sieht die Peilung auswandern. Es besteht keine Gefahr, solange beide Kurs und Fahrt durchhalten.

F. Die Yacht macht eine deutliche Kursänderung, um einem Schiff auszuweichen. Ein Zweifel an den Absichten der Yacht ist für die Schiffsoffiziere auf der Brücke unmöglich. Kleine, unklare Kursänderungen sind für ein anderes Schiff verwirrend.

In G ist das Schiff y von der Yacht deutlich zu sehen und scheint gut frei zu kommen. Der Radarschirm auf Schiff y aber zeigt ein anderes Schiff x, das auf Kollisionskurs liegt und Wegerecht hat. Vom Deck der Yacht aus ist dieses zweite Schiff vielleicht noch unter der Kimm. Wenn y jetzt den Kurs ändert, weiß die Yacht nicht, warum, eine falsche Reaktion ist möglich. Man muß mit solchem, nur scheinbar unerklärlichem Verhalten rechnen.

Bei Nacht

A. Den Raum dicht unter dem Bug eines Schiffes sollte man niemals befahren, weder bei Tage noch bei Nacht, es sei denn, man ist ganz sicher, daß es vor Anker liegt. Für den Ausguck auf der Brücke liegt dort ein toter Winkel. Man muß auch daran denken, daß man von seiner Yacht zwar die Positionslaternen eines großen Schiffes deutlich gegen den Nachthimmel sieht, daß aber die Lichter der Yacht, hoch oben von der Brücke gesehen, leicht gegen die Wellen verschwinden.

B. Ist der Bug der Yacht auf ein sich näherndes Schiff gerichtet, so steuert man, auch wenn alles klar geht, einen möglichst geraden Kurs. Das Hin- und Herschwenken auf dem Kurs zeigt sonst dem Schiff abwechselnd das rote und das grüne Seitenlicht; das kann aus einer an sich ungefährlichen Situation eine gefährliche machen. Die Abbildungen 1, 2 und 3 zeigen, was der Mann auf dem Dickschiff sieht.

C. Sind die Positionslaternen vorschriftsmäßig ausgerichtet? Man prüft das vor jeder Nachtfahrt. Es ist einfach, wenn man in einer Marina einen Rundgang macht und die Lichtsektoren sorgfältig peilt.

Der Ausguck auf dem Dickschiff sieht die Positionslampen der Yacht unter Umständen nicht. Im Zweifelsfall ist es besser, wenn man *alle* Lichter einschaltet, einschließlich der Salingsleuchten, auch wenn das nicht korrekt ist. Die Hauptsache ist, daß man gesehen wird.

Hat man eine starke Lampe (nicht ein Spielzeug), so richtet man sie auf das Schiff. Der Ausguck sieht dann ein helles Licht statt eines matten Scheins, den es gibt, wenn man die Lampe ins Segel richtet. Aber man blinke nicht damit, sonst sieht es so aus, als wolle man morsen. Man läßt in seiner Aufmerksamkeit nicht nach, bis das Schiff vorbei ist. Es könnte aus einem Grund, den man nicht kennt, plötzlich seinen Kurs ändern.

Heutzutage fahren die meisten großen Schiffe mit eingeschalteter Selbststeuerungsanlage. Ein Ausguck ist zwar vorgeschrieben, aber der Betreffende ist vielfach anderweitig abgelenkt. Aus diesem Grunde bewähren sich notfalls weiße Sterne, die man aus einer Signalpistole schießt. Weiß ist immer nur ein Signal, das Aufmerksamkeit erregen soll, es ist daher erlaubt.

Das Beiboot

Heutzutage sind die meisten Yachtbeiboote Schlauchboote, auch wenn unsere Abbildung starre Boote aus Sperrholz und Fiberglas zeigt.

Entscheidend ist, daß das Beiboot leicht, unsinkbar und für mindestens drei Erwachsene ausreichend ist, auch bei Seegang. Es muß robust sein, damit es den ständigen Gebrauch aushält, und es muß sich leicht pullen lassen.

Viele Eigner ziehen einen leichten Außenbordmotor den Riemen vor, aber diese müssen für den Notfall mitgeführt werden; zumindest sollte ein Paddel an Bord sein. Viele Schlauchboote lassen sich nur schlecht pullen. Wenn sie beladen sind und ein frischer Wind weht, werden sie leicht nach Lee abgetrieben. Wenn man sein Beiboot bei Dunkelheit benutzt, muß eine Taschenlampe an Bord sein, damit man sich bei Kollisionsgefahr bemerkbar machen kann. Auch sollten Schwimmwesten getragen werden. Sehr nützlich ist ein leichter Anker mit entsprechender Leine für das Beiboot. Wichtig ist außerdem ein Ösfaß.

Eine der wichtigsten Aufgaben für ein Beiboot ist das Ausfahren eines Ankers, entweder eines Zweitankers bei Wetterverschlechterung oder zum Abbringen nach einer Grundberührung.

In Anbetracht des Gewichtes eines schweren Ankers mit angeschäkeltem Kettenvorlauf ist ein Schlauchboot mit seiner sehr großen Stabilität auf den ersten Blick besser geeignet. Da sich ein Schlauchboot aber bei viel Wind kaum pullen läßt, vor allem mit der von der Yacht aus nachgesteckten Ankertrosse im Schlepp, ist ein starres Dingi vielfach vorzuziehen. Es sollte eine Ausnehmung am Spiegel für den Wriggriemen haben, denn dort läßt sich der umgeknickte Teil eines Ankerstocks am besten einhängen.

Immer wieder gibt es ernste Unfälle beim Gebrauch von Beibooten, vor allem nachts. Die Hauptursache ist das Überladen. Man ist leicht versucht, mit der gesamten Besatzung an Bord loszufahren, was sehr wenig Freibord läßt. Oft ist das Wasser in unmittelbarer Nähe der Küste glatt, aber dort, wo die Tide läuft, wird es plötzlich kabbelig. Es ist dann ebenso gefährlich, weiter zu pullen wie umzukehren. Man sollte sein Beiboot niemals überladen.

A

B

In A wird ein überladenes Beiboot mit einiger Schwierigkeit von einem Mann im Bug gepullt. Da dort, wo er sitzt, das Boot schmaler ist, ist die Hebelwirkung an den Riemen ungünstig gering. Das Heck liegt so tief im Wasser, daß schon die kleinste Welle einsteigen kann. Der Trimm des Bootes ist ebenfalls falsch; das macht das Pullen noch schwerer, weil das Heck sich festsaugt und der Mann an den Riemen immer wieder emporgeschleudert wird, wodurch er viele Schläge verfehlt.

In B ist das Boot richtig beladen und vorn und hinten richtig getrimmt, wobei der Mann an den Riemen an der günstigsten Stelle sitzt.

Ein gutes (starres) Beiboot könnte so aussehen, wie im Bild unten gezeigt. Es hat Auftriebstanks, die fest unter den Duchten oder Sitzen angebracht sind, eine vernünftige Wieling um das Dollbord und die beiden möglichen Positionen zum Rudern. Wenn nur zwei Leute an Bord sind, muß der Mann an den Riemen weiter vorn sitzen, damit das Boot richtig belastet ist.

Der Umgang mit dem Dingi

Will man an einer Yacht, die in starkem Strom vor Anker liegt, längsseits gehen, muß man gut vorhalten, um Zeit zu haben, die Riemen einzunehmen, bevor man sich an der Reling festhalten kann. Man macht als erstes die Vorleine des Dingis fest.

Man kann auch quer über den Strom krebsen oder sich mit dem Strom zur verankerten Yacht tragen lassen, wobei man das Beiboot mit dem Bug gegen den Strom dreht, solange man noch in Stromluv ist. Rudert man dann so, daß man gerade den Strom ausgleicht, läßt sich das Boot an den Bug der Yacht heranmanövrieren.

Mit einem Außenbordmotor gibt es weniger Probleme. Man muß immer so ankommen, daß man gegen den Strom motort. Man steuert in ganz spitzem Winkel längsseits und stellt den Motor auf Leerlauf, wenn man

den Eindruck hat, daß man genug Fahrt hat, um anzukommen.

Beim Aussteigen der Passagiere heißt es streng zu sein. Das Boot muß gleichmäßig belastet bleiben. Der erste, der aussteigt, nimmt die Vorleine mit sich und hält das Boot fest, während die anderen aussteigen.

Es ist unratsam, ein Dingi bei viel Wind und Seegang nachzuschleppen, vor allem bei mitlaufender See; ein starres Boot kann leicht auf einem Wellenkamm mitlaufen und das Heck der Yacht rammen. Eine Schleppleine sollte mindestens 25 m lang sein, wenn eine hohe See von achtern mitläuft.

Der Schleppwiderstand eines Dingis wird geringer, wenn man die Länge der Schleppleine so reguliert, daß das Dingi auf der Vorderseite einer der Heckwellen reitet.

Jedes geschleppte Dingi muß mit einer Persenning abgedeckt sein, weil es sonst volläuft.

Weht es härter als mit mäßiger Brise, kippt ein Schlauchboot leicht über. Man muß es dann an einer sehr kurzen Leine schleppen und alles, was lose ist, herausnehmen. Es ist besser, es an Deck zu fahren, halb aufgeblasen und gut festgezurrt. In Fahrt auf ein geschlepptes Dingi umzusteigen, ist riskant. Wenn der Bug belastet wird, schneidet er unter und das Dingi schlägt voll. Man verlagert das Gewicht nach achtern und setzt sich sofort hin.

Jedes feste Dingi muß mit Auftrieb ausgestattet sein, entweder in Form von Luftkästen oder Schaumstoffblöcken.

Nicht jeder Spiegel verträgt das Anhängen eines starken Außenbordmotors. Feste Dingis lassen sich anders als Schlauchboote nur schwach motorisieren.

Flußbarren und Sandbänke

Eine Barre, auf der die Wellen brechen, sieht von See aus oft ganz harmlos aus (1), von Land (2) aus kann man dagegen sehen, wie stark die Brandung ist. Kennt man die Barre nicht oder hat man keinen ortskundigen Lotsen an Bord, sollte man nicht versuchen, eine Barre zu queren, wenn Brecher zu sehen sind. Am besten geht man über eine Barre zwischen halber Flut und Hochwasser. Die schlechteste Zeit ist halbe Ebbe.

Gefährlich ist eine Barre mit brechender See immer. In den Wellentälern kann der Kiel auf Grund aufsetzen. Das Boot kann über Kopf gehen oder durch einen von achtern kommenden Brecher zum Kentern gebracht werden.

Man achte auf Schwell von See her. Langer Schwell ist bei tiefem Wasser kaum fühlbar, aber dort, wo der Grund ansteigt, werden die Dünungswellen steiler und schneller. Die Windsee, die auf die Küste setzt, kann harmlos sein, im Verein

mit einer Dünung ist sie es aber meistens nicht.

Die Wellen brechen nicht regelmäßig über einer Barre. Manchmal vergehen Minuten zwischen zwei brechenden Seen. Eine anscheinend ganz ruhige Barre kann daher ein Mörder sein, der sich getarnt hat. Man bleibt am besten zehn Minuten in tiefem Wasser und sieht sich an, was sich da tut. Im Zweifelsfalle steuert man einen sichereren Hafen an.

Wenn man erst einmal im Anlauf ist, gibt es kein Zurück mehr. Es ist zwar demoralisierend, wenn man hinter sich eine große brechende See sieht, aber es wäre im höchsten Grade gefährlich, wollte man dann versuchen, umzukehren.

Kreuzt man vor der Küste eine Untiefe, stellen sich ähnliche Probleme, aber das ist im allgemeinen ja nicht erforderlich. Wenn ein tieferes Fahrwasser durch eine Untiefe führt, sollte man daran denken, daß

es sich verlagert haben könnte. Wenn das Fahrwasser nicht betonnt ist, läuft man langsam mit dem Echolot und steuert einen Zickzackkurs, um festzustellen, wo an beiden Seiten das flachere Wasser anfängt. Man erreicht damit, daß man weiß, wohin man abdrehen muß, wenn man aufstößt. Eine Strömung läßt sich daran erkennen, daß das Wasser glatter ist, wenn Wind und Strom miteinander, und etwas rauher ist, wenn sie gegeneinander laufen.

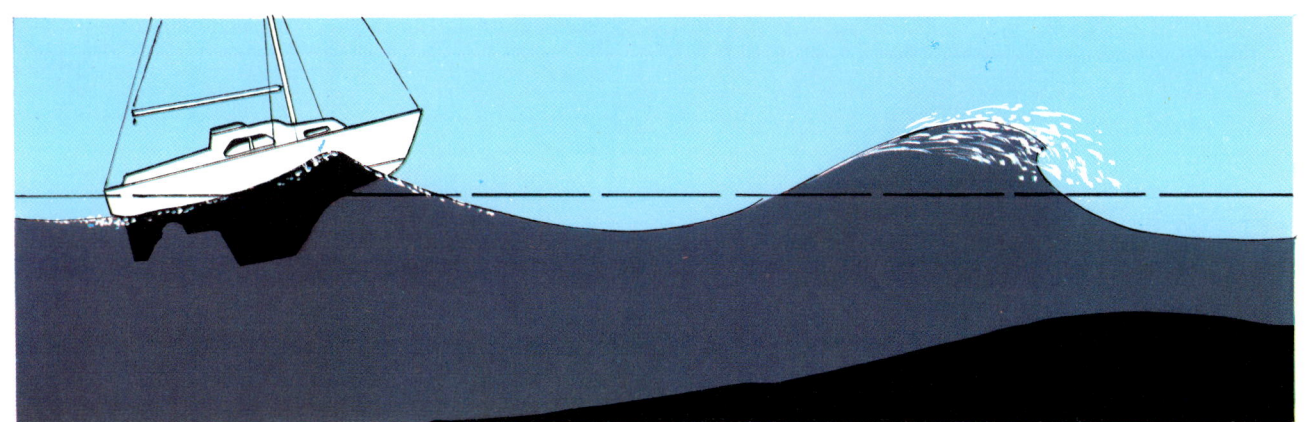

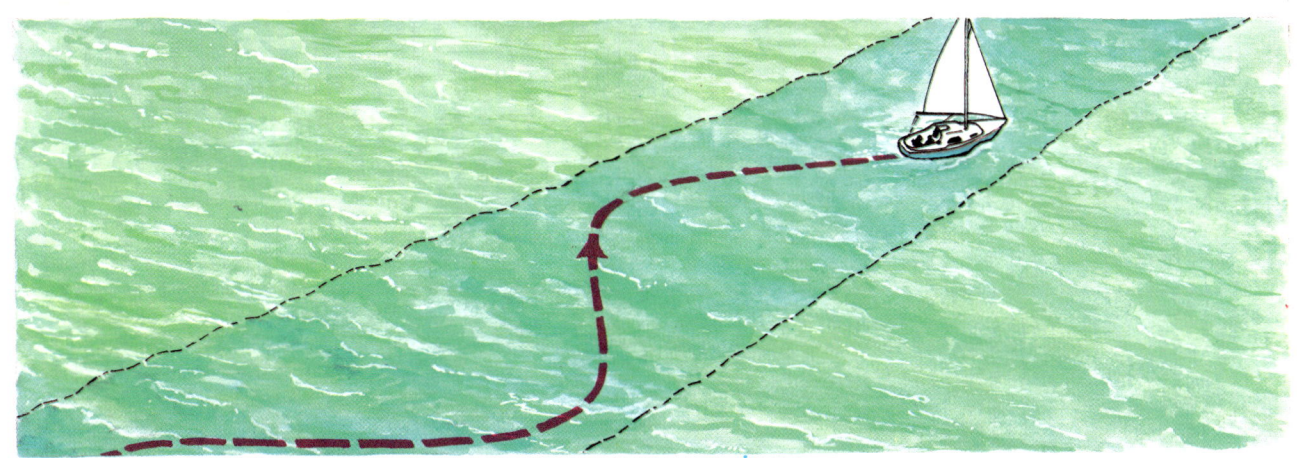

Das Errechnen der Wassertiefe

Bevor man eine Barre oder Untiefe überquert, muß man wissen, welche Wassertiefe man an der flachsten Stelle zu erwarten hat. Man denke daran, daß in Flußmündungen, in denen Gezeiten herrschen, die Wasserstände durch starke Winde oder den atmosphärischen Druck beeinflußt werden.

Es gibt eine einfache und sichere Methode, mit dem Wasserstandproblem fertig zu werden. Man macht beim Anlaufen nacheinander eine Reihe von Kreuzpeilungen und ver-

gleicht für jede Position die gemessene Tiefe mit der Tiefenangabe der Karte. Die Yacht in der Abbildung läuft mit einer Deckpeilung und Quermarken ein. Eine Lotung im Schiffsort A zeigt, daß die augenblickliche Wassertiefe 7 m beträgt, während die Karte 5 m Tiefe angibt.

In B mißt man 5 m, nach der Karte sind es 3 m. Man kann also eine Differenz von 2 m voraussetzen und auf der Sandbank in C bei einer Kartentiefe von 1 m mit 3 m rechnen.

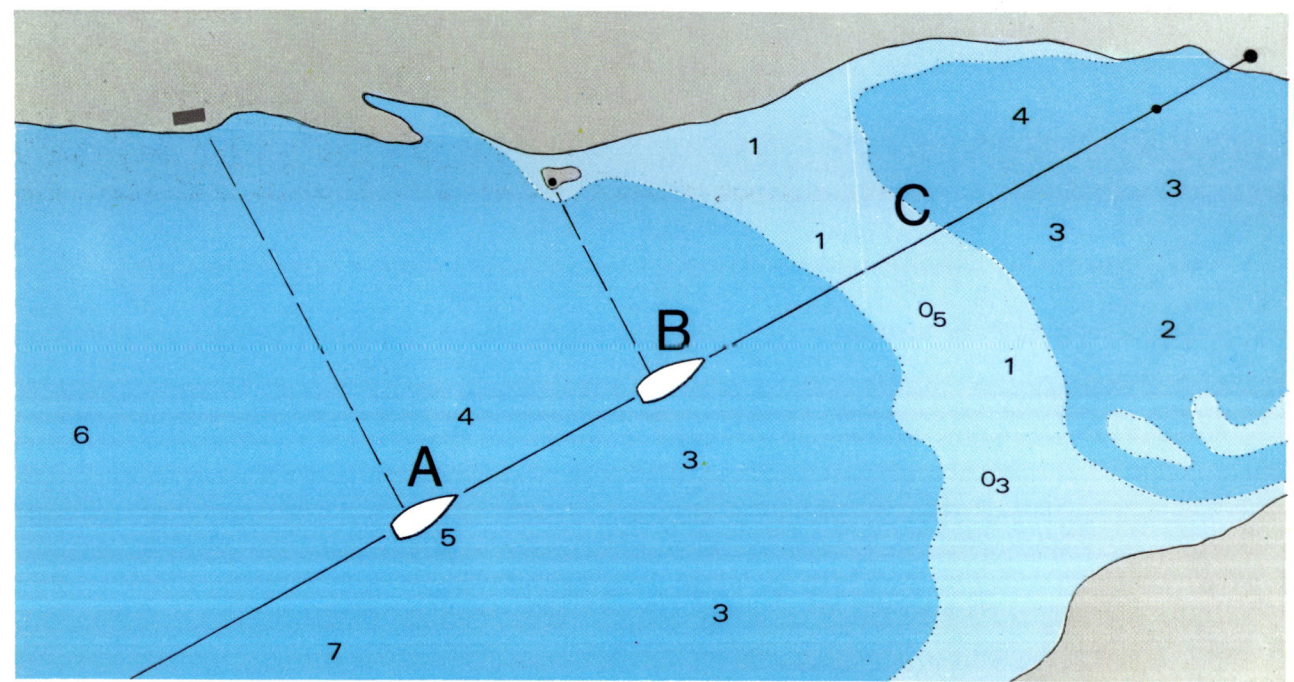

In der Zeichnung zeigen D das Nipphochwasser, E das Springhochwasser, F das Mittelwasser und G Kartennull. Etwas vereinfacht kann man sagen, daß Ebbe und Flut, d. h. das Steigen und Fallen des Wassers vom Niedrig- zum Hochwasser bzw. umgekehrt, je 6 Stunden dauern (in Wirklichkeit etwas länger). Während das Wasser in den ersten und letzten beiden Stunden der Steig- bzw. Falldauer nur um je ein Viertel steigt bzw. fällt, steigt oder fällt es in der dritten und vierten Stunde um die restlichen zwei Viertel, also wesentlich schneller. Springniedrigwasser liegt erheblich unter Nippniedrigwasser.

Zunächst stellt man fest, wie groß der Tidenstieg — der Unterschied zwischen Niedrigwasser und Hochwasserhöhe — des betreffenden Tages ist.
Die Höhe des Niedrigwassers findet man, indem man den Tidenhub von der Hochwasserhöhe abzieht. Jetzt läßt sich die Wassertiefe zu jeder Zeit etwa so feststellen:

Zwei Stunden Ebbe bei Nippzeit lassen dreiviertel des Tidenstiegs plus Höhe des Niedrigwassers über Kartennull plus Kartentiefe als Gesamtwassertiefe zurück.

Man erinnere sich: Bei Mittelwasser (halber Tidenstieg) ist die Wasserhöhe bei Springzeit die gleiche wie bei Nippzeit. Bei Nippniedrigwasser ist die Tiefe größer als bei Springniedrigwasser.

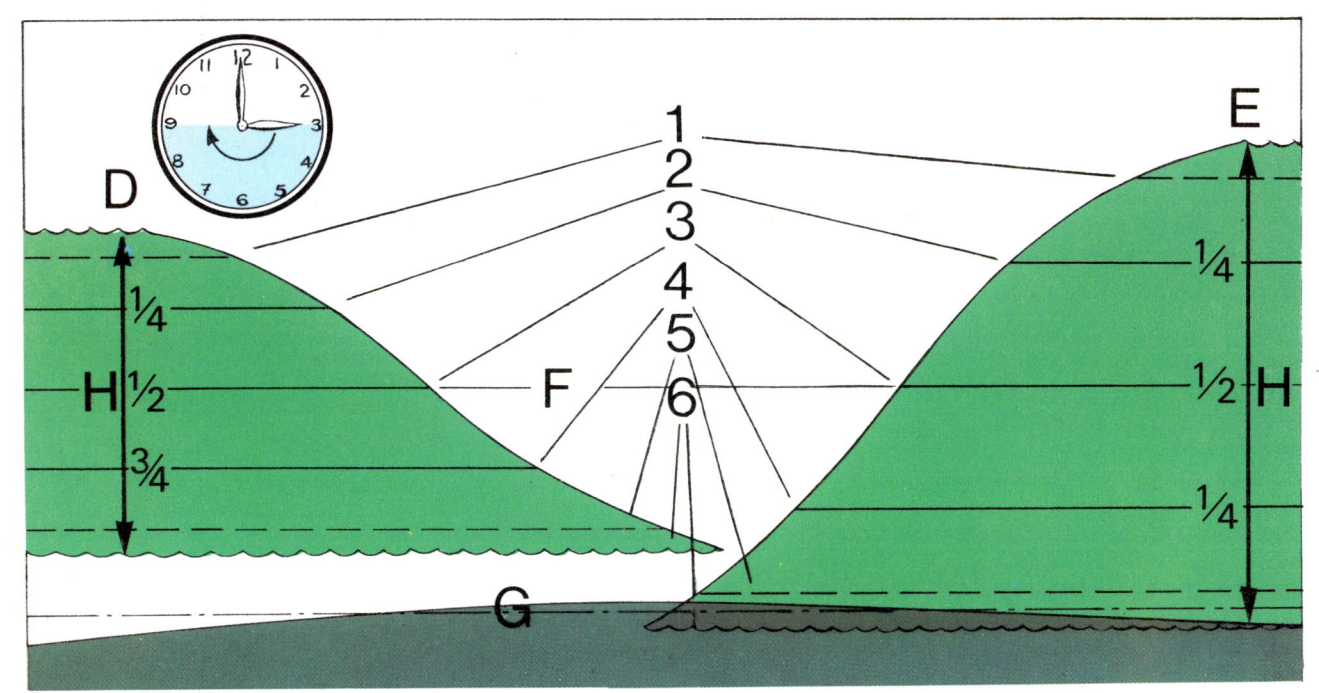

Essen und Schlafen

Essen und Schlafen sind von größter Wichtigkeit für die Leistungsfähigkeit der Besatzung. Oft ist es unmöglich, eine komplizierte Mahlzeit zu kochen, aber mit einem Drucktopf (A) reicht es wohl jederzeit zu einem Eintopf. Der Kocher sollte mindestens halbkardanisch aufgehängt sein (B), der Koch Ölzeug tragen, um sich vor überschwappendem Wasser zu schützen. Sehr brauchbar ist ein Gurt, damit er beide Hände frei hat. Der Toaster (C) erleichtert die Herstellung eines warmen Imbisses.

Thermosflaschen (D) halten vor einer Überfahrt gekochtes Essen heiß und kalte Getränke frisch. Man sollte den Kühlschrank nicht mit Nahrungsmitteln vollstopfen, die es auch in Dosen oder als Trockenmittel gibt, sondern ihn lieber für Salate, Fleisch, Milch und Getränke reservieren. Man kann die Mahlzeiten nicht immer nach der Uhr anrichten, sondern sollte dann essen, wenn die Besatzung Zeit zum Entspannen hat und wenn es nicht den Schlaf der Freiwache kostet. Man darf auch nicht gerade auftischen, wenn man in ein enges Fahrwasser einläuft – am besten fragt man erst den Navigator, ob Manöver zu erwarten sind. Wenn man eine Mahlzeit bekommt, muß man Zeit haben, sie in aller Ruhe zu sich zu nehmen und zu verdauen.

Wenn das Wetter zu schlecht ist, um einen Kocher benutzen zu können, reiche man gekochte Eier, Schokolade, Käse, Nüsse, Rosinen, Früchte und Fruchtsäfte. Sie enthalten alle Nährstoffe, die der Körper braucht. Man trinke tüchtig, denn der Wasserverlust, der vor allem nach Seekrankheit eintritt, ist gesundheitsschädlich, vor allem durch den dadurch bewirkten Mangel an Salz, der sogar zu schweren komaartigen Erscheinungen führen kann. Nach Seekrankheit muß dem Körper sofort wieder Kochsalz zugeführt werden.

Bei kaltem Wetter „wärmt" Alkohol in keiner Weise; zwar wird die Blutzirkulation angeregt, aber die Gefäße erweitern sich und der Körper kühlt viel schneller aus.

Schlafen auf See

Kojensegel (A) sind unerläßlich, wenn ein Schläfer sich sicher fühlen und richtig ausruhen soll. Einfache Leinwandvierecke, die unten an der Koje festgemacht sind und, wie gezeigt, gezurrt werden, genügen völlig.

Auf See ist ein Trainingsanzug (B) ideal. Man kann ihn allein tragen oder unter dickem Zeug; bei einer Nachtfahrt kann man darin schlafen und ist jederzeit manöverbereit.

C. In einer Hundekoje muß am Kopfende ausreichende Ventilation vorhanden sein, sonst atmet der Schläfer seinen eigenen Atem wieder ein und wacht benommen und mit schwerem Kopf wieder auf. Man braucht dazu nur ein paar Löcher zu bohren.

Die Anordnung der Kojen spielt bei dem Schlaf auf See eine große Rolle. In den vorderen Kojen, im Bug, ist beim Segeln am Wind praktisch nicht an Schlaf zu denken, weil das Schlagen der See gegen die Bordwand hier unerträglich laut dröhnt.
Wichtig ist auch die Länge der Koje. Die Menschen werden immer größer und 2,10 m sind nicht zuviel.

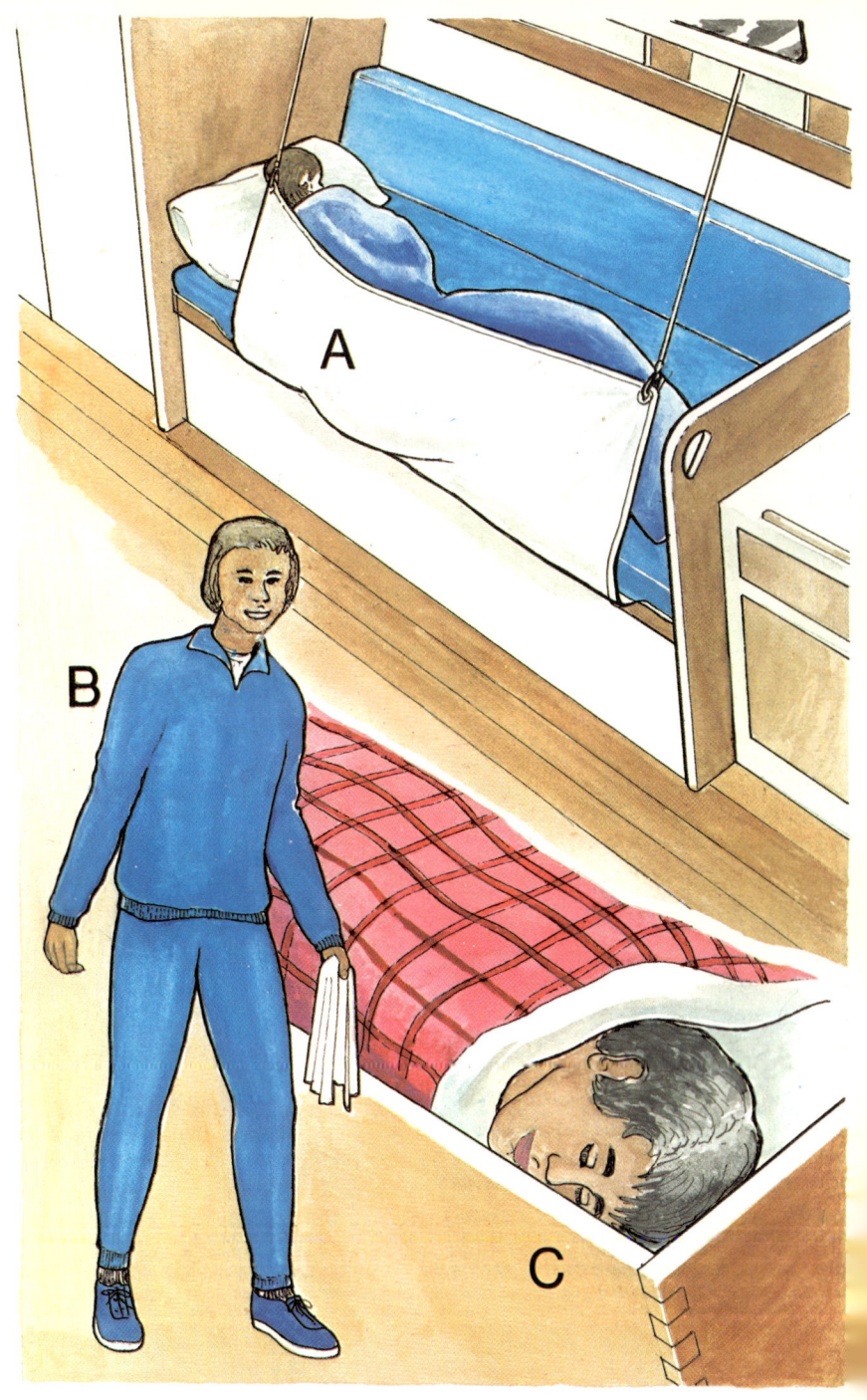

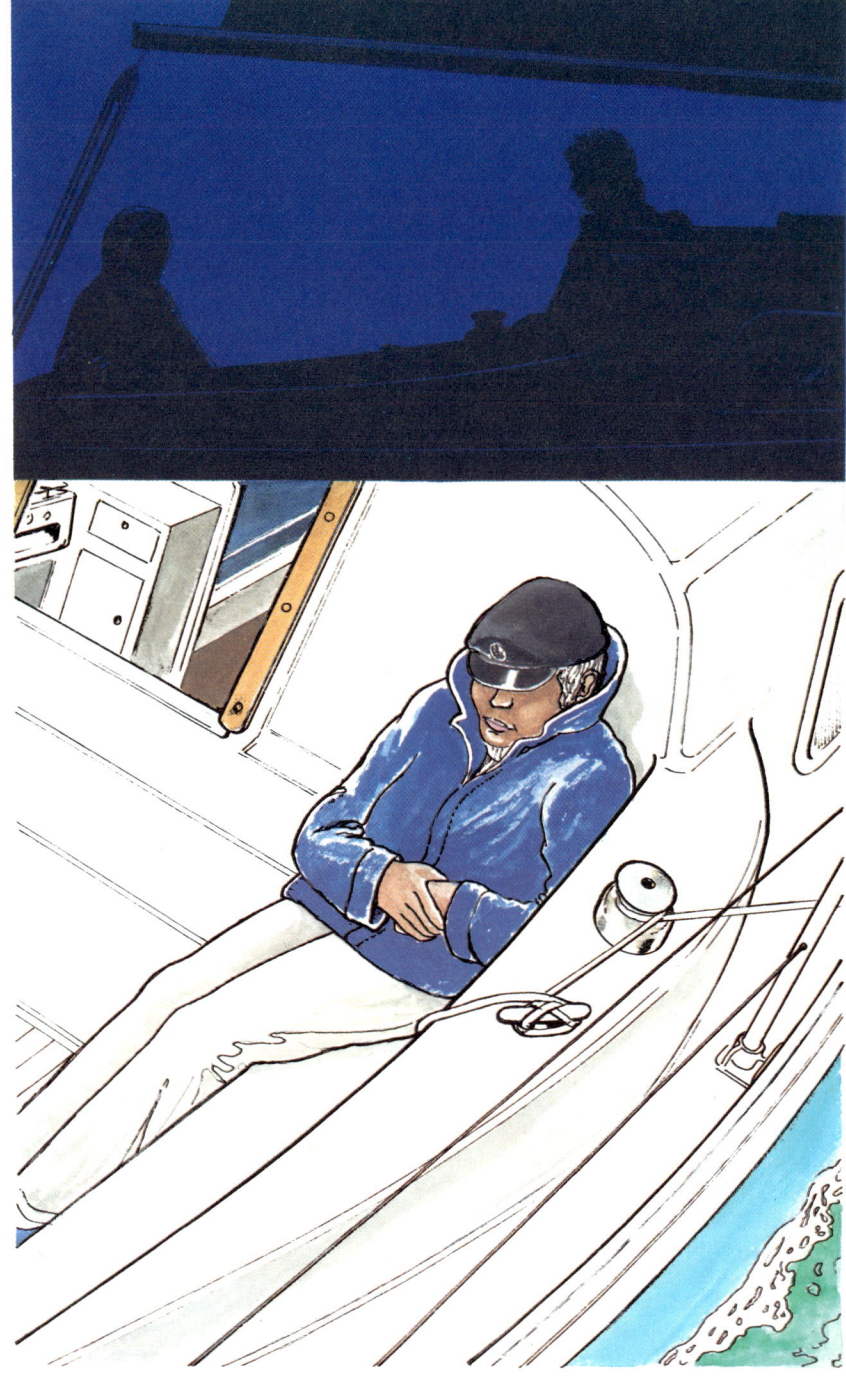

Doppelkojen sollten in der Mitte Steckbretter haben.

Man darf nie eine Nachtwache an jemanden übergeben, der gerade eben aufgewacht ist. Er braucht Zeit, um richtig wach zu werden. Zu Beginn eines Seetörns hat niemand all den Schlaf bekommen, den er braucht. Es kann volle zehn Minuten dauern, bis er richtig aufgewacht ist.

Man braucht sich nicht allzusehr aufzuregen, wenn man zu Beginn eines Seetörns nicht schlafen kann. Während der nächsten Freiwache unter Deck wird man schlafen wie ein Bär. Wenn jemand wirklich müde ist, muß er schlafen. Ist Not am Mann, kann man beliebig lange durchhalten, wenn man von Zeit zu Zeit in einer Ecke des Cockpits die Augen zumacht. Man muß darauf achten, daß der Rudergänger nicht döst und daß sein Sicherheitsgurt eingepickt ist.

Es ist besser, man dreht bei und ruht mit einem Ausguckposten als Wache aus, als mit einer Besatzung von Schlafwandlern in ein schwieriges Gewässer einzulaufen.

Zum guten Schlaf an Bord gehört nicht zuletzt, daß man Vertrauen zur Wache an Deck hat, sonst schläft man unruhig.

Bücher, die unterwegs nützlich sind

Hans Donat

Yacht-Bordbuch

Nützliche und hilfreiche Bücher für unterwegs, die über Wegerecht, Lichterführung, Wetter, Verhalten in und nach einem Seenotfall, Betonnung und viele andere wichtige Dinge informieren.

256/200 Seiten mit 250/105 Abbildungen, Plastikeinband DM 19,80/ 16,80

Alan Watts

Wolken und Wetter

24 farbige Bilder typischer Bewölkungsarten und ihre Deutung helfen bei der Beurteilung der Wetterentwicklung.

64 Seiten mit 24 farbigen Wolkentafeln und 3 Zeichnungen, gebunden DM 12,80

Dr. Klaus Bandtlow

Medizin an Bord

Ein Ratgeber bei Krankheit und Unglücksfällen an Bord, der weit über die Erste-Hilfe-Maßnahmen hinausgeht und dem jeder Laie folgen kann.

100 Seiten mit 40 Zeichnungen, kartoniert DM 12,80

Die Führer für Sportschiffer

Die Bücher dieser Serie dienen sowohl der Planung und Vorbereitung eines Törns als auch unterwegs zu Information und zum Nachschlage. Es gibt sie für fast alle Küsten Europas, von Schweden bis Sizilien, von England bis Griechenland. Sie enthalten navigatorische, touristische und allgemeine Hinweise zu jedem Hafen, den man im Bereich der einzelnen Küsten anlaufen kann. Es sind 15 verschiedene Bücher in dieser Serie lieferbar.

Titelnachweis auf Anfrage (48 Bielefeld 1, Postfach 4809) oder bei Ihrer Buchhandlung.

 Delius, Klasing Bielefeld